Michael Sommer ist seit 2012 Professor für Alte Geschichte an der Carl von Ossietzky Universität Oldenburg. Zuvor hat er zehn Jahre lang in Oxford und Liverpool geforscht und gelehrt. Zu seinen Forschungsschwerpunkten gehören die Geschichte des Nahen Ostens in vorklassischer und hellenistisch-römischer Zeit, die Krise der römischen Imperiums im 3. Jahrhundert n. Chr. sowie die Wirtschafts- und Sozialgeschichte der antiken Welt.

Michael Sommer

KLEINE RÖMISCHE GESCHICHTE

Einmal Weltmacht und zurück

ALFRED KRÖNER VERLAG STUTTGART

Michael Sommer
Kleine Römische Geschichte.
Einmal Weltmacht und zurück
Stuttgart: Kröner 2019
ISBN Druck: 978-3-520-51701-2
ISBN E-Book: 978-3-520-51791-3

Umschlaggestaltung: Denis Krnjaić (www.adenis.de), Stuttgart, unter Verwendung von: Lawrence Alma-Tadema, *The Triumph of Titus: The Flavians*, 1885.

Klimaneutral
Druckprodukt
ClimatePartner.com/12514-1907-1004

Gesamtherstellung: Friedrich Pustet, Regensburg

INHALT

VORWORT

2009, vor genau einem Dezennium, erschien der zweite Band der *Römischen Geschichte*, die im Alfred Kröner Verlag das inzwischen in die Jahre gekommene Werk des Breslauer Althistorikers Ernst Kornemann ersetzte, 2013 folgte der erste Band. Beide Bände, mit Anmerkungen und umfangreichem Literaturverzeichnis versehen, wenden sich an alle an der Geschichte der römischen Welt Interessierten, vornehmlich jene, die es ganz genau wissen wollen. Viel Sorgfalt wurde darauf verwandt, aktuelles Wissen nicht nur in zeitgemäßer Form darzubieten, sondern es auch auf die Quellen zurückzuführen, aus denen es geschöpft wurde. Dieses Prinzip liegt auch der 2016 erschienenen einbändigen Studienausgabe zugrunde, obwohl hier auf Literaturangaben im Detail verzichtet wurde. Der Band zählt dennoch nahezu 1000 Seiten.

Wieviel Rom gehört zur Allgemeinbildung? Wer dieses Buch liest, begreift: eine ganze Menge, denn viele Facetten unserer Gegenwart bleiben rätselhaft ohne die wenigstens umrisshafte Kenntnis des fernen Spiegels, der ihr die Antike ist. Die *Kleine Römische Geschichte* richtet sich an alle, die bisher mit dieser Welt gar nicht oder nur wenig in Berührung gekommen sind. Sie ist der Versuch, in erzählender Form die Begebenheiten und Gegebenheiten der römischen Geschichte zwischen zwei Buchdeckel zu zwängen, die den Weg zum Einstieg in eine uns fremd gewordene Zivilisation ebnen, auf deren immer wieder neuen und kreativen Rezeption indes ein erheblicher Teil unserer eigenen Gegenwart fußt: von Humanismus und Renaissance über Shakespeare, die amerikanischen Verfassungsväter und die deutsche Klassik bis hin zum EWG-Vertrag, der Gründungscharta der Europäischen Union, die nicht umsonst in Rom unterzeichnet wurde – die gesamte Geschichte des euro-amerikanischen Westens arbeitet sich immer wieder an Rom und seinem Imperium ab.

Schreiben lässt sich eine solch schmale Geschichte der römischen Welt nur mit einigem Mut zur Lücke. Für einige Abschnitte, wie für die ersten beiden und das vierte Jahrhundert unserer Zeitrechnung, wurde ganz auf eine erzählende Darstellung verzichtet. Umgekehrt erfordern gerade Wendemarken der römischen Geschichte wie die Punischen Kriege, die Zeit der untergehenden Republik, das augusteische Zeitalter und die Krise des 3. Jahrhunderts n. Chr. ein weiteres Ausholen. Wenn die Dichte der Darstellung erheblich schwankt, liegt das durchaus in der Absicht des Verfassers.

Der weite geographische Rahmen, der die zweibändige *Römische Geschichte* auszeichnet, kann durch diese kurzgefasste Einführung nicht ganz ausgefüllt werden; er soll aber auch nicht aus dem Blick geraten: Schauplatz der römischen Geschichte war nicht allein Rom, auch nicht nur Italien, sondern die gesamte Mittelmeerwelt, erweitert um Westeuropa und den Nahen Osten. Weil der Erzählfluss nicht durch zu viele Erläuterungen ins Stocken geraten soll, wurde das Strukturkapitel, das auch die große Schwester dieses Bändchens einleitet, für diese Ausgabe erheblich erweitert. Vom Aufbau einer römischen Familie über Grundlagen der Ökonomie und Religion bis hin zur Sprache und Kultur werden hier bündig die Fundamente skizziert, auf denen sich römische Geschichte über mehr als ein Jahrtausend entwickelte: von den Anfängen als Stadtstaat in Mittelitalien bis zum Ende in den Umwälzungen der Völkerwanderung.

Wenn jetzt die *Kleine* an die Seite der großen *Römischen Geschichte* tritt, ist das dem Alfred Kröner Verlag zu verdanken, in dessen Verlagsprogramm die Antike in ihren vielen Facetten höchst lebendig ist. Und wenn der Band auf die uns so ferne und doch so nahe römische Welt neugierig macht, ist das ganz besonders das Verdienst von Julia Aparicio Vogl und Alfred Klemm, die mit ihrem Lektorat dem Text den letzten Schliff gegeben haben.

Bordeaux, im August 2019 Michael Sommer

ZUR EINFÜHRUNG: WAS DIE RÖMISCHE WELT ZUSAMMENHIELT

»Sieben – fünf – drei, Rom kroch aus dem Ei«, diesen Merkvers lernen noch heute die Kinder in der Schule. Die Archäologen sind sich mittlerweile sicher, dass Rom im 8. Jahrhundert v. Chr. kaum mehr war als ein Hüttendorf, das die Kuppe des Palatin, eines der sieben Hügel Roms, bedeckte. Im 7. Jahrhundert wurde dieses Dorf allmählich zur Stadt; gegen Ende des 6. Jahrhunderts, so will es wiederum die klassische Überlieferung, entledigten sich die Römer des letzten der sieben Könige, die seit Romulus nacheinander über ihre Stadt geherrscht hatten. Jahrhundertelang war Rom, das erst Mittelitalien, dann die ganze Apenninhalbinsel, darauf Nordafrika und schließlich das gesamte Mittelmeerbecken eroberte, Republik. Doch diese ›Republik‹ war keine Sache des Volkes wie die Demokratie in Athen, sondern ein Projekt der Aristokratie: zunächst des exklusiven Geburtsadels der Patrizier, dann der Nobilität, eines Schritt für Schritt sich nach unten hin abschließenden und daher bald nicht minder exklusiven Amtsadels. In einem Jahrhundert der Bürgerkriege zerfiel schließlich die Nobilität. Ihre Republik machte in den letzten Jahrzehnten vor Christi Geburt einer faktischen Monarchie Platz, dem Prizipat.

Augustus, ließ sich schlicht ›erster Mann‹ (*princeps*) nennen; danach nennen wir das politische System, das Augustus gegen erheblichen Widerstand durchsetzte, den ›Prinzipat‹. 500 Jahre herrschten die Nachfolger des Augustus, die wir mangels eines besseren Begriffs ›Kaiser‹ nennen, über die römische Welt; in der Osthälfte mit ihrer Hauptstadt Konstantinopel endete ihre Herrschaft erst 1453 mit der Eroberung durch die osmanischen Türken. Doch bereits im 4. Jahrhundert n. Chr. trat mit dem Christentum, das bald zur Mehrheits- und schließlich zur

Staatsreligion avancierte, ein neuer Faktor auf den Plan. Die ›Spätantike‹ markiert den Übergang zum Mittelalter; im Westen brach das römische Imperium unter dem Druck einer massiven Migrationswelle germanischer und anderer Stämme Königreichen auf ethnischer Basis, in denen die Feudalgesellschaft des europäischen Mittelalters Gestalt gewann, zusammen.

Allen Umbrüchen zum Trotz kennzeichnete ein bemerkenswerter Konservatismus die römische Gesellschaft: Das, was die römische Welt in ihrem Innersten zusammenhielt, blieb, bei allem Wandel, über Jahrhunderte hinweg konstant oder veränderte sich nur äußerst langsam. Das Besondere an der römischen Geschichtskultur, auch im Vergleich zu anderen antiken Gesellschaften, liegt darin, dass die Traditionen, die gleichsam den Grundstock römischer Identität ausmachten, im *mos maiorum* verkapselt waren, was wörtlich ›Sitte der Vorfahren‹ bedeutet und das gesamte Inventar an Gebräuchen, Normen und Handlungsmustern bezeichnet, das von der Vergangenheit auf die jeweilige Gegenwart kam. Das heißt nicht, dass der *mos* unwandelbar gewesen wäre: Natürlich interpretierte jede Generation seinen Inhalt mit Blick auf ihre Gegenwart neu; zugleich aber setzte der *mos* jeden Einzelnen in Beziehung zum »überzeitlichen Ganzen« (Uwe Walter) der Republik.

Zweiter Horizont der Identität für jedes römische Individuum war die Großfamilie (*gens*). Jeder römische Aristokrat war zu allererst Repräsentant seiner *gens* und maß seine eigenen Leistungen an denen seiner Vorfahren. Die *gens* hatte ihr eigenes historisches Gedächtnis, das im rituellen Leichenzug, der *pompa funebris*, auf Prächtigste inszeniert wurde. War ein großer Mann verstorben, so paradierten in chronologischer Reihenfolge und versehen mit den Insignien ihres Ranges die verflossenen Generationen einer *gens* – in Gestalt von Wachsbilder tragenden Schauspielern – vor den Zuschauern. Die Ahnen fungierten als *exempla*, als Vorbilder für die nachwachsende Generation, die durch die Parade angespornt wurde, den Taten ihrer Vorfahren nachzueifern. Der Aufmarsch der toten Würdenträger war zugleich, in seiner ganzen Ritualhaftigkeit, eine Zurschaustellung des von der Sippe gehorteten Ahnenkapitals. Adressaten waren immer auch die konkurrierenden Clans.

War die *gens* gleichsam die diachrone Achse sozialen Eingebundenseins, so repräsentierte der Haushalt (*familia*) die synchrone Dimension. Oberhaupt war der Hausvater (*pater familias*), der die – später allerdings immer weiter verwässerte – uneingeschränkte Rechtsgewalt (*patria potestas*) über alle Angehörigen des Hauses besaß, einschließlich des Rechts, Sklaven und selbst Familienangehörige mit dem Tod zu bestrafen. Ein volljähriger Sohn, dessen Vater noch lebte, war nicht geschäftsfähig; selbst wenn er es bis zum Konsul gebracht haben sollte, besaß er noch immer nur ein *peculium*, ein ›Taschengeld‹, das der Verfügungsmacht des Vaters unterstand. Erst mit dem Tod des *pater familias* wurden dessen Söhne in ihrer je eigenen *domus*, ihrem ›Haus‹, selbst zu Familienoberhäuptern; dort herrschte dann dieselbe Hausvatergewalt. Weibliche Nachkommen gingen mit der Heirat in die *familia* ihres Ehemannes ein.

Die Institution, die die *familia* zusammenhielt, war die Ehe. Voraussetzung dafür, dass eine Person mit römischem Bürgerrecht das *matrimonium*, die rechtsgültige Ehe, eingehen konnte, war die Ehefähigkeit des Partners, sein *conubium* : Sklaven und Nichtrömer besaßen kein *conubium*, zwischen Patriziern und Plebejern erlaubte hingegen die *lex Canuleia* (445 v.Chr.) die Ehe. Auch Freie und Freigelassene durften heiraten, wenngleich entsprechende Verbindungen in den besseren Kreisen nicht sonderlich gern gesehen waren. Wo fehlendes *conubium* dem *matrimonium* entgegenstand, konnten Mann und Frau ein Konkubinat eingehen, das unter Umständen ebenso dauerhaft war, aber keine legitimen Nachkommen hervorbrachte. Mädchen galten mit 12 Jahren als heiratsfähig, mit 20 sollten sie, so verlangte es die Ehegesetzgebung des Kaisers Augustus, unter der Haube sein. Hauptzweck des *matrimonium* war die Erzeugung legitimer – männlicher – Nachkommen, die dereinst die Nachfolge des *pater familias* antreten würden. Daneben fungierten Eheschließungen immer wieder als quasi-dynastisches Unterpfand politischer Allianzen zwischen Familien.

Selbst im Haus hatten Frauen nur einen begrenzten Wirkungsradius: Es gab Männer, die die Führung des Haushalts an ihre Ehefrauen delegierten. Grundsätzlich jedoch waren Frauen und Mädchen aus gutem Hause ins gitterlose Gefängnis der Handarbeit gesperrt; künstlerische Begabung und die Fähigkeit zum geistreichen Gespräch wurden akzeptiert, sofern die Sittsamkeit der Frau außer Zweifel stand. Der *mos maiorum* enthielt eherne Maßstäbe dafür, welche Beschäftigungen sich für eine Frau ziemten – und was sie zu unterlassen hatte. Dass diese Maßstäbe bis weit in die Kaiserzeit hinein Bestand hatten, wird gerade aus den Berichten über all jene Kaiserfrauen deutlich, die sich allzu sorglos über sie hinwegsetzten: Voyeuristisch ausschlachten ließen sich die Ambitionen einer Messalina oder einer Agrippina, weil sie Grenzüberschreitungen waren, die im Alltag nicht vorkamen.

Angesichts der exorbitanten Kindersterblichkeit aufgrund von mangelhafter Hygiene und unzureichender medizinischer Versorgung konnte nur die konstant hohe Geburtenrate eine ausgeglichene demographische Bilanz garantieren. Zehn Kinder und mehr pro Frau waren keine Seltenheit. Ein Neugeborenes wurde durch den Vater in die Familie aufgenommen, der es aufhob und so anzeigte, dass er es annahm. Wurde es nicht angenommen, etwa wegen körperlicher Defekte, so setzte man das Kind aus. Kinder der Oberschicht wurden in die Obhut einer Amme gegeben, später von Hauslehrern, denen die Erziehung oblag; einzig das Abendessen nahmen sie im Kreis ihrer Familie ein. Eltern, die nicht der Oberschicht angehörten, ließen ihre Kinder, Jungen wie Mädchen, eine Schule (*ludus* oder *schola*) besuchen, wenn sie es sich leisten konnten. Dort wurden die Kinder bis zum 12. Lebensjahr von freiberuflichen Pädagogen im Lesen, Schreiben und Rechnen unterrichtet. Dass selbst in Senatorenkreisen bei der Erziehung des Nachwuchses Manches im Argen lag, moniert Plutarch, Verfasser einer Schrift *Über Kindererziehung*: Er fordert, bei der Auswahl der Lehrmeister die denkbar größte Sorgfalt walten zu lassen, doch ließen die meisten Väter ihre fähigsten Sklaven das Regiment über ihre Äcker und Handelsgeschäfte führen – »ist aber ein zur Arbeit untauglicher Fresser und Säufer da, nun, so übergibt man ihm ohne Bedenken die Kinder.«

An den Elementarunterricht schloss sich für Knaben aus gutem Hause das Studium unter Aufsicht eines *grammaticus* an, der die Heranwachsenden an die Literatur heranführte. Oft kümmerte sich ein *grammaticus Graecus* um die griechischen Klassiker, während dem *grammaticus Latinus* der Unterricht in lateinischer Literatur vorbehalten blieb. Hohen Stellenwert hatte die Unterweisung in der Redekunst. Wenn zu erwarten war, dass sie eine politische Karriere einschlagen würden, wurden die männlichen Nachkommen vornehmer Familien noch auf etwas anderes vorbereitet: Sie lernten durch die Erziehung, mit Nackenschlägen umzugehen und auch nach Niederlagen wieder aufzustehen. In einem politischen Alltag, der mit Fallen gespickt war und in dem politische Karrieren zwischen stellaren Höhen und bodenlosen Tiefen zu oszillieren pflegten, waren ›Nehmerqualitäten‹ gefragt; ein Feldherr musste seine Streitkräfte nach einer Niederlage neu aufstellen und zum zweiten Schlag ausholen können. Deshalb brachte man angehenden Senatoren nicht bei, auf Sicherheit zu spielen; vielmehr lernten sie, Chancen zu ergreifen, wo sie sich boten, und angesichts des Vabanquespiels nicht die Nerven zu verlieren.

Mit 14 Jahren legte der Knabe aus der Oberschicht in einem feierlichen Akt auf dem Forum die *toga praetexta*, die von Minderjährigen (wie Senatoren) getragene Toga mit Purpursaum, und die *bulla puerilis*, einen kleinen goldenen Anhänger, ab: Er war jetzt ein Mann. Zwar unterstand er, sofern sein Vater am Leben war, noch immer der *patria potestas*, doch trat er ins öffentliche Leben seiner Gemeinde ein. Vielleicht verlobte er sich und schloss zu diesem Zweck mit dem Brautvater einen förmlichen Vertrag (*sponsalia*); wurde der Vertrag von einer Seite gebrochen, so hatte die Gegenseite das Recht zur Klage. Es war dies allerdings auch die Zeit, gebührend über die Stränge zu schlagen: Heranwachsende aus den besseren Kreisen in Rom und in den Landstädten bildeten spätestens seit der frühen Kaiserzeit Cliquen, *collegia iuvenum*, die gemeinsam Sport trieben oder auf die Jagd gingen, aber auch Sauftouren unternahmen, sich im Zirkus wie Hooligans aufführten, Frauen belästigten und systematisch dem Vandalismus frönten. Kaum waren sie 16, kehrte die Ordnung zurück ins Leben dieser jungen Männer: Sie heirateten, traten ins Militär ein oder erklommen die ersten Stufen einer senatorischen Ämterlaufbahn, des *cursus honorum*. Auf die entsprechenden Tätigkeiten, sieht man einmal von der Redekunst und den ›Nehmerqualitäten‹ ab, hatte die angehenden Senatoren keine Ausbildung vorbereitet. Die Qualifikationen, die man als Offizier oder Magistrat benötigte, erwarb man fast durchgängig erst in der Praxis.

Wer nicht zur Elite der Senatoren oder zur gleich unter dem Senatorenstand rangierenden Klasse der Ritter gehörte, musste seine Existenz wohl oder übel mit Arbeit bestreiten, körperlicher Arbeit meist, die wenig Qualifikationen voraussetzte: Die täglichen Verrichtungen eines freien Kleinbauern unterschieden sich kaum von der Arbeit eines Feldsklaven; Väter gaben hier ihr Wissen an die Söhne weiter, die von Kindesbeinen an auf dem Hof mithalfen. Ein Heer von ungelernten, teils freien, teils unfreien Arbeitern übernahm die beschwerlichen Arbeiten im Transport- und Baugewerbe, die ohne hohe Ausbildungsstandards auskamen. Anders stand es um die meisten Handwerksberufe: Hier war eine gründliche Qualifizierung des Nachwuchses unerlässlich. Meist unterwies auch hier der Vater den Sohn, der später den Betrieb übernahm, doch nahmen Handwerker auch Kinder anderer Leute, durchaus auch Mädchen, in die Lehre, zumal dann, wenn sie größeren, expandierenden Betrieben vorstanden. Eltern blieb oft keine andere Wahl, als ihre heranwachsenden Kinder in Ausbildung zu geben, um so das stets knappe Familienbudget aufzubessern.

Mangelernährung und eine nach heutigen Maßstäben völlig unzureichende medizinische Versorgung führten zu einer allgemein geringen Lebenserwartung und hohen Kindersterblichkeit. Dennoch waren die medizinischen, hygienischen und sanitären Standards – verglichen mit der außer- und nachrömischen Welt – in Rom recht hoch. Das medizinische Wissen des Zeitalters trug der aus Pergamon stammende griechische Arzt Galenos (ca. 130–210 n. Chr.) zusammen. Galen begnügte sich nicht mit Erfahrungswissen, sondern widmete sich in seinen pathologischen Studien auch der wissenschaftlichen Erforschung des menschlichen Körpers; bei allen Irrtümern, denen er unterlag, bildete sein Werk bis weit in die Neuzeit hinein die Grundlage für alle medizinische Forschung. Rom und die vielen Städte des Imperiums verfügten über ausgeklügelte Wasserver- und -entsorgungssysteme, über öffentliche Toiletten und ebenfalls öffentliche und unentgeltlich zu benutzende Bäder, die nicht nur zur Reinlichkeit, sondern auch zur körperlichen Fitness der Badenden beitrugen. Die Kanalisation diente nicht nur der Entsorgung von Brauchwasser und Fäkalien, sondern auch von Abfall. Einen Ort, der ähnlichen hygienischen Standards genügte wie die Millionenmetropole Rom, sucht man in der antiken Welt vergebens. Dennoch waren auch ihre Bewohner von Umweltverschmutzung betroffen: Offene Feuer verpesteten die Luft, Handwerksbetriebe erzeugten Lärm und Schmutz, Unrat und Fäkalien stanken buchstäblich zum Himmel.

Obwohl nur wenige Römer ein reifes Alter erreichten und die durchschnittliche Lebenserwartung eines 25-Jährigen bei rund 50 Jahren lag, waren ältere Männer in Republik und Kaiserzeit die politisch wie sozial tonangebende Gruppe. Weisheit und Erfahrung galten als typische Eigenschaften des Alters, und beide galten viel in Politik und Alltag. Alter besaß entsprechend Autorität, und das Prinzip des Seniorats durchzog die römischen Institutionen im privaten wie im öffentlichen Bereich. Wer viel zu vererben hatte, verfügte außerdem im Alter noch über eine mächtige Waffe: sein Testament. Hier wurde nicht nur festgelegt, wer was aus der Erbmasse erhielt; hier wurden auch moralische Urteile über die Hinterbliebenen gefällt. Das Testament eines römischen *pater familias*, das in aller Öffentlichkeit verlesen wurde, war ein Manifest und nicht selten ein Fanal. Über den Tod des großen Mannes hinaus machte es seine Macht spürbar: Gelder wurden öffentlich verteilt, Angehörige enterbt, Sklaven in die Freiheit entlassen. Hierarchisches Denken durchzog die gesamte römische Gesellschaft; die Unterscheidung zwischen oben und unten war in allen Bereichen eminent wichtig: im Militär ebenso wie im Senat, der nach Rang und Status gegliedert war, in der Volksversammlung ebenso wie in jedem einzelnen der großen römischen Haushalte. Jede dieser Institutionen lässt sich als Pyramide beschreiben, mit wenigen an der Spitze und einer breiten Masse ganz tief unten. Dabei ist es keineswegs einfach zu definieren, wie die Grenzen zwischen oben und unten in der römischen Gesellschaft jeweils genau verliefen. Hierarchie bemaß sich nach verschiedenen Werteskalen, die oft, aber nicht ausnahmslos kongruent waren: Reichtum, Status und Autorität. Außerdem waren die Parameter sozialer Differenzierung, allem konservativen Beharrungsvermögen zum Trotz, über die Jahrhunderte erheblichem Wandel unterworfen.

Tiefer als in jeder modernen Gesellschaft war in Rom die Kluft zwischen Arm und Reich. Vor allem öffnete sich die Schere mit der territorialen Expansion der Republik rasant: War das archaische Rom noch eine Gesellschaft sich überwiegend selbst versorgender Bauern, so gab es ab der mittleren Republik eine dünne Schicht immens wohlhabender und immer reicher werdender Großgrundbesitzer, gefolgt von einem noch immer soliden Mittelstand freier Bauern, unter dem die breite Masse von städtischen Armen stand, die keinen Grund und Boden ihr Eigen nannten. Neue Erwerbsquellen – Handwerk, Handel, Geldgeschäfte und Steuerpacht – trugen weiter zur Differenzierung zwischen Arm und Reich bei. Wirtschaftliche Potenz erweiterte auch die Spielräume: Wer nicht selbst im Schweiße seines Angesichts das Feld bestellen oder seinem Handwerk nachgehen musste, konnte Zeit in andere Formen der Betätigung investieren: in Krieg und Politik. »Abkömmlichkeit« (Max Weber) war schon deshalb eine notwendige Bedingung für eine aktive Rolle in der Politik, weil die Magistraturen *honores*, ›Ehrenämter‹, waren: Ein Gehalt gab es nicht, und wer sich um Ämter bewarb, musste bereits Unmengen von Geld ausgeben, um das Wahlvolk gewogen zu stimmen. Reichtum ließ sich in eine andere Ressource, politischen Einfluss, umtauschen.

Dieselbe Gleichung ging auch umgekehrt auf: Wer an den Hebeln der Macht saß, fand Mittel und Wege, Geldströme in seine Taschen umzuleiten – gewesene Konsuln oder Prätoren, die als ehemalige Magistrate in die Provinzen gingen, nutzten die Spielräume ihres Amtes oft schamlos aus, um sich zu bereichern; Feldherren partizipierten an der Beute und kassierten Lösegelder, die für die Freilassung von Kriegsgefangenen fällig wurden. Die Ständekämpfe brachten wirtschaftliche und politische Potenz weiter in Gleichklang, indem sie an die Stelle einer ständischen Elite, des Patriziats, eine Funktionselite treten ließen: die Senatorenschaft, die zugleich den größten Teil des Grundbesitzes in ihren Händen konzentrierte. Der innere Kern dieser Gruppe, die Nobilität, betrieb als Elite in der Elite schon bald wieder ihre exklusive Abschottung nach unten, was ihr, bedingt durch ihre Erfolge in der Expansionsphase, auch weitgehend gelang.

Die Konvertibilität wirtschaftlichen Kapitals reichte aber noch weiter: Einflussreiche, wohlhabende Männer wendeten einen beträchtlichen Teil ihres Vermögens für öffentliche Belange auf, in Rom, in Italien wie in den Provinzen. Da die Antike einen ›öffentlichen Dienst‹ nicht kannte und der minimalistische Staatsapparat nur in bestimmten Kernbereichen tätig wurde, war das finanzielle Engagement von Privatpersonen für ihre Heimatgemeinde unverzichtbar: Reiche Bürger finanzierten Bauten oder deren Erhaltung; sie richteten Feste, Spiele und religiöse Feiern aus, und sie stellten Geld für die Armenfürsorge zur Verfügung. Für ihre wohlberechnete Großzügigkeit hatte das Lateinische den Begriff *munificentia* reserviert; wir sprechen, nach dem griechischen Begriff für ›Gutes tun‹, von ›Euergetismus‹. Im Gegenzug erhielten die Spender eine Ressource, die einen zentralen Platz im Denken jedes römischen Menschen einnahm: *dignitas.*

Das beste deutsche Äquivalent zu dem für das Verständnis der römischen Mentalität elementar wichtigen Begriff *dignitas* ist ›Ehre‹, wobei *dignitas* sich aus verschiedenen Quellen speiste: namentlich *honos* (›Ehrenamt‹) und *gloria* (›Ruhm‹), aber auch *existimatio* (›Wertschätzung‹), *laus* (›Anerkennung‹) und selbst *auctoritas* (›Einfluss‹). Ehre war die wohl konvertibelste aller Währungen und ließ sich unmittelbar in andere begehrte Kapitalformen umsetzen: Autorität und Einfluss. Wer Ehre hatte, dem wurde gehorcht, der galt etwas. Erwerben ließ sich Ehre nicht nur durch Großzügigkeit, sondern durch alle Formen von Dienst an der Gemeinschaft: auf Schlachtfeldern und in der Kurie, der Tagungsstätte des Senats. Ehre war ein wertvolles Tauschgut, aber auch ein Wert an sich. Sie war eine mächtige Triebfeder, die Männer gewaltige Risiken auf sich nehmen ließ und ihnen half, märchenhafte Vermögen anzuhäufen. Genau beziffern ließ sich das akkumulierte Kapital an Ehre nicht. Erst spät goss der Gesetzgeber den Rangunterschied zwischen ›Ehrenmännern‹ und der breiten Masse in eine rechtliche Form: Wohl im ausgehenden 1. Jahrhundert n. Chr., als andere juristische Schranken fielen, kam die Unterscheidung auf zwischen rechtlich privilegierten *honestiores* und den gemeinen Leuten, *humiliores.* Zu diesem Zeitpunkt verlor ein anderes Distinktionskriterium, das römische Bürgerrecht, rapide an Bedeutung, und zwar ausgerechnet durch die weite Verbreitung, die es inzwischen gefunden hatte: Dank der großzügigen Verleihungspraxis seit dem frühen Prinzipat war es um 200 n. Chr. vollends wertlos geworden. Zuvor war das Bürgerrecht, in das die Römer bis zum Bundesgenossenkrieg (91–88 v. Chr.) ihre italischen Nachbarn noch hatten zwingen müssen, eine erstrangige Prestigeressource gewesen: selbst ein Quell von Ansehen und Ehre, vor allem in den Orientprovinzen, wo römische Bürger dünn gesät waren.

Die zweite rechtliche Unterscheidung von elementarer Bedeutung war die zwischen Freien und Sklaven. Sklaven bildeten keine soziale ›Klasse‹, auch keine allgemeine Unterschicht, sondern waren ihrem Rechtsstatus nach ›Sachen‹: Eigentum des Herrn, in dessen Verfügungsgewalt sie sich damit befanden. Es lag in seinem alleinigen Ermessen, seine Sklaven zu verkaufen, zu bestrafen, zu töten oder zu belohnen. Für die antike Philosophie war die Sklaverei eine unhinterfragbare Institution, waren Sklaven doch ›von Natur aus‹ zum Dienen bestimmt. Dennoch gab es in der Kaiserzeit Initiativen des Gesetzgebers, die darauf abzielten, das Los der Sklaven abzumildern und der Herrengewalt Grenzen zu setzen.

Als soziale Gruppe oder Klasse konnten die Sklaven schon deshalb nicht agieren, weil sie in ganz unterschiedlichen Realitäten verwurzelt waren. Die Lebenswirklichkeit eines Sklaven, der als Hauslehrer den Nachwuchs seines Herrn in griechischer Philosophie unterwies, hatte nichts gemein mit dem Los eines Sklaven, der im Bergwerk, im Steinbruch oder in einem landwirtschaftlichen Großbetrieb sein Dasein fristete: Der persönliche Kontakt des Haussklaven zu seinem Herrn und zu dessen Familie schuf Bindungen und Loyalitäten, die sich täglich bemerkbar machten. Um Leistungsanreize zu schaffen, gestatteten viele Herren ihren Sklaven den Erwerb persönlichen Eigentums, eines *peculium*, das freilich in letzter Konsequenz der Verfügung des Herrn unterstand. Selbst das Halten eigener Sklaven konnte Sklaven gestattet sein, die bisweilen zu regelrechten Subunternehmern ihrer Herren avancierten. Nicht alle Sklaven waren zudem zu ewiger Unfreiheit verdammt; vielen von ihnen winkte die Freilassung, *manumissio*, als Gegenleistung für treue Dienste oder per testamentarischer Verfügung des Herrn. Haussklaven erlangten gewöhnlich vor Vollendung ihres 40. Lebensjahres die Freiheit; wurde die Freilassung offiziell aktenkundig, so wurde der Sklave mit dem Tag seiner Freilassung zugleich römischer Bürger, wenngleich minderen Rechts. Seine zuvor geborenen Kinder blieben jedoch Sklaven, wenn sie nicht mit freigelassen wurden. Freigelassene, *liberti*, standen in einem Patronageverhältnis zu ihrem ehemaligen Herrn, dessen Klientenschaar sie verstärkten und zu dessen *familia* sie nach wie vor zählten. Mit der Freilassung investierte der Herr in die Zukunft seines Sklaven, und nicht selten trug diese Investition reiche Früchte: Viele Freigelassene gehörten zum unternehmerisch aktivsten Teil der römischen Bevölkerung; manche brachten es zu großem Vermögen.

Freigelassene und auch Sklaven bildeten also nicht durchgängig den Bodensatz der römischen Gesellschaft. Einzelne wurden nicht nur phantastisch reich, sie erlangten auch enormen Einfluss, vor allem in der frühen Prinzipatszeit, als sich das administrative Spitzenpersonal der kaiserlichen Reichszentrale vornehmlich aus Angehörigen der *familia Caesaris*, kaiserlichen Sklaven und Freigelassenen, rekrutierte. Freilich handelten sie nicht als politische Subjekte, sondern als Funktionsträger, die ganz und gar von ihrem kaiserlichen Herrn bzw. Patron abhängig waren. Die Zahl der Sklaven allein in Italien mag währenddessen in die Millionen gegangen sein. Das Heer der Unfreien ergänzte sich stets von Neuem durch natürliche Reproduktion und durch Kriegsgefangene, die über große Sklavenmärkte wie Delos umgeschlagen wurden. Der Zustrom hielt über Jahrhunderte an und ebbte erst in der Spätantike deutlich ab, als die Institution Sklaverei durch das Aufkommen des Kolonats, einer Form freier Pachtwirtschaft auf dem Land, ohnehin im Rückgang begriffen war.

Für die römische Elite gehörte es zu ihrem Selbstverständnis, Wohlstand zur Schau zu stellen und sich von denen, die weniger besaßen, zu unterscheiden. Was jemand aß, wie er sich kleidete, wie er wohnte, hing von seinen finanziellen Möglichkeiten, aber auch von seiner Bildung ab: Ein Senator speiste anders als der Landmann, die Gattin eines Töpfers trug Kleidung, mit der sie keinen Zutritt zur feinen Gesellschaft hatte. Wenigstens die Kleidung war auch Rang- und Statusabzeichen: Die Toga an sich wies den römischen Bürger aus – auch wenn vor allem Angehörige der Oberschicht das kompliziert anzulegende Wickelgewand trugen, und auch sie nur zu offiziellen Anlässen, nannten sich die Römer stolz die *gens togata*, das ›togatragende Volk‹. Dabei war Toga nicht gleich Toga, und ihre Kleidung machte die oberen Zehntausend im Straßenbild kenntlich: Senatoren trugen die Toga mit dem breiten Purpursaum und rote Schuhe als Insignien ihrer Würde; die Toga der Ritter zierte immerhin noch ein schmaler Purpursaum; wer sich um ein Amt bewarb, kleidete sich in eine blütenweiße Toga, die *toga candida*, und war daher *candidatus*.

Überhaupt war Purpur das Statussymbol der oberen Zehntausend, weil es so ungeheuer aufwendig in der Herstellung war. An der Spitze der Luxus- und Prestigeskala rangierte, jedenfalls in der Kaiserzeit, purpurgefärbte Seide. Der Stoff musste über etliche Zwischenstationen aus China eingeführt werden – am Transport konnte ein wagemutiger und geschäftstüchtiger Kaufmann ein Vermögen verdienen, und der Staat hielt ebenfalls die Hand auf: Bis zur Hälfte des Warenwertes schöpften seine Steuereinnehmer an Zollstationen wie dem ägyptischen Alexandreia ab. Das Mittelmeer war trotzdem ein riesiger Markt für Luxuswaren aller Art, von denen die meisten aus dem Orient stammten und mühsam herbeigeschafft werden mussten. Je exotischer eine Ware war, desto begehrter wurde sie. Das galt auch für die Küche; wohlhabende Römer liebten es pikant: Pfeffer, Kümmel, Koriander und auch Honig – allesamt teure Zutaten – gelangten reichlich zur Anwendung. Unerlässlicher Bestandteil der feinen Küche war außerdem eine ganze Palette von Würzsaucen, die aus eingesalzenem und anschließend in der Sonne gedörrtem Fisch bestanden und in der Kaiserzeit in fabrikähnlichen Anlagen vorwiegend in Spanien und Gallien hergestellt wurden. Diese *garum* oder *liquamen* genannten Saucen sorgten für einen intensiven Geschmack und verfeinerten fast jeden Gang eines römischen Festgelages, selbst den Nachtisch.

Manche der im kaiserzeitlichen Kochbuch des Apicius vorgestellten Speisen wären heute zumindest gewöhnungsbedürftig. So empfiehlt der Feinschmecker »gefüllte Schweinsvulva« und »Drosseln in Erbsenauflauf«. Überhaupt kam bei ihm allerlei

Geflügel auf den Tisch, von dessen Verzehr wir heute lieber absehen: in Dill, Essig, Lauch und Koriander gedünsteter Flamingo, geschmorter Kranich, aber auch Strauß in Minze-Honig-Sauce. Zu Fleisch und Fisch reichten die Römer ein breites Spektrum an Obst- und Gemüsesorten, wobei natürlich Neuweltfrüchte, wie Kürbisse und Tomaten, ebenso fehlten wie die aus Ostasien stammenden Zitrusfrüchte. Eier und Milch, die hauptsächlich von Ziegen und Schafen, in geringerem Umfang von Milchkühen stammte, sowie Butter waren wohl nur für Wohlhabendere erschwinglich; Käse, also haltbar gemachte Milch, war hingegen überall verfügbar und vergleichsweise preiswert. Hauptlieferant von Fetten war die Olive, die rings ums Mittelmeer angebaut wurde und deren Öl nicht nur zu Speisezwecken Verwendung fand, sondern auch als Brennmittel für Lampen. Wichtigste Quelle für Kohlenhydrate war Getreide – neben Weizen und Hartweizen auch Dinkel, Gerste und Emmer –, das zu Brot verarbeitet wurde und besonders für ärmere Bevölkerungsschichten das Grundnahrungsmittel darstellte. Zum Essen trank man Wasser, das schon ab der mittleren Republik eine wachsende Zahl von Aquädukten in hervorragender Güte nach Rom leitete und das dort aus zahlreichen Brunnen floss, oder Wein, der in sehr unterschiedlicher Qualität erhältlich war und den man fast immer mit Wasser verdünnt trank. Reiche Römer leisteten sich exquisite Tropfen oder genossen sie – ein Inbegriff des Tafelluxus – eisgekühlt. Um Weine haltbarer zu machen, gab man gern Gewürze hinzu.

Die überwiegende Mehrheit der etwa eine Million Einwohner, die Rom in der frühen Kaiserzeit zählte, war allerdings schon zufrieden, wenn sie satt wurde. Während Quellen für die Ernährungsgewohnheiten der Schönen und Reichen reichlich sprudeln, müssen wir uns für die breite Masse der Bevölkerung mit einigen dürren Informationen und Modellen behelfen. Ein Pionier in dieser Disziplin ist der britische Historiker Peter Garnsey, der von den fünf *modii* Weizen ausgeht, die in der Prinzipatszeit pro Kopf und Monat gratis an die etwa 200.000 ärmsten Hauptstädter ausgegeben wurden. Ein *modius* entsprach 8,7 Liter, so dass jeder Empfangsberechtigte rund 33 Kilo monatlich erhielt. Bis ins letzte Jahrhundert der Republik war die Versorgung deutlich schlechter, doch waren die fünf *modii* der Kaiserzeit, bezogen auf den Nährwert des Getreides, mehr als ausreichend, selbst wenn ein Teil den Endverbraucher vielleicht nicht mehr in essbarer Qualität erreichte. Außerdem wurde ungemahlenes Rohgetreide verteilt, das erst verarbeitet werden musste. So entstanden dem Endverbraucher trotz der Getreiderationen Kosten, die in Bargeld aufzubringen waren. Obwohl eine auf Weizen basierende Ernährung vergleichsweise ausgewogen ist – der Körper wird hinreichend mit Proteinen und einigen Vitaminen (B und E) versorgt –, müssen durch ergänzende Kost wie Gemüse und Hülsenfrüchte andere Vitamine und Mineralien zugeführt werden, um Fehlernährung sowie Mangelerscheinungen, wie Blutarmut und Osteoporose, sowie, bei Kindern und Embryonen, schweren Missbildungen und Rachitis vorzubeugen. Wie gut es gelang, die damit verbundenen Kosten zu decken, war abhängig von der Verfügbarkeit von Beziehungen und vor allem von der Möglichkeit zu arbeiten. Verdingen konnten sich arme Leute als Lohnarbeiter (*mercennarii*) oder Tagelöhner (*operarii*). Unter normalen Bedingungen waren so auch ärmere Bewohner der Hauptstadt in der Lage, sich relativ abwechslungsreich zu ernähren: Sie konnten sich regelmäßig Hülsenfrüchte, Trockengemüse, billiges Olivenöl und einfachen Wein leisten, seltener Fisch und frisches Gemüse, hingegen so gut wie nie Fleisch, Obst, Eier und frische Milch. Für Abwechslung auf dem Speiseplan sorgten zu besonderen Anlässen Lebensmittelspenden, meist in Form von Wein und Öl, die wohlhabende Bürger und, im Rom der Prinzipatszeit, die Kaiser verteilen ließen. Insgesamt war die Versorgungslage der stadtrömischen Plebs – und anderer großstädtischer Unterschichten – in der Kaiserzeit damit etwas besser als in der Republik, vor allem aber geradezu fürstlich im Vergleich zu den Armen in anderen antiken und sonstigen vormodernen Gesellschaften. Da nur Stadtbewohner in den Genuss der Spenden kamen, ging es ihnen wohl auch besser als den meisten Bauern.

Um die stets hungrige hauptstädtische – denn nur die Römer kamen in den Genuss der Verteilungen – Bevölkerung mit Weizen versorgen zu können, musste das Getreide bereits seit der mittleren Republik aus Übersee herangeschafft werden – die Ausbreitung der Villenwirtschaft in Italien begleitete die Umstellung auf hochwertige Agrarerzeugnisse wie Wein, Öl und Gartenfrüchte, die sich gewinnbringend auf dem Markt verkaufen ließen, aber die Mägen der Römer nicht füllten. Den Bedarf deckten die Naturalabgaben der Provinzen: Getreide kam vor allem aus Sizilien, Nordafrika und, in der Kaiserzeit, Ägypten, wo eine hocheffiziente Landwirtschaft mit großen Latifundien als Rückgrat erhebliche Überschüsse produzierte und über die Zwangsabgaben hinaus auch den freien Markt der Hauptstadt mit Getreide füllte. Dennoch hing die Versorgung der wachsenden städtischen Bevölkerung Italiens stets am seidenen Faden: Der Transport wurde von Privatleuten organisiert; Spekulation trieb periodisch den Getreidepreis nach oben und machte das Grundnahrungsmittel unerschwinglich; Piraten und politische Wirren bedrohten die Handelsrouten, so dass immer wieder Hungersnöte ausbrachen. Deshalb überführte Augustus die *cura annonae*, die Verantwortung für die Getreideversorgung, von den bisher dafür zuständigen Magistraten, den kurulischen Ädilen, in kaiserliche Regie und übertrug sie einem ritterständischen *praefectus annonae.*

Die römische Welt, zumal der Kaiserzeit, präsentierte sich insgesamt als bemerkenswert integrierter, scheinbar ›moderner‹ Wirtschaftsraum: Schiffe durcheilten das Mittelmeer und transportierten nicht nur Luxuswaren, sondern auch Massengüter wie Getreide über erhebliche Entfernungen; *garum* von der Iberischen Halbinsel war in Italien geschätzt; italischer Wein kam auf die Tische der Gutbetuchten von Britannien bis Syrien; Münzen zirkulierten reichsweit; einheitliche Rechtsgrundsätze sicherten die Transaktionen von Kaufleuten ab. Die Besitzer großer Landgüter verwalteten ihre Besitzungen nach betriebswirtschaftlichen Grundsätzen; Fernhändler, Steuerpächter und Bankiers nahmen für maximale Profite erhebliche Risiken auf sich. Aber dieser Eindruck trügt – oder ist doch mindestens unvollständig. Wie in anderen vorindustriellen Gesellschaften war auch in Rom die Ökonomie eingebettet in ein System sozialer Normen, das nicht an wirtschaftlicher Effizienz orientiert war, sondern an ganz anderen Werten, die – wo auch sonst? – im *mos maiorum* aufgehoben waren. Die wirtschaftlich engagierteste Gruppe der Bevölkerung war nicht die politische Elite, die Nobilität und die Senatoren, die ihr Vermögen überwiegend in Grundbesitz investiert – innovativer und risikofreudiger waren Ritter und Freigelassene, die ihre Zeit nicht politischen Ämtern, sondern ihren Geschäften widmeten. Freilich zielte auch ihr Profitstreben in letzter Konsequenz auf den Erwerb von Ehre ab. Waren sie nämlich am Ziel und hatten es, als *homines novi*, zu senatorischer Würde gebracht, so schichteten auch sie ihr Vermögen umgehend um und wurden Grundrentner.

Diese Mentalität, bei der das Ziel der schnellstmögliche, ›gesättigte‹ Ruhestand war, steht dem ›Geist‹ des modernen Kapitalismus diametral entgegen, wie ihn Max Weber und Werner Sombart, die Väter der Modernisierungstheorie, so treffend beschrieben haben. »Der Unternehmer *will* die Blüte seines Geschäfts und er *muß* den Erwerb wollen«, schrieb der Nationalökonom Sombart vor rund hundert Jahren in seinem *Der Bourgeois*. Und weiter:

> Mit dieser Zielsetzung – das ist die Pointe – ist der Endpunkt des Strebens eines Unternehmers in die Unendlichkeit gerückt. Für den Erwerb ebensowenig wie für die Blüte eines Geschäfts gibt es irgendwelche natürliche Begrenzung, wie sie etwa durch den ›standesgemäßen‹ Unterhalt einer Person aller früheren Wirtschaft gegeben war.

›Unternehmer‹ in diesem Sinne, für die ihr Erwerbsdenken Selbstzweck ist, kannte die römische Antike nicht. Aus diesem

Grund blieben Investitionen stets unterhalb der Schwelle, die einen signifikanten Anstieg der Produktivität über die Bedarfsdeckung hinaus erlaubt hätte. Die Antike erlebte deshalb, obwohl das Grundlagenwissen wenigstens teilweise vorhanden war, keine technologische, keine Industrielle Revolution, die schließlich die Tür zu anhaltendem, scheinbar grenzenlosem Wachstum aufstieß.

Den beherrschenden Stellenwert der Wirtschaft in der Moderne hatte in der Antike in gewissem Sinne die ›Religion‹: Sie war ein universales System zur Sinngebung, gab Orientierung in einer komplizierten, unverständlichen Welt. Der Vergleich hinkt allerdings: Antike Gesellschaften lassen sich nicht als ›Systeme‹ beschreiben; entsprechend war auch die Religion kein ›System‹, in das sich andere Bereiche wie Ökonomie und Politik als ›Subsysteme‹ eingegliedert hätten. Religion war schlicht da, das Leben mit ihr war für die Römer selbstverständlich. Zugleich gab es keinen rechten Begriff für sie: Das Denken, das eine Sphäre der ›Religion‹ von anderen, nicht-religiösen Bereichen scheidet, kam erst durch das Christentum in die Welt und war den Römern der republikanischen Zeit fremd.

Antike Religion kannte vor dem Christentum kein Dogma, keine eigentliche Theologie; sie setzte sich zusammen aus einer performativen Komponente, dem Ritual, und Inhalten, dem Mythos. Der ›Glaube‹ hatte keinen Platz im religiösen Denken der Antike; ›Religion‹ war, zuerst und vor allem, ein Kommunikationssystem, war, wie Jörg Rüpke formuliert, »die uralte Tradition einer ernsthaften Kommunikation mit unsichtbaren Partnern.« Diese Partner waren die Götter, zu denen man in einer reziproken Wechselbeziehung stand, die man, wie in der sozialen Hierarchie höher stehende Menschen, mit Gaben, *officia*, zu Gunsterweisen, *beneficia*, stimulieren konnte. Medien der Kommunikation mit ihnen waren Opferhandlungen, aber auch Eide, Gelübde, Verfluchungen und andere Rituale wie die charakteristische *evocatio*, die ›Herausrufung‹ von fremden Göttern aus einer feindlichen Stadt, meist während einer Belagerung.

Überhaupt stand Handeln im Mittelpunkt antiker Religion. Eingebettet war es meist in glanzvolle Zeremonien, in denen sich eine Gemeinde feierte und ihr Gemeinschaftsgefühl inszenierte.

In einer Religion, die weder heilige Bücher oder Dogmen noch ein Glaubensbekenntnis kannte, demonstrierte man seine Nähe zu den Göttern durch den Opferritus. Allgemein sind Rituale wie das Opfer Praktiken, die sich von ihrer ursprünglichen Bedeutung gelöst und eben dadurch eine kommunikative Funktion angenommen haben. So streuten römische Priester Opfertieren vor der Tötung Salz auf den Kopf – pragmatisch war diese Handlung, die ihren Ursprung im Würzen des Opferfleisches gehabt haben mag, sinnlos; als Teil des Rituals aber, dessen äußerliche Form gerade die Römer penibel einhielten, war das Salzstreuen unverzichtbar. Vordergründig waren diese Rituale Kommunikationsakte zwischen Göttern und Menschen, tatsächlich jedoch eine Form von Sprache, über die die Menschen miteinander kommunizierten. Diese Opferrituale waren folglich im Mittelpunkt der Gemeinschaft – in der Antike meist der Stadt – angesiedelt; sie waren eine öffentliche Angelegenheit, für deren Ausrichtung die Stadt zuständig war. Bestimmte Rituale, wie Opfermahlzeiten oder Prozessionen, unterstrichen den kommunalen Charakter des Kultes und die Zusammengehörigkeit der Feiernden. Auch die Priester, *sacerdotes*, waren keine okkulte Kaste religiöser Fachleute, die Geheimwissen bewahrten, sondern Magistrate der Gemeinde, die für den ordnungsgemäßen Vollzug der Rituale zuständig waren. Die verschiedenen Priesterschaften bildeten Kollegien, die sich im Normalfall durch das Hinzuwählen neuer Mitglieder personell ergänzten; keine Priesterschaft war ein Vollzeitamt, das dauernde Anwesenheit erforderte, nicht einmal das Amt des *pontifex maximus*, der den Vorsitz im Pontifikalkollegium führte, dem höchsten Priestergremium der Stadt Rom.

Radikal verschieden von christlichen Vorstellungen waren auch die Objekte religiöser Verehrung – Götter, von denen es unzählige gab, waren für Griechen und Römer, neben Tieren und Menschen, eine dritte Gattung lebendiger Wesen: Die Götter gehörten derselben diesseitigen Realität an wie die Menschen, von denen sie sich nicht substanziell unterschieden. Sie hatten Menschengestalt, waren männlich oder weiblich, und die Beziehungen, die sie zueinander pflegten, bildeten menschliche Beziehungen ab; allein ihre Unsterblichkeit und größere Macht unterschied sie von den sterblichen Menschen. Wie der menschliche Staat, so lebte auch die Ordnung unter den römischen Göttern von Hierarchie: An der Spitze standen, kanonisiert seit dem Hellenismus, die zwölf Olympischen Götter, denen Zeus bzw. Jupiter wie ein Hausvater vorstand; ihnen arbeiteten ganze Hundertschaften nachgeordneter Gottheiten und Halbgötter zu, die beispielsweise jede noch so unbedeutende Quelle beseelten. Sämtliche Götter, Mars, Venus, Merkur, Minerva und wie sie sonst heißen, hatten ihre spezifischen Zuständigkeitsbereiche, wie Krieg, Fruchtbarkeit, Handel oder Handwerk, sie hatten aber kein ›Monopol‹ auf diese Bereiche und ließen sich auch nicht auf bestimmte Aktivitäten festlegen. Im Gegensatz zu ihren griechischen Pendants, von denen sie Attribute und Ikonographie geborgt hatten, besaßen die römischen Götter keine ausgeprägten Persönlichkeiten: Römische Götter blieben als Individuen seltsam blass – genau wie die Mitglieder der römischen Nobilität, die im Grunde stets nur Repräsentanten ihrer Ahnenreihe waren.

Das Göttliche war, schon durch die ungeheure Anzahl göttlicher Wesen, praktisch omnipräsent, seine numinose Kraft durchdrang Felder, Auen, Quellen und Haine. Die wichtigen Götter jedoch manifestierten sich für die Menschen in Form ihrer Kultbilder, die mehr waren als Abbilder – in ihnen gewannen die Götter mit ihren spezifischen, unverwechselbaren Attributen Präsenz. Aufstellung fand das Bild im Innern des Tempelgebäudes, *aedes*, das, auch rechtlich, die Heimstatt des Gottes war. Die Götter des polytheistischen Pantheons waren damit der Idee nach an bestimmte Örtlichkeiten gebunden: Iuppiter Capitolinus war im Tempel auf dem Kapitol beheimatet, Vesta, die Hüterin des Herdfeuers, auf dem Forum Romanum.

Kompliziert wurde es, als im Hellenismus die Götter verschiedener Räume zueinander in Beziehung traten, und besonders verwirrend, als mit der Expansion der *res publica* das ehedem lokale Ordnungssystem der stadtrömischen Religion zu einer reichsweit wahrgenommenen Bezugsgröße wurde: Als ›Reichsreligion‹, die freilich jeder zentralen Organisation entbehrte, rieb sich das System notwendig an den lokalen Ordnungssystemen der eroberten Welt. Doch absorbierte der Polytheismus, den die meisten antiken Gesellschaften teilten, einen Großteil der Reibungsenergie, denn er erlaubte es, fremde Götter mit eigenen zu identifizieren, sofern sie ähnliche Charakteristika und Tätigkeitsfelder aufwiesen: Per *interpretatio* wurde aus dem syrischen Hadad ein griechischer Zeus, aus dem keltischen Grannus ein römischer Apollo. Die Angleichung lokaler Gottheiten an die Olympischen Götter von Griechen und Römern hielt Schritt mit Prozessen der Hellenisierung und Romanisierung und funktionierte in der Sache genau gleich: Neue Paradigmen verdrängten die alten nicht, sondern gingen fruchtbare Verbindungen mit ihnen ein, indem sich die Menschen vor Ort aus dem Inventar der ›Reichsreligion‹ das aneigneten, was sie verstanden und gebrauchen konnten. So bevölkerten die lokalen Manifestationen Olympischer Götter in Divisionsstärke die weite römische Welt: Mit römischen Namen, Attributen und Ikonographien ausgestattet, blieben die partikularen Identitäten der regionalen Götter lebendig; vielfach erhielten sie durch den Kontakt mit Rom sogar neue Vitalität. Die Durchdringung lokaler Ordnungssysteme mit griechisch-römischen Göttern und Gottesvorstellungen schuf allenthalben Mischformen, Synkretismen, denen auf einer abstrakteren Ebene die hybriden Kulturen der römischen Provinzen entsprachen.

Der fehlende Ausschließlichkeitsanspruch des römischen Götterkultes erleichterte es Bevölkerungen mit gänzlich anderer religiöser und kultureller Prägung, ins römische Imperium hineinzuwachsen. Ihren Beitrag dazu leisteten auch die römische Armee, in der hunderttausende junger Männer aus den

Provinzen nach einheitlichen Grundsätzen gedrillt und erzogen wurden, und das Lateinische, das in allen Legionen Befehls- und Verkehrssprache war und neben dem Griechischen, das im Osten bestimmend blieb, zur zweiten Lingua Franca im Reich avancierte. Die kolossale Integrationsleistung, die Rom vollbrachte, wäre jedoch ohne zusätzliche Angebote an die von ihm Unterworfenen nicht vorstellbar gewesen. Drei große Erzählungen machten dieses Angebot plausibel und erleichterten vor allem lokalen Eliten, die vor den römischen Legionen die Waffen gestreckt hatten, den Glauben daran, dass auch sie dereinst zu den Nutznießern des Reiches zählen würden: erstens die Erzählung vom sozialen Aufstieg, der über den Erwerb des Bürgerrechts führte und den Enkeln oder Urenkeln der Unterworfenen vielleicht dereinst die Tür zu den inneren Machtzirkeln des Imperiums öffnen würde; zweitens der Mythos als universelles Weltdeutungssystem, das es allen erlaubte, ihren Platz relativ zu den anderen in der von Rom beherrschten Welt zu definieren, und drittens die Erzählung von der Zivilisierung der Welt, die Rom mit seinem Frieden, seinem Recht und seinen Infrastrukturprojekten plausibel machte.

Dass Rom die von ihm beherrschte Welt so nachhaltig umgestaltete, dass die materiellen Hinterlassenschaften der Epoche, von Britannien bis Ägypten, bis heute davon zeugen, verdankt sich dem durchschlagenden Erfolg dieser drei Narrative. Weil sie glaubwürdig waren, erschien Menschen, die fernab von Rom lebten, alles, wofür die Stadt am Tiber stand, begehrenswert. Sie selbst strebten danach, zu werden wie die Römer. Der Rekonfiguration der weiteren Mittelmeerwelt ein anderes Etikett geben zu wollen als ›Romanisierung‹, wäre töricht, denn ohne Rom wäre der Prozess niemals angestoßen worden. Und doch bedeutete Romanisierung nicht die vollständige Nivellierung aller Kultur im Reich, im Gegenteil: Oft gab erst die römische Präsenz der Bevölkerung in der Peripherie die Mittel an die Hand, ihren eigenen Traditionen Ausdruck zu verleihen. Und einige dieser Traditionen, wie die gallischen Hosen, mochten durchaus ihren Weg ins Zentrum finden und damit schließlich Eingang ins Inventar dessen, was als ›römisch‹ galt. Der Romanisierung wohnte deshalb ein gerüttelt Maß an Dialektik inne: Rom verwandelte die Welt, aber es verlor die Deutungshoheit darüber, was als ›römisch‹ zu gelten hatte.

Die drei Erzählungen hinterließen ihre Spuren in ebenso vielen Dimensionen von Romanisierung: die Aufstiegserzählung in der rechtlichen Romanisierung, die Nichtrömer zu römischen Bürgern und eventuell zu Angehörigen der imperialen Eliten machte; der Mythos in der sprachlich-kulturellen Romanisierung, die die nichtrömischen Bewohner der Provinzen, die Provinzialen, lehrte, in römischen – und damit griechischen – Kategorien zu denken; die zivilisatorische Mission in materieller Romanisierung, deren Zeugnisse sich überall auf dem Boden des Weltreichs finden: nicht zuletzt in den Hunderten von Städten, die in den Provinzen emporwuchsen und mit ihrem rechtwinkligen Straßenraster und dem typischen Inventar an Gebäuden und Bauensembles – Foren, Tempeln, Theatern, Amphitheatern, Basiliken, Thermen, schließlich sogar Kirchen – überall dasselbe Gepräge hatten. So hat jede Dimension von Romanisierung spezifische Spuren hinterlassen, die heute, richtig gelesen, zeigen, warum das römische Imperium zum Integrationsweltmeister avancieren konnte: Es besaß mit der griechisch römischen Doppelzivilisation eine in sich bereits vielfach hybride, modulare und in Einzelteile zerlegbare ›große‹ Tradition, die sich der – so selektiven wie kreativen – Aneignung durch die Bevölkerung in den Provinzen förmlich aufdrängte. Ob es sich um das Formular einer Inschrift, mit der ein herausragendes Individuum geehrt wurde, eine Säule oder ein Instrument des römischen Rechts handelte: All das ließ sich so fugenlos in die eigene ›kleine‹ Tradition integrieren, dass es nicht als Fremdkörper auffiel, wohl aber dieser Tradition ganz neue Ausdrucksmittel erschloss. Die Zugehörigkeit gab Menschen, die zuvor stumm waren, eine Stimme.

1. MYTHOS

Am Anfang stand ein Brudermord. Der Legende nach erschlug Romulus seinen Bruder Remus, als der über die Furche sprang, die Romulus gezogen hatte, um seiner neuen Stadt auf dem Palatin eine symbolische Grenze zu geben. Die Zwillinge waren Enkel eines Königs und als Säuglinge auf dem Tiber ausgesetzt worden. Am Tiberstrand hatte sie eine Wölfin gefunden und gesäugt, bis ein Hirte sie bei sich aufgenommen hatte. An der Stelle ihrer Rettung durch die Wölfin gründete Romulus seine Stadt. Es war der 21. April 753 v. Chr.

Schon über vierhundert Jahre vor Romulus soll ein Flüchtling aus Troja ebenfalls als Stadtgründer in Mittelitalien tätig geworden sein: Aeneas ließ sich nach zehnjähriger Irrfahrt quer durchs Mittelmeer unweit des Tiber nieder und errichtete dort die Stadt Alba Longa. Von ihm stammten Romulus und Remus und, viele Jahrhunderte später, Gaius Julius Caesar und Augustus ab – so jedenfalls wurde es zu ihrer Zeit behauptet.

Der Mythos füllte für die Römer die Leerstelle ihrer fernen Vergangenheit, über die sie kaum etwas wussten. Er erklärte ihnen, warum sie mit den Karthagern drei blutige Kriege führen mussten: Aeneas hatte auf seiner Reise die karthagische Königin Dido erst verführt und dann verlassen; sie hatte ihm ewige Rache geschworen. Der Mythos setzte Römer zu Griechen in Beziehung, indem er an die Erzählung vom Trojanischen Krieg anknüpfte, und verlieh der Stadt am Tiber eine in die ferne Vergangenheit zurückreichende Geschichte, die sie in einer Welt, in der sich Städte viel auf ihr Alter einbildeten, konkurrenzfähig machte. Romulus, die Geschichte des Brudermordes und die zahlreichen Händel, die er auszufechten hatte, verrieten den Römern späterer Generationen, wo die Ursprünge des konfliktreichen Verhältnisses zu ihren Nachbarn lagen. Mythos verdankt seine Existenz dem Bedürfnis, die Gegenwart durch die Vergangenheit zu begründen, zu erklären und zu legitimieren. So werden Namen und Begriffe qua Mythos in der Geschichte verankert und an Geschichten geknüpft – man spricht hier von Aitiologien. Als sogenannte *charter myths* können Mythen Rituale, Normen, Institutionen und Ansprüche der Gegenwart aus der Vergangenheit herleiten; sie können etwa dann präsentiert werden, wenn das ehrwürdige Alter einer Stadt bekräftigt oder Forderungen einer Gruppe gegen eine andere untermauert werden sollen. Mythen können – bewusst oder unbewusst – instrumentalisiert werden, um die Vergangenheit umzudeuten, ihr einen (neuen) Sinn zu verleihen bzw. sie für die eigene Gegenwart nutzbar zu machen.

Wieviel historisch belastbares Material sich in Gestalt des Mythos erhalten hat, ist deshalb kaum zu ermitteln. Einen Ausweg verspricht die Archäologie, doch ist die Geschichte, die sie zu erzählen hat, auf einer ganz anderen Ebene angesiedelt: Bewohnt war das Areal, auf dem sich später Rom erhob, spätestens seit der mittleren Bronzezeit (ca. 1500 v.Chr.). Das bronzezeitliche Italien war insgesamt dünn besiedelt, seine materielle Kultur vergleichsweise homogen. Mit den entwickelteren Zentren des östlichen Mittelmeerraums, vor allem dem mykenischen Griechenland, standen allein Sizilien, der Süden Italiens und allenfalls noch die Adriaküste in engerem Kontakt; an der tyrrhenischen Küste und damit auch in Latium fanden sich nur Spuren mykenischer Keramik. Beherrschende Wirtschaftsform war die Transhumanz: saisonaler Hirtennomadismus zwischen hochgelegenen Sommer- und in der Ebene liegenden Winterweiden. Mit dieser ›Apenninkultur‹ scheinen auch die Scherben in Verbindung zu stehen, die im Stadtgebiet von Rom gefunden wurden.

Erst für die Endphase der Bronzezeit, die Periode vor ca. 900 v.Chr., nimmt die Zahl der Fundstellen signifikant zu – Reflex einer vermutlich steil ansteigenden Bevölkerungsdichte. Für Rom ist die Anwesenheit von Menschen jetzt außer für den Palatin auch für die Forumssenke belegt. Inkremation in Urnen trat an die Stelle der vorher dominierenden Körperbestattung: Die Bestattungen gruppierten sich zu großen ›Urnenfeldern‹, genau wie zeitgleich in Mitteleuropa, von wo aus sich die neue Praxis ausgebreitet zu haben scheint. Wenig später änderten sich auch das Siedlungsbild und die Keramik: Mit dem Anbruch der Eisenzeit, in Italien gegen 900 v. Chr., hatte sich in einem breiten Gürtel zwischen Romagna und Tibermündung sowie inselartig in Kampanien ein einheitlicher Begräbnis- und Keramikstil durchgesetzt. Nach einem kleinen Ort bei Bologna, wo 1853 das erste dieser Urnenfelder zum Vorschein kam, heißt diese archäologische Kultur, deren Zentrum Etrurien – die heutige Toskana – bildete, ›Villanova-Kultur‹.

Südlich des Tiber, in Latium, vollzog sich der Übergang von der bronzezeitlichen Apenninkultur zur Eisenzeit bruchloser. Hier scheinen die meisten älteren Siedlungen überlebt zu haben, obwohl gerade für Latium Material, das Aufschluss über das bronzezeitliche Siedlungsbild gibt, besonders dürftig ist. Charakteristisch für die hier beheimatete, durch ausgedehnte Gräberfelder in den Albanerbergen nachgewiesene ›latiale‹ oder ›südliche Villanova-Kultur‹, die von ca. 900 bis 600 v. Chr. reicht, sind die Urnen in Haus- oder Hüttenform: Auf einem zylindrischen oder quaderförmigen Korpus mit Eingang ruht ein spitzes Dach – die Urnen als ›Häuser der Toten‹ waren gedacht als getreue Abbilder jener Hütten, in denen die Bestatteten zu Lebzeiten gewohnt hatten. Anders als in Etrurien kamen in Latium aber neben der Feuerbestattung in Urnen weiterhin auch Körperbeisetzungen vor und setzten sich sogar mit der Zeit wieder mehr durch.

Früher hat man die Ursachen für die Ausbreitung der Urnenfelderkultur in einer massiven Wanderungswelle gesucht, die zu Beginn der Eisenzeit Italien erreicht habe, wodurch indoeuropäische Idiome eingedrungen seien. Inzwischen ist man hier vorsichtiger, denn Töpfe sind schließlich Töpfe, keine Leute. Mit anderen Worten: Archäologische Kulturen wie die Urnenfelderkultur, die durch das gebietsweise Auftreten typologisch ähnlicher Funde konstituiert sind, sind nicht zu verwechseln mit kompakten ethnischen Identitäten (›Völkern‹) oder gar politischen Formationen (›Staaten‹). Dennoch scheint der in unterschiedliche Richtungen verlaufenden Entwicklung zu beiden Seiten des Tiber auch eine Differenzierung sprachlicher Merkmale entsprochen zu haben: Wir greifen hier womöglich, archäologisch und linguistisch, die ›Volkwerdung‹, Ethnogenese, der Latiner, der Bewohner Latiums, die sich in Sprache und Kultur immer deutlicher von ihrem italischen Umfeld zu unterscheiden und auch ein Zusammengehörigkeitsgefühl, eine ›Identität‹, auszubilden begannen.

Rom lag unmittelbar an der Grenze zwischen der latialen und der eigentlichen Villanova-Kultur. Wie über die Gesellschaften der Nachbarregionen sind wir auch über diese Grenzzone hauptsächlich anhand von Grabfunden orientiert. Ab etwa 830 v. Chr. lebten die Menschen in diesem Raum in einer Gesellschaft, in der ›oben‹ und ›unten‹ allmählich schärfere Konturen annahmen. Vermutlich durchzogen bereits jetzt Strukturen klientelarer Abhängigkeit die noch immer verwandtschaftlich gegliederten, aber zunehmend vertikal organisierten Gruppen: Mächtige Patrone, die sich mit Luxusgegenständen eindeckten und deren privilegierte Position sich auch im Jenseits fortsetzte, setzten sich immer mehr vom zunehmend von ihnen abhängigen Rest der Gesellschaft ab. Die Distanz zwischen Patronen und Klienten schlug sich auch räumlich nieder: Die großen Männer der sich herausbildenden Sippenverbände, der später so genannten *gentes*, ließen sich nicht länger in der Mitte ihrer Klienten bestatten.

Weiter nördlich, im Etrurien der Villanova-Kultur, machten verstreute Hüttendörfer – wie in Tarquinii im 9. Jahrhundert v. Chr. und wenig später auch in Caere und Veji – allmählich größeren, protostädtischen Konzentrationen Platz. So schälte sich langsam eine Siedlungshierarchie mit deutlich erkennbaren Zentralorten heraus. Freilich war von hier bis zur Entstehung von Städten, die über eine entsprechende Größe und Infrastruktur verfügten und deshalb diesen Namen auch verdienten, noch ein weiter Weg zurückzulegen: Erst um 600 v. Chr. hatte sich die typisch etrurische Städtelandschaft mit ummauerten, meist auf größeren Hochebenen gelegenen, urbanen Siedlungen komplett ausgebildet. Ähnlich geschah es, mit der üblichen Verspätung, auch in Latium. Und ähnlich könnte es auch in Rom gewesen sein. Während hier die Stadtwerdung bzw. -gründung weitgehend im Dunkeln liegt, können wir wenigstens den Anfang der Monumentalisierung archäologisch greifen: Im Bereich der späteren Via Sacra, dort, wo dereinst das Reiterstandbild Kaiser Domitians (*equus Domitiani*) stehen sollte, stießen Archäologen auf einen grob gestampften Lehmboden, der um 650 v. Chr. dem ersten Forum Romanum als Straßenbelag diente – so unspektakulär sich dieser Fund ausnimmt, so unmissverständlich zeigt er doch, dass hier ein Gemeinwesen Gestalt annahm.

Eine Stadt, die mehr sein will als eine bloße Ansammlung von Gebäuden, braucht Institutionen: eine Versammlung der wehrfähigen Männer und eine des Adels, Gerichte, Märkte. Institutionen wiederum benötigen Platz – der öffentliche Raum ist deshalb, seit die Griechen das Modell der Polis schufen, das entscheidende Merkmal der westlichen Stadt. Wenn die Bewohner der umliegenden Hügel sich also Mitte des 7. Jahrhunderts v. Chr. daran machten, in der Senke zwischen Kapitol und Palatin Hütten zu planieren, um öffentlichen Raum zu schaffen, dann haben wir hier womöglich die eigentliche Geburtsstunde Roms vor uns. Zweieinhalb Jahrzehnte später, um 625 v. Chr., wurde die Pflasterung des Forums erneuert und das spätere Komitium, der Platz vor der Kurie, in den öffentlichen Bereich mit einbezogen. Noch etwas später, um 600 v. Chr., entstand unmittelbar angrenzend ein festes Steingebäude mit Ziegeldach. Möglicherweise hatten diese Anlagen bereits ihre spätere Funktion als Versammlungsplätze des Volkes bzw. des Adels.

Steinhäuser mit Ziegeldächern entstanden auch auf dem Palatin und der Velia. Im frühen 6. Jahrhundert v. Chr. gesellten sich dazu noch mehrere Kultstätten, darunter ein Heiligtum an der Südflanke des Komitium, das unter dem *lapis niger*, dem ›Schwarzen Stein‹, zum Vorschein kam. Hier fand sich auch eine Stele mit der ältesten, lediglich fragmentarisch erhaltenen lateinischen Inschrift, ebenfalls aus dem 6. Jahrhundert. Wahrscheinlich befand sich an dieser Stelle um 600 v.Chr. ein Heiligtum für den Feuer- und Handwerkergott Vulcanus, das den Römern später als Volcanal bekannt war und von ihnen offenbar früh mit Romulus in Zusammenhang gebracht wurde; auf

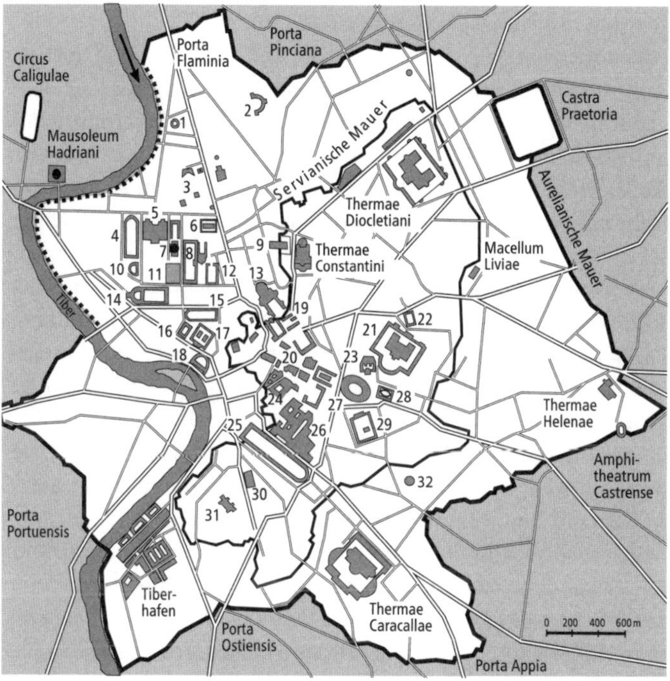

1 Mausoleum des Augustus	12 Templum Divorum	23 Thermae Titi
2 Horti Luculliani	13 Basilica Ulpia	24 Domus Tiberiana
3 Ara Pacis	14 Theatrum Pompeii	25 Circus Maximus
4 Stadium Domitiani	15 Theatrum et Crypta Balbi	26 Domus Augustana
5 Thermae Neronianae	16 Porticus Philippi	27 Amphitheatrum Flavium (Colosseum)
6 Templum Hadriani	17 Porticus Octaviae	28 Ludus Magnus
7 Pantheon	18 Theatrum Marcelli	29 Templum Divi Claudii
8 Saepta Iulia	19 Kaiserforen	30 Thermae Suranae
9 Templum Serapidis	20 Forum Romanum	31 Thermai Decianae
10 Odium	21 Thermae Traiani	32 Macellum Magnum
11 Thermae Agrippae	22 Porticus Liviae	

den *lapis niger* scheinen sich spätere Autoren zu beziehen, die versuchten, dessen Grab zu lokalisieren. Womöglich steht also das Komitium am Anfang römischer Traditionsbildung: Hier versammelte sich nicht nur das Volk, wenn wichtige Entscheidungen anstanden, hier gedachte es auch des Stadtgründers, um den sich rasch immer mehr Mythen rankten.

Weitere Heiligtümer bereicherten im späten 7. und das gesamte 6. Jahrhundert v. Chr. hindurch das Stadtbild: Auf dem Kapitol entstand ein – der annalistischen Überlieferung zufolge im ersten Jahr der Republik (508/507 v. Chr.) eingeweihtes – großes Heiligtum für Jupiter, Juno und Minerva; im Bereich des Viehmarkts, des Forum Boarium, wurde ein Tempel errichtet, der später zerstört und dann im etruskischen Stil wieder aufgebaut wurde. Ganz in der Nähe des Forum Boarium lag die Furt, durch die eine wichtige Handelsstraße führte, die Rom mit dem Sabinerland verband; dort befand sich ab dem 6. Jahrhundert v. Chr. auch ein Tiberhafen. Das Areal um das Forum Boarium wurde wohl im Wesentlichen kommerziell genutzt: Hier ließen sich Händler aus aller Herren Länder – auch Etrusker und Griechen – nieder, und hier wurden wichtige Waren, vor allem das im Umland Roms gewonnene Salz, umgeschlagen.

Bis ca. 500 v. Chr. hatte sich das Antlitz der Tiberstadt gründlich gewandelt. Zwar standen auch jetzt noch Hütten zwischen den Monumentalbauten, doch ließen sich reichere Privatleute neuerdings auch Steinhäuser an den Hängen des Palatin bauen: große Atriumhäuser, die nicht nur erheblich mehr Wohnkomfort boten als die Hütten, sondern auch vom Wohlstand und Sozialprestige ihrer Besitzer kündeten. Um 500 v. Chr. war Rom also endgültig eine vollwertige Stadt geworden, mit wirtschaftlicher, sakraler und verkehrstechnischer Infrastruktur, Wohnhäusern unterschiedlicher Größe und Güte, öffentlichem Raum, klar erkennbaren Stadtvierteln und einer Stadtmauer. Um die gleiche Zeit – der Überlieferung nach 509 v. Chr. – entledigten sich die Römer ihres letzten Königs Tarquinius, der sich in der Tiberstadt nicht sonderlich beliebt gemacht hatte. Für die Römer war er ›der Überhebliche‹: Tarquinius Superbus, ein machtgieriger Despot, dazu noch ein Fremdherrscher. Seine Familie, die bereits in dritter Generation über Rom herrschte, soll, wie der Name sagt, aus dem etruskischen Tarquinii gekommen sein.

Sieben Könige sollen, von Romulus bis Tarquinius Superbus, einander abgelöst haben, bis sich der Freiheitswille der Römer Bahn brach und die Monarchie zu Fall brachte. Die Überlieferung weiß genau, welche Taten jedem dieser Könige zu verdanken sind – jeder von ihnen brachte Rom der Zivilisation ein Stück näher; auf jeden von ihnen gehen Institutionen oder Gebäude zurück, die für das weitere Schicksal der Stadt wegweisend waren: Romulus' Nachfolger Numa Pompilius soll das Umland in Bezirke, *pagi*, eingeteilt und die *collegia*, Berufsgilden geschaffen haben, in denen die Handwerker organisiert waren; er habe auch den ersten Janustempel gebaut, dessen Tore nur in Friedenszeiten geschlossen wurden. Tullus Hostilius soll das erste Sitzungsgebäude des Senats, die Curia Hostilia, errichtet haben; auf Ancus Marcius wird die Gründung von Ostia zurückgeführt; Tarquinius Priscus habe nach einer Überschwemmung die Cloaca Maxima, die Keimzelle der städtischen Kanalisation, als Drainagesystem bauen und im Circus Maximus Pferderennen abhalten lassen; auch den Tempel für Jupiter Optimus Maximus auf dem Kapitol habe er gestiftet. Servius Tullius wird der Bau weiterer Tempel zugeschrieben, die Schaffung der Tribusordnung, nach der die Bürgerschaft zur Wahl schritt, die Abhaltung des ersten *census* und die Sicherung Roms mit einer Stadtmauer, die seinen Namen trug, aber tatsächlich wohl erst nach der Niederlage des römischen Heeres gegen die Kelten an der Allia 390/387 v. Chr. errichtet wurde; Tarquinius Superbus habe den Tempel auf dem Kapitol vollendet, außerdem Kanalisation und Stadtmauer ausgebaut.

Natürlich sind diese Informationen viel zu detailliert, um glaubwürdig zu sein. Schon die kanonische Siebenzahl der Monarchen lässt Zweifel aufkeimen; zu denken geben auch die stereotypen Charaktere, die als Protagonisten dienen: Numa

Pompilius etwa, der friedliebende Versöhner, und Tullus Hostilius, der wilde Krieger, oder Servius Tullius, der Gerechte, und Tarquinius Superbus, der Tyrann. In sich unstimmig ist obendrein die Chronologie – allein die ungewöhnlich lange Regierungszeit der Könige von durchschnittlich weit über 30 Jahren ist verdächtig (am kürzesten soll Ancus Marcius regiert haben, der immerhin noch auf 24 Jahre kommt). Bauwut und Gründungseifer der Könige verdanken sich dem Bedürfnis viel späterer Generationen, Gebäude und Institutionen aitiologisch in einer Geschichte zu verankern, die durch die konstruierte Abfolge von Herrschern dem Dunkel einer fernen Vergangenheit entrissen zu sein scheint. Schließlich muss der letzte Herrscher, der Fremdherrscher und Despot Tarquinius, als düsterer Hintergrund herhalten, vor dem sich die viel beschworene Freiheit der Republik umso strahlender abhebt.

2. REPUBLIK

Die Republik, die 509 v.Chr. mit der Vertreibung des letzten Königs Tarquinius Superbus die Monarchie ersetzte, schloss den weitaus größten Teil der Bevölkerung von jeder politischen Teilhabe aus. Die Bevölkerung war unterteilt in Patrizier, die Angehörigen der erblichen Aristokratie, und Plebejer – eine Bezeichnung, die sich von *plere* (›füllen‹) ableitet und soviel bedeutet wie ›der Rest‹. In der Zeit der Könige und der frühen Republik dürften Roms Patrizier eine religiöse Funktionselite gewesen sein, deren Angehörige bei der Bestellung der Könige bzw. der zunächst Prätoren genannten Obermagistrate ein gewichtiges Wort mitzureden hatten. Sie standen den Göttern näher als alle anderen und waren deshalb für das *augurium*, die ›Vogelschau‹, verantwortlich, die immer dann Bedeutung erlangte, wenn Rom politisch am Scheideweg stand. Entscheidend war das Gewicht der Patrizier besonders, wenn Rom ohne Herrscher war: in der

Königszeit nach dem Tod des auf Lebenszeit gewählten Monarchen, in der Republik nach dem vorzeitigen Tod oder Ausfall des Prätors bzw. später beider Konsuln – dann wurde ein ›Zwischenkönig‹ bestellt, und dieser *interrex* kam stets aus den Reihen der Patrizier.

Offenbar entwickelten die Patrizier recht bald ein Bewusstsein von ihrer Exklusivität und begannen, alle Nichtpatrizier von den Ämtern, die an die Stelle des Königtums getreten waren, auszuschließen. Die Plebejer stimmten zwar in den Volksversammlungen ab und bekleideten vereinzelt – immer seltener – Ämter, besaßen sonst aber kaum politische Artikulationsmöglichkeiten und waren, im Gegensatz zu den Patriziern, schon gar nicht als Gruppe handlungsfähig. Sozial und ökonomisch war diese Menge von Menschen denkbar uneinheitlich: Das Spektrum reichte von wohlhabenden Grundbesitzern über Kleinbauern, Händler und Gewerbetreibende bis zu jenen Habenichtsen, die sich nicht einmal eine militärische Ausrüstung leisten konnten, daher im Feld praktisch unbewaffnet, *infra classem*, antraten und entsprechend die untersten Zenturien bildeten. In fast jeder Beziehung lagen Welten zwischen den notleidenden, vielfach überschuldeten Massen und der Minderheit reicher plebejischer Geschlechter, denen es primär um Gleichberechtigung gegenüber dem patrizischen Adel ging. Beide einte ihre Nichtzugehörigkeit zur politischen Führungselite der Patrizier, die reichsten Plebejer und die Mittelschichten obendrein das Bewusstsein, mit der eigenen Wehrkraft – zumal in unsicheren Zeiten – einen gewichtigen Beitrag zur Sicherheit des Gemeinwesens zu leisten und zugleich von politischer Teilhabe ausgeschlossen zu sein. Besonders bedrückend wirkte die Rechtsunsicherheit: Plebejer fühlten sich der Willkür der Patrizier, die das Gesetzgebungs- und Vollziehungsmonopol hatten, schutzlos ausgeliefert.

Zum Selbstschutz konstituierte sich die Plebs als Eidgenossenschaft und schuf sich eigene Institutionen: vor allem die Volkstribune, welche die Plebejer aus ihrer Mitte wählten. Bei Übergriffen patrizischer Magistrate gegenüber Plebejern konnte der Tribun unter Berufung auf die sakralrechtliche Unberührbarkeit (*sacrosanctitas*) seiner Person ›dazwischengehen‹ (*intercedere*) und sich schützend vor den Angegriffenen stellen. Wenn die patrizischen Amtsträger die *sacrosanctitas* des Tribunen verletzten, eilten unverzüglich die plebejischen Massen herbei, um sie mit Gewalt durchzusetzen; der patrizische Magistrat war als Sakralverbrecher gebrandmarkt und hatte damit zu rechnen, zum Opfer plebejischer Lynchjustiz zu werden. Natürlich waren Befugnisse und sakralrechtliche Stellung der Tribunen – vom patrizischen Standpunkt aus betrachtet – usurpiert, doch waren sie wirksam, weil die Plebejer ihnen durch Gewaltandrohung Geltung verschafften. Bald hatten die Volkstribunen auch die Macht, Beschlüsse des Senats und der Volksversammlung durch ihr *veto* (›ich verbiete‹) zu verhindern.

Gestützt auf den Volkstribunat und die Schwurgemeinschaft sowie – immer dann, wenn sich der Konflikt mit den Patriziern besonders zuspitzte – das ultimative Druckmittel des ›Auszugs‹ (*secessio*) aus der Stadt, drängte die Plebs auf immer mehr Rechte. So erreichte sie sukzessive die fast völlige rechtliche Gleichstellung mit den Patriziern: Das Appellationsrecht an die Volksversammlung gegen Magistratsbeschlüsse (*provocatio ad populum*) und die rechtlich bindende Kraft von Volksbeschlüssen (*plebiscita*) für die Plebs wurden eingeführt (449 v. Chr.), das *conubium* zwischen Patriziern und Plebejern wurde erlaubt (445 v. Chr.), eine auch Plebejern zugängliche oberste Doppelmagistratur, der Konsulat, wurde geschaffen (*leges Liciniae Sextiae* 367 v. Chr.), verarmten Plebejern wurde Schuldenerlass gewährt (366, 357, 352, 347 und 342 v. Chr.), Diktatur (356 v. Chr.) und Zensur (351 v. Chr.) wurden für Plebejer geöffnet, eine der beiden Konsulatsstellen wurde für Plebejer reserviert (342 v. Chr.), *plebiscita* wurden auch für Patrizier bindend (339 v. Chr.), die Prätur (336 v. Chr.) und zwei wichtige Priesterkollegien, das der *pontifices* und das der Auguren (300 v. Chr.), wurden für Plebejer geöffnet. Schließlich erlangten mit der *lex Hortensia* des Jahres 287 v. Chr. Volksbeschlüsse endgültig den Rang von Gesetzen (*leges*).

Bedeutender als alle größeren und kleineren Erfolge der Plebs in den Ständekämpfen war die Gesetzgebung der Zwölf Tafeln, die ganz am Anfang des Ausgleichsprozesses stand. 451 v. Chr. sollen sich Plebs und Senat darauf geeinigt haben, eine Kommission aus zehn Männern zu bestellen, die den Auftrag hatte, Gesetze zu kodifizieren. Ein Jahr sollen die Dezemvirn – die anstelle von Konsuln und Volkstribunen amtierten – Zeit gehabt haben, um zehn Tafeln mit Gesetzen zu erstellen, denen im Folgejahr (450 v. Chr.) eine zweite Kommission, diesmal unter Beteiligung von Plebejern, noch zwei weitere hinzufügte. Für die annalistische Tradition sind die Zwölf Tafeln ein Projekt der Plebs, entsprungen aus dem Bedürfnis nach Rechtssicherheit gegenüber Übergriffen von Seiten Patrizier. Doch auch an dieser Deutung sind Zweifel erlaubt: Die Zehnmännerkommissionen waren ganz bzw. überwiegend mit Patriziern besetzt und sie gossen – s.u. Verbot des *conubium* – patrizisches Streben nach Exklusivität in Gesetze. Die Zwölf Tafeln schufen auch kein grundsätzlich neues Recht, sondern brachten lediglich bereits vorhandenes, nicht kodifiziertes Recht in eine schriftliche Form. Man darf also getrost annehmen, dass tatsächlich Patrizier und gerade nicht Plebejer die treibende Kraft hinter der Rechtskodifikation waren.

Daran, dass man in Rom um 450 v. Chr. zur Kodifikation des Rechts schritt, kann aber im Grundsatz kein Zweifel bestehen. Die Arbeitsergebnisse der Dezemvirn sollen zunächst auf hölzernen Tafeln fixiert worden sein, deren Inhalt später auf Bronzetafeln übertragen wurde. Die Tafeln fanden Aufstellung im öffentlichen Raum: Damit waren die Gesetze allen Lesekundigen jederzeit zugänglich. Die ursprünglichen Tafeln sollen bereits im 4. Jahrhundert v. Chr., während der Einnahme Roms durch die Kelten, ein Opfer der Flammen geworden, danach aber unverzüglich rekonstruiert worden sein. So gehörte der Text noch in der Kaiserzeit, obwohl er längst nicht mehr in die Rechtspraxis der Zeit passte, zum Lernstoff für römische Schulkinder – und bis in die Spätantike blieben die Zwölf Tafeln ein wichtiger Referenzpunkt römischen Rechtsdenkens. Die überragende Bedeutung der Zwölf Tafeln innerhalb der römischen Rechtsgeschichte erklärt sich auch daraus, dass sich das römische Recht kasuistisch, also auf einzelne Streitfälle bezogen, und nicht durch Fortschreibung von Rechtskodizes weiterentwickelte: Bis zu den großen Rechtssammlungen der Spätantike blieb das Zwölftafelgesetz der einzige Kodex. Während immer neue, von der Volksversammlung verabschiedete Gesetze, magistratische Rechtspflegeakte und Unmengen von Richtersprüchen die eigentliche materielle Grundlage des Rechts bildeten, war das Zwölftafelgesetz, so lückenhaft und antiquiert es später auch scheinen mochte, doch der gewachsene Boden, auf dem die gesamte römische Rechtsgeschichte ruhte.

Über den Inhalt der Zwölf Tafeln sind wir nur indirekt, durch Zitate in weit jüngeren Texten, und entsprechend lückenhaft unterrichtet. Immerhin lassen sich die Eckpunkte in groben Zügen rekonstruieren: Die Texte behandelten Verfahrensfragen bei Prozessen, darunter Fristen, Kautionshinterlegung der streitenden Parteien und das Vorgehen bei Schuldprozessen (Tafeln 1–3), Aspekte des Familienrechts und der persönlichen Abhängigkeit, namentlich von Frauen, Kindern und Geisteskranken (Tafeln 4–5), Bestimmungen des Eigentumsrechts (Tafeln 6–7), die Schädigung Dritter durch Zauberei, Körperverletzung, Brandstiftung, Diebstahl und Zinswucher (Tafel 8), das Verbot von Gesetzen gegen Einzelpersonen und die Bestimmung, dass Kapitalverbrechen gegen römische Bürger nur vor den *comitia centuriata*, den Zenturiatkomitien, verhandelt werden durften (Tafel 9), Ausrichtung und Aufwand von Begräbnissen (Tafel 10), das Verbot des *conubium* zwischen Plebejern und Patriziern (Tafel 11), die Frage der Verantwortung für von Sklaven begangene Verbrechen (Tafel 12). Nicht wenige dieser Gesetze – so die Verfahrensregeln für Zivilprozesse oder die Bestimmungen Bestattungen betreffend – haben grundsätzlichen Charakter und erklären sich aus der Notwendigkeit, elementare Aspekte menschlichen Zusammenlebens verbindlich zu regeln, statt sie dem Zufall zu überlassen. Manche Gesetze sind hingegen so spezifisch, dass sie sich auf wirkliche Fälle zu beziehen scheinen.

Vom Grundsatz der Rechtsgleichheit aller Bürger war das Rom des 5. Jahrhunderts v. Chr. noch weit entfernt: Das Recht unterschied zwischen rechtsfähigen (patrizischen wie plebejischen) Vollbürgern und Abhängigen, zu denen im Prinzip alle außer den Hausvätern zählten. Die Strukturen der Abhängigkeit setzten sich fort im Klientelwesen, das die Mehrheit der Bevölkerung an Patrone band, diesen aber wiederum Fürsorge für ihre Klienten abverlangte. Die Bedeutung dieses Schutz- und Treueverhältnisses für die römische Gesellschaft spiegelt einer der berühmtesten Sätze aus den Zwölf Tafeln wider: *patronus si clienti fraudem fecerit, sacer esto* (›Wenn der Patron den Klienten hintergeht, sei er verflucht‹). *Sacer esto* – an dieser Wendung lässt sich ablesen, wie stark die – modern gesprochen – irrationale Komponente in der von den Dezemvirn erarbeiteten Rechtssatzung noch war. Breiten Raum nimmt auch die Ahndung von Schadenszauber ein, etwa wenn das ›Verhexen‹ nachbarlicher Früchte und das ›Herüberziehen‹ fremder Saat aufs eigene Feld unter ›schwerste Strafe‹ gestellt werden. Bedenkt man, dass die Handhabung des Rechts bis zu seiner Verschriftlichung den *pontifices* oblag, also Priestern, kann das magisch-religiöse Timbre des Textes kaum überraschen.

Und doch: Die Zwölf Tafeln stehen am Anfang eines Prozesses, in dessen Verlauf die Unterschiede zwischen Patriziern und Plebejern zunehmend eingeebnet wurden. Indes heizten sie den Konflikt zwischen den Ständen zunächst womöglich sogar an: Streit dürfte sich unverzüglich an den eher rückwärtsgewandten Passagen der Rechtssammlung entzündet haben, vor allem am Heiratsverbot zwischen Patriziern und Plebejern, das bereits wenige Jahre nach Aufstellung der Tafeln zurückgenommen wurde. Entscheidend war jedoch, dass nach und nach das politische Machtmonopol der Patrizier fiel, vor allem ihr exklusiver Zugang zu den Magistraturen, die sukzessive nun auch für Plebejer geöffnet wurden. Parallel dazu löste sich die gegen die Patrizier gerichtete Sondergemeinde der Plebejer auf.

So schälte sich aus den Umwälzungen der Ständekämpfe allmählich eine Ordnung heraus, deren Eckpfeiler das Bürgerrecht, die Magistraturen, der Senat und die Nobilität, als neue, institutionell unmittelbar an Senat und Magistraturen geknüpfte Führungsschicht, bildeten. Das entscheidende Kriterium für die Teilhabe am Gemeinwesen, der *res publica*, war fortan der Besitz des Bürgerrechts: Römischer Bürger konnte – und hier unterschied sich Rom entscheidend von den griechischen Poleis – grundsätzlich jeder werden; die Magistraturen standen prinzipiell allen Bürgern offen. Der Kreis der Magistratsfähigen war jedoch schon dadurch enger gezogen, dass die Stellen der *honores* unbesoldet waren, die Träger also wirtschaftlich abkömmlich zu sein hatten. Hinzu kam ein rigides soziales Regelwerk, das nicht konstitutionell verankert, aber gleichwohl eminent wirksam war und die Magistraturen praktisch zum Quasi-Monopol eines eng gezogenen Kreises einflussreicher Familien machte, deren Vertreter auch im Senat saßen.

Dass die Bürgergemeinde, die aus den Ständekämpfen erwuchs, so lange allen politischen Stürmen trotzte, verdankte sie dem bemerkenswerten Korpsgeist, der innerhalb der neuen Elite herrschte und der allein imstande war, den aristokratischen Wettbewerb um Ämter, Macht und Ehre zu zügeln. Sie schuldete ihre Stabilität ferner dem Umstand, dass Roms neue Führungsschicht sich als fähig erwies, die Republik durch ein schwieriges machtpolitisches Umfeld zu steuern: In effizienter Führung lag der Schlüssel zum Vertrauen der römischen Massen, das sich die Nobilität erwarb und das die faktische Monopolisierung politischen Einflusses durch sie legitimierte. Kaum hatte sie das Erbe des patrizischen Adels angetreten, schickte sich diese Nobilität an, über Italien und bald über die gesamte Mittelmeerwelt zu herrschen.

3. ITALIEN

Noch während sich die römische Bürgergemeinde formierte, wurde ihr allmählich die italische Umwelt untertan: 396 v. Chr. eroberten die Römer Veji, die Nachbarstadt und gefährlichste Rivalin der jungen *res publica*, reichlich ein Jahrhundert später, 290 v. Chr., hatte Rom die Samniten besiegt und kontrollierte praktisch ganz Italien südlich der Linie Sutrium-Hadria, mit Ausnahme der einstigen spartanischen Kolonie Taras (Tarent), 18 Jahre später war auch sie gefallen und Rom setzte zum Sprung nach Übersee an: 264 v. Chr. brach der Erste Punische Krieg aus, der ihm Sizilien, seine erste Besitzung außerhalb des italischen Festlands, einbrachte. In nicht einmal anderthalb Jahrhunderten hatte sich eine relativ unbedeutende Stadt in Latium in den Kreis der mediterranen Großmächte emporgekämpft. Wie konnte das geschehen? Warum war es ausgerechnet den Römern bestimmt, sich zu Herren erst Italiens, dann des gesamten Mittelmeerraumes einschließlich seiner Randregionen aufzuschwingen? Und wie bewältigte die Tiberstadt ihre Reichsbildung organisatorisch? Expansion in so atemberaubendem Tempo, wie die Römer es zwischen 396 und 264 v. Chr. vorlegten, wirft das Problem der Integration auf. Dass die Republik dieses Problem besser bewältigte als alle ihre Konkurrenten, begründete ihre außerordentliche Erfolgsgeschichte auf der Bühne der großen Politik.

Zunächst hatte sich die junge Republik mit ihren unmittelbaren Nachbarn, den Latinern, auseinanderzusetzen. In vermutlich zähen Kriegen setzte sie sich bis 400 v. Chr. durch und schloss mit den einstigen Gegnern einen Bund, der die Grundlage für weitere Eroberungen bildete und offen für die Aufnahme neuer Mitglieder blieb. Außerdem errichteten Rom und die Latiner mit den Kolonien Ardea, Labici und Velitrae gemeinsam Vorposten auf dem Gebiet benachbarter Stämme. Das Offensivpotenzial der römisch-latinischen Allianz offenbarte sich erstmals im Konflikt mit Veji, der knapp 20 Kilometer nordöstlich Roms auf einem Felsplateau liegenden Etruskerstadt. Der Machtbereich von Veji grenzte am Tiber unmittelbar an römisches Territorium, was vermutlich schon früh Anlass zu Streitigkeiten gegeben hatte. Veji war ein veritabler Gegner, der sich mit Rom auf Augenhöhe maß und – vor allem – seiner weiteren wirtschaftlichen und territorialen Expansion im Wege stand. Durch Veji war Rom der Zugang zum südlichen Etrurien versperrt, einer ökonomisch noch immer dynamischen Region, durch die man über den Tiber Anschluss an die weite Welt des mediterranen Fernhandels finden konnte.

Deshalb griffen die Römer um 406 v. Chr. die etruskische Rivalin direkt an. Das römische Heer konnte die Stadt aber nicht im Sturm nehmen, sondern musste sie mühsam aushungern. Den rettenden Einfall soll nach der Legende der Diktator Camillus gehabt haben: Er befahl den Soldaten, vom sinnlosen Sturm auf die Mauern abzulassen und stattdessen einen Tunnel bis zur Burg der Feinde voranzutreiben. So gelang den Römern 396 v. Chr. die Eroberung der Stadt, die ihren Interessen so lange im Weg gestanden hatte. Nach dem Fall Vejis probierten die Römer eine neue Variante im Umgang mit den von ihnen Besiegten: Hatte man sich zuvor damit begnügt, Abgaben zu erheben und Gefangene nur im Einzelfall zu versklaven und auch diese meist gegen Lösegeld wieder freizulassen, so war das Schicksal der meisten Vejenter die Sklaverei. Das Territorium der etruskischen Stadt, den *ager Veietanus*, verleibte sich die Tiberstadt ein und vergrößerte damit ihr Gebiet auf einen Schlag um ein Drittel: Auf dem *ager* wurden Plebejern Grundstücke von 7 *iugera* (ca. 2 Hektar) zugewiesen; es kamen so viele, dass eine neue Wahlabteilung der römischen Volksversammlung (*tribus*) eingerichtet werden musste. Den Rest des eroberten Gebiets teilten patrizische Großgrundbesitzer unter sich auf. In ihren Agrarbetrieben arbeiteten erstmals in der römischen Geschichte in großem Maßstab Sklaven – meist wohl die ihrer Felder beraubten Vejenter. Diese brutalstmögliche Variante der Annexion hatte für die Römer den Vorteil, dass sie klare Verhältnisse schuf: Die Vejenter wurden von ihrem Land deportiert und verloren als

Sklaven jeglichen organisatorischen Zusammenhalt. Sie konnten sich also auch nicht mehr gegen die römische Herrschaft auflehnen oder von ihr abfallen. Dennoch barg die ›Territorialintegration‹ auch Risiken: Wäre sie ad infinitum fortgesetzt und die Zahl der *tribus* immer weiter aufgestockt worden, wären die neuen *tribus* dem alten Stadtgebiet bald zahlenmäßig überlegen gewesen. Außerdem drohte die Zuweisung von Land an besitzlose Plebejer das Klientelwesen zu sprengen, weil sie neue Abhängigkeiten schuf. Deshalb blieb die Territorialintegration vom Typus Veji Episode; nach dem Keltensturm wurde sie durch andere Integrationsmodi ersetzt. Priorität vor einer reinen Territorialintegration erlangte jetzt die Eingliederung von Menschen mitsamt ihrem Land: Auch die Vejenter, die der Versklavung entgangen waren, wurden unmittelbar nach dem Keltensturm in den römischen Bürgerverband aufgenommen.

Als *dies ater*, als ›schwarzer Tag‹, ging das Datum der Niederlage in die Annalen ein: Am 18. Juni 390 (oder 387) v. Chr. wurde ein römisches Heer an der Allia, einem Nebenfluss des Tiber, ca. 20 Kilometer nordöstlich von Rom, vernichtend geschlagen. Wenig später wurde die Stadt selbst zur Beute des Feindes, nur das Kapitol hielt sich gegen die Eindringlinge. Die genauen Umstände der Katastrophe liegen im Dunkeln, doch ist dies das erste halbwegs gesicherte Datum der römischen Geschichte. Die Gegner waren Kelten, die bereits um 400 v. Chr. die Alpen überquert und die Poebene in Besitz genommen hatten. Was immer die Kelten nach Italien getrieben hatte: Die Invasion, die Rom völlig überrascht hatte, hinterließ tiefe Spuren im Sicherheitsdenken der römischen Republik, obwohl die Kelten wenig später wieder nach Norditalien abgedrängt und dort nach und nach unterworfen wurden. Künftig wollte man am Tiber nichts mehr dem Zufall überlassen; ein *dies ater* sollte die Römer kein zweites Mal heimsuchen. Dafür war man bereit, große Anstrengungen auf sich zu nehmen. Eine Pufferzone eroberten Territoriums sollte Rom schützen, Angriff war allemal die beste Verteidigung.

Entsprechend entschlossen reagierte man in der Folge auf Herausforderungen: 360 v. Chr. tat sich die Stadt Tibur nördlich von Rom mit den Kelten zusammen und bedrohte Rom; eine andere Stadt in Latium, Praeneste, machte Rom in den 350er Jahren zu schaffen. Beide Gegner wurden 354 v. Chr. besiegt und mussten separate Bündnisverträge mit Rom schließen, die sie gegenüber den Mitgliedern des Latinerbundes deutlich benachteiligten. Drei weitere Städte – Tarquinii, die Faliskerstadt Falerii und Caere, das Rom gegen die Kelten Hilfe geleistet hatte – schlossen sich zwischen 358 und 353 v. Chr. gegen die Tiberstadt zusammen und unterlagen ebenfalls. Noch bedrohlicher war die Rückkehr der Kelten 350 v. Chr., die im Verbund mit einer von Livius nicht näher bestimmten »griechischen« Flotte operierten – wohl Westgriechen aus Sizilien, die in den Fußstapfen des großen Dionysios wandeln wollten. Freilich wehrten die Römer auch diese Gefahr ab – dass sich das Szenario des Schreckensjahres 390/387 v. Chr. nicht wiederholte, zeigt, dass Rom per Saldo gestärkt aus der Keltenkrise hervorging. Seine neue Rolle im Machtgeflecht der Apenninhalbinsel und die Gegnerschaft zu Syrakus machten es schließlich interessant für die aufstrebende See- und Handelsmacht im westlichen Mittelmeer: Karthago. 348 v. Chr. erschienen Gesandte der Stadt, die einst Kolonisten aus dem phönizischen Tyros gegründet hatten, am Tiber und schlossen mit Rom einen Vertrag, der zwar den Fernhandel Roms einschränkte, aber die Appeninhalbinsel zur Interessensphäre der Tiberstadt erklärte und die Römer so gewissermaßen zu Teilhabern karthagischer Erfolge in Mittelitalien machte. Obwohl die *res publica* vorerst nur am Katzentisch der mediterranen Großmächte saß, war damit die Hegemonie auf dem italischen Festland doch in Reichweite gerückt.

Über den tatsächlichen Aufstieg der Römer zu den Herren Italiens entschied in den folgenden 50 Jahren das Geschehen an drei unterschiedlichen militärischen Schauplätzen: Der erste, Rom am nächsten liegende, war Latium, wo sich die Bundesgenossen der Überlieferung nach 340 v. Chr. in einer konzertierten

Revolte gegen die Hegemonialmacht Rom auflehnten, wohl weil sie misstrauisch das rasante Anwachsen der römischen Macht beäugten, das den Bund immer asymmetrischer aussehen ließ. Fast ganz Latium erhob sich und erhielt in seinem Kampf Unterstützung von außen, unter anderem von den Samniten und von Capua. Das in Kampanien stationierte römische Heereskontingent war damit von der Heimat abgeschnitten. In dieser gefährlichen Lage bewiesen die Römer diplomatisches Geschick: Sie einigten sich mit den Samniten, mit denen sie seit 343 v. Chr. im Krieg gelegen hatten. Gegen die samnitisch-römische Übermacht hatte der Bund nicht den Hauch einer Chance. Beachtenswert an dem kurzen Krieg, wenn er denn so stattgefunden hat, sind nicht so sehr die wenigen Schlachten, sondern sein Ergebnis: Die Regelung des Jahres 338 v. Chr. brachte die zuvor bereits rudimentär angelegte Praxis zur Reife, fremde Territorien ins römische Herrschaftssystem zu integrieren. Sie markiert den endgültigen Abschied vom Stadtstaat und die irreversible Transformation Roms in eine expansive Hegemonialmacht. Unmittelbare Konsequenz des Krieges war die Auflösung des Latinerbundes; wegweisendes Kernstück des Maßnahmenpakets, mit dem Rom auf den Konflikt reagierte, die Neujustierung des Bürgerrechts, das erstmals über die Stadtgemeinde Rom hinausgriff und so – im Ergebnis, nicht bewusst – zum Instrument der römischen Expansion sowie der Assimilation und Integration unterworfener Bevölkerungen wurde. Allerdings ist, wie bei allen Ereignissen der frühen Geschichte Roms, ein gesundes Maß an Skepsis geboten: Die Parallelen zum Bundesgenossenkrieg (91–88 v. Chr.), als dessen Folge Rom Italien in seinen Bürgerrechtsverband integrierte, sind zu offensichtlich, als dass man hinter der Geschichte nicht eine das spätere Geschehen erklärende, fundierende Erzählung vermuten dürfte.

Zum Schlachtfeld war bereits 343 v. Chr. auch Samnium geworden, das gebirgige Hinterland Kampaniens. Die Samniten waren in Transhumanz lebende Viehzüchter und Ackerbauern. Als sie versuchten, die oskischsprachigen Städte Kampaniens unter ihre Hegemonie zu zwingen, und Capua belagerten, griff Rom ein – ohne Rücksicht auf einen zuvor geschlossenen Nichtangriffspakt. Die Intervention war, der annalistischen Tradition zufolge, Auftakt zu einem kurzen Krieg, dem sogenannten Ersten Samnitenkrieg (bis 341 v. Chr.), den Rom zügig beendete, um die Samniten als Bundesgenossen gegen die rebellischen Latiner zu gewinnen, der jedoch bloßes Vorspiel war zu einem gut 50 Jahre währenden Kräftemessen, in dem Allianzen oft und das Schlachtenglück noch häufiger wechselte; Phasen heißen Kämpfens (326–321, 316–304, 298–290, 282–272) – traditionell meist, eigentlich unzutreffend, als Zweiter und Dritter Samnitenkrieg bezeichnet – wechselten sich mit relativ ruhigen Perioden des Abwartens und Taktierens ab. Schauplatz der berühmtesten Episode waren die Caudinischen Pässe südlich von Capua, wo ein römisches Heer eingekesselt und von dem samnitischen Feldherrn Gaius Pontius erst freigegeben wurde, nachdem die Männer halbnackt durch ein aus Speeren errichtetes Joch marschiert waren. Das ›caudinische Joch‹ stand fortan sinnbildlich für die Schmach einer militärischen Niederlage. Die Samniten wussten ihren Sieg indes nicht zu nutzen und unterlagen, nach Jahrzehnten zähen Abnutzungskrieges, schließlich den Römern. 290 v. Chr. musste ihr Bund vertraglich die Hegemonie der Tiberstadt anerkennen. Römische Kolonien, die überall im Samnitenland gegründet wurden, wachten über die Loyalität der Stämme.

In die Samnitenkriege waren auch die griechischen Städte Unteritaliens hineingezogen worden. Etliche von ihnen hatten sich römischem Schutz unterstellt. Damit wurde der Süden der Halbinsel zum Operationsgebiet römischer Heere und Flotten, wodurch sich die mächtigste der Griechenstädte, Taras, herausgefordert fühlte. Die Stadt hatte schon mehrfach – nur bedingt zuverlässige – Kriegsunternehmer aus dem griechischen Mutterland nach Italien gerufen, um in die dort wütenden Kämpfe eingreifen zu können. Für hellenistische Kleinpotentaten wie den Epeiroten Alexander aus der Molosserdynastie oder den Spartaner Kleomenes bargen diese Missionen die Chance auf viel Geld und – was in der antiken Ökonomie der Ehre noch wichtiger war – beträchtlichen Ruhm. Gegen Rom rief man wiederum einen Epeiroten ins Land: König Pyrrhos, auch er ein Angehöriger der Molosserdynastie, durch Alexanders Mutter Olympias verwandt mit dem großen Makedonenkönig und verschwägert mit Demetrios Poliorketes, dem König von Makedonien (294–288 v. Chr.), der zwei Jahre vor Pyrrhos' Ankunft in Italien in seleukidischer Gefangenschaft gestorben war (283 v. Chr.). Pyrrhos hatte versucht, das Machtvakuum, das Demetrios in Makedonien hinterlassen hatte, zu nutzen, war aber gescheitert. So kam dem ehrgeizigen Molosser, der den mythischen Helden Achill zu seinen Vorfahren zählte, das Hilfegesuch der süditalischen Griechenstadt gerade recht. Er landete 281 v. Chr. mit 23.000 Mann Fußvolk, 2000 Bogenschützen, 500 Steinschleuderern, 3000 Reitern und 20 Elefanten in Taras. Die Truppe, ausgebildet und ausgerüstet nach den Standards, die Philipp II. von Makedonien und Alexander dem Großen zu ihren Siegen verholfen hatten, gehörte zum Besten, was die Militärtechnik der Zeit vorzuweisen hatte.

Der Molosser eilte von Sieg zu Sieg, konnte aber keinen davon politisch ausschlachten, weil das Bündnissystem der Römer sich auch unter Stress bewährte und Niederlagen sie nur dazu anspornten, noch zäher zu kämpfen. Die von Pyrrhos ausgegebene Parole *eleutheria*, ›Freiheit‹, verfing deshalb nicht. 278 v. Chr. verließ er Italien und empfahl sich den Griechen Siziliens als Kämpfer gegen Karthago. Trotz großer Erfolge wurde seine Lage auch dort bald unhaltbar; nach einem kurzen Intermezzo in Italien kehrte Pyrrhos nach Griechenland zurück, wo ihn ein fallender Dachziegel tödlich traf. Alle sprichwörtlichen Pyrrhos-Siege hatten sich nicht in politische Erfolge verwandeln lassen. 272 v. Chr. kapitulierte Taras als letzte Stadt Italiens vor den Römern.

4. ORDNUNGEN

Die Zeit um 300 v. Chr. markiert für Rom eine historische Wasserscheide: Die Stadt am Tiber sprengte endgültig die Dimensionen eines Stadtstaats und wurde zum politischen und ökonomischen Zentrum einer Hegemonialmacht, die wenigstens im Prinzip auf weitere Expansion ausgelegt war. Die Erringung der Hegemonie hatte für Rom und das von ihm beherrschte Italien weitreichende Konsequenzen: politisch, weil es einen Rahmen zu schaffen galt, in den sich das unterworfene Land eingliedern ließ; sozial, weil die Gesellschaft des Stadtstaats mit der Beherrschung Italiens und der Integration der Unterworfenen überfordert war; militärisch, weil die römische Armee sich in ihrer Organisation und Kampfweise neuen Gegnern anzupassen sowie neuen räumlichen und logistischen Herausforderungen zu stellen hatte; wirtschaftlich, weil sich auf der Halbinsel neue Besitzstrukturen herausbildeten und Rom durch die Hafenstädte der Magna Graecia zunehmend Anschluss an überseeische Austauschsysteme fand; religiös und kulturell, weil die Römer statt mit ihrem homogenen Stadtstaat jetzt mit der komplexen, multiethnischen Wirklichkeit Italiens umzugehen hatten.

Die Friedensregelungen, die Rom in Italien durchsetzte, mündeten nicht etwa in die Entstehung eines kompakten Territorialstaates, sondern schufen einen Flickenteppich. Tatsächlich hatte ein Staat mit klar umrissenen Grenzen auch gar nicht auf der politischen Agenda Roms gestanden, als es gegen seine italischen Nachbarn in den Krieg gezogen war: Das Streben nach territorialer Integrität mit möglichst kurzen, eindeutig definierten und vor allem sichtbaren Grenzen kennzeichnet den neuzeitlichen Nationalstaat europäischer Prägung, aber nur bedingt antike Gemeinwesen. Den Römern ging es um Ressourcen, symbolische und vor allem materielle. Abgesehen von der Verteidigung ihrer *res publica* und dem Ruhm, den man daraus schöpfte, waren die Soldaten auf zwei Dinge aus: Land und Beute. Beute lieferte der Krieg, Land die Verträge, die Rom den Unterlegenen

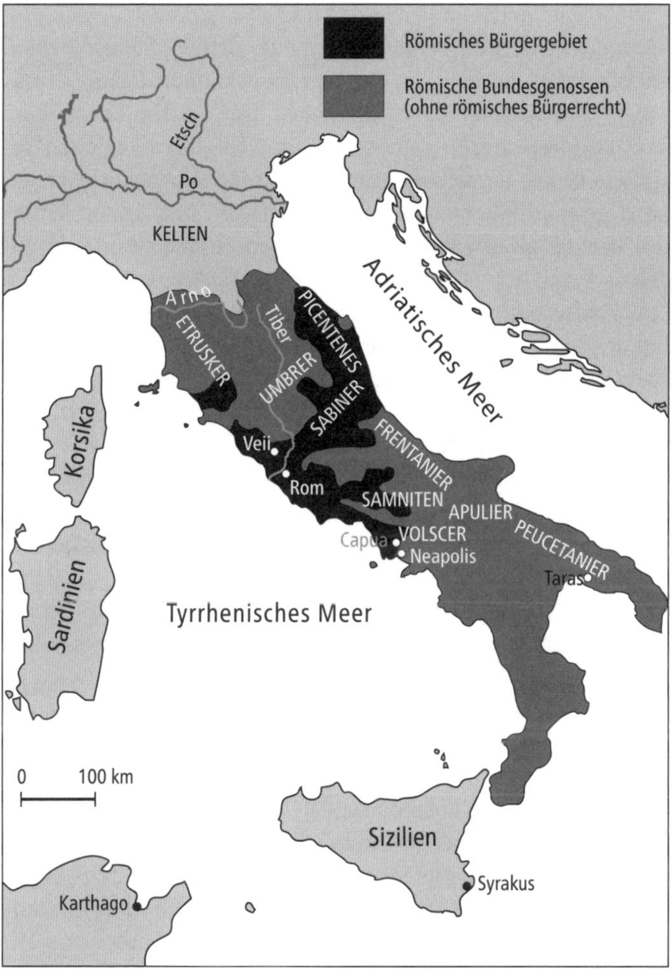

Karte 1: Das römische Bündnissystem in Italien 264 v. Chr.

danach diktierte: Das Land musste in Besitz genommen, verteilt und gesichert werden. Der Flickenteppich, in den Rom Italien verwandelte, war genau darauf ausgelegt.

Die Römer machten sich in den Jahrzehnten vor und nach 300 v. Chr. zu Architekten eines völlig neuen Italien: Sie vertrieben ungezählte Menschen von ihrem angestammten Land, vermaßen es und siedelten neue Kolonisten dort an. Die Loyalitäten ihrer Bundesgenossen polten sie so um, dass ihren Legionen tatkräftige Helfer zuwuchsen, durch die Roms Expansion noch an Fahrt gewann. Sie bauten Straßen, Brücken und Wasserleitungen, die das physische Gesicht der Landschaft ebenso stark zu prägen begannen wie das gleichförmige Raster der römischen Landvermessung, der *centuriatio*, mit dem die Feldmesser dem Territorium auch physisch den Stempel Roms aufdrückten. Die Stadt am Tiber eignete sich das Land, das die vielen Kriege ihr untertan gemacht hatten, mit einer Gründlichkeit und Intensität an, die nicht nur in Italien neue Maßstäbe setzte. Hier war eine Stadt angetreten, der Hegemonie, zu der sie sich berufen fühlte, eherne Dauer zu verleihen.

Werkzeug der Eroberung war Roms Armee, eine Institution, die um 300 v. Chr. mitten im Wandel steckte: Aus der Phalanx eines Stadtstaats kristallisierte sich allmählich, erst in Italien und dann im gesamten Mittelmeerraum, das Instrument römischer Vorherrschaft heraus. Als Ergebnis dieses Prozesses setzte das römische Militär quantitativ wie qualitativ völlig neue Standards: Wie die Heere der griechischen Poleis war auch das römische eine Bürgermiliz. Wehrpflichtig waren männliche Bürger vom 17. bis zum 46. Lebensjahr, Ältere nur in Zeiten akuten militärischen Notstands. Wer sich keine militärische Ausrüstung leisten konnte, kämpfte zunächst *infra classem*, war aber in Zeiten praktisch permanenter Kriegführung für den militärischen Erfolg unverzichtbar. Die Plebejer wurden daher bald als Leichtbewaffnete in die Schlachtordnung integriert: Ihr militärischer Beitrag stärkte das Selbstbewusstsein der Nichtpatrizier insgesamt und wurde zum Ausgangspunkt der Ständekämpfe. Die nächste Etappe der Professionalisierung markiert die Einführung eines Solds, *stipendium*, wohl im 4. Jahrhundert v. Chr. Die Kampfweise der Phalanx wich einer flexibleren Taktik mit kleineren Einheiten und leichterer Bewaffnung, deren Grundelemente ein ovaler Schild, *scutum*, ein Wurfspieß, *pilum*, und das kurze Schwert, der *gladius*, waren. Durch Integration erst der Plebejer und dann der italischen Bundesgenossen nahm die Größe des Heeres beträchtlich zu, so dass Rom an der Wende zum 3. Jahrhundert die mit Abstand größte Landstreitmacht des Mittelmeerraums aufbieten konnte.

Im Innern hatte Rom mit den Ständekämpfen und der Expansion in Italien eine entscheidende Wandlung durchlaufen: Beherrscht von einer neuen Elite, der Nobilität, mit einem in die Fläche wachsenden Bürgerverband, der um 300 v. Chr. bereits nach Hunderttausenden gezählt wurde, und auf einer sich stetig verbreiternden agrarwirtschaftlichen Basis stehend, dem durch Annexionen erheblich vergrößerten *ager Romanus*, hatte die *res publica* ihrer politischen Hegemonie auch sozial, demographisch und ökonomisch Solidität verliehen. Der Historiker Polybios, der 167 v. Chr. als hoher Offizier des Achaiischen Bundes nach Rom deportiert worden war, führte den Aufstieg der römischen Republik zur Hegemonialmacht des Mittelmeerraumes auf ihr politisches System zurück, in dem sich auf einzigartige Weise monarchische, aristokratische und demokratische Elemente die Waage gehalten hätten. Für den Griechen artikulierte sich die römische ›Mischverfassung‹ in der Befehlsgewalt der Konsuln, der kollektiven Meinungsbildung im Senat und der sich in Wahlen Ausdruck verschaffenden Volkssouveränität. Weil man über diese drei Elemente flexibel auf alle möglichen Herausforderungen reagieren könne, werde »man unmöglich ein besseres politisches System finden«, klärte Polybios seine griechischen Landsleute auf.

Bis vor Kurzem herrschte unter Fachleuten die Meinung vor, Polybios habe die formalrechtlichen Strukturen des römischen Verfassungsgefüges absolut gesetzt und die tief in der römischen Gesellschaft wurzelnde Verfassungswirklichkeit geflissentlich ignoriert. Der griechische Historiograph sei also sozusagen auf einem Auge blind gewesen. Der Althistoriker Matthias Gelzer konstatierte 1912 in einer bahnbrechenden Studie zur römischen Nobilität, diese habe den Zugang zu den wichtigen politischen Ämtern und damit zum Senat faktisch monopolisiert. Entscheidend für die Abschottung der Nobilität nach unten sei nicht das formale Regelwerk der römischen ›Verfassung‹ gewesen, sondern ein Geflecht von auf Gegenseitigkeit beruhenden Nahverhältnissen, das Individuen nur wenig Handlungsspielraum gelassen und so verhindert habe, dass einzelne Aristokraten aus der Reihe tanzten. Die große Masse der römischen Bürger habe in der von den *nobiles* und ihren Wertbegriffen beherrschten Ordnung nur mehr eine passive Rolle gespielt. Dem hielt in den 1980er Jahren der Oxforder Historiker Fergus Millar entgegen, im republikanischen Rom sei sehr wohl das Volk der eigentliche Souverän gewesen; Exklusivität und Korpsgeist der Nobilität seien nichts als ein fiktives Konstrukt der modernen Forschung. So sei erstens der *populus* viel zu groß gewesen, als dass er sich zur Gänze ins Korsett vertikaler Nahverhältnisse wie des Klientelwesens habe zwängen lassen; zweitens habe sich, wer nach Ämtern und Macht strebte, einem unbarmherzigen Wettbewerb um die Gunst des *populus* aussetzen müssen, der vor allem mit den Waffen der Rhetorik geführt worden sei.

Die Volksversammlung, die kollegial wie zeitlich befristet verwalteten Magistraturen und der Senat waren die Grundbausteine der römischen ›Verfassung‹. Charakteristisch für das römische Politikverständnis ist, dass die Volksversammlung nicht ungeordnet zusammentrat, sondern säuberlich gegliedert nach *tribus*, Kurien und Zenturien. Deshalb hatte in Rom, im fundamentalen Unterschied zu Athen, jede Stimme ihr eigenes spezifisches Gewicht. Von den vier Gliederungen der Volksversammlung (den Kuriat-, Tribut- und Zenturiatkomitien sowie dem rein plebejischen *concilium plebis*) waren die Zenturiatkomitien, zu denen die Bürger nach Vermögensklassen antraten, die wichtigste: Sie wählten zusammen mit Konsuln und Prätoren die höchsten Magistrate. Allen Gliederungen der Volksversammlung gemeinsam war, dass nicht individuell abgestimmt wurde, sondern nach

Gruppen bzw. Abteilungen: Angenommen war ein Vorschlag, wenn die Mehrheit der Stimmkörper ihm zustimmte, wobei die Abstimmung mündlich erfolgte: durch Zuruf, Akklamation. In den Zenturiatkomitien stimmten die wenigen Wähler aus den wohlhabendsten Zenturien zuerst ab, so dass die in den unteren der insgesamt 193 Zenturien zusammengedrängte Masse oft überhaupt nicht mehr zur Stimmabgabe schreiten musste, weil das Ergebnis bereits feststand.

Die Komitien hatten kein Initiativrecht: Einzelne Bürger konnten nicht aus der Versammlung heraus Anträge zur Abstimmung einbringen. Dies konnte nur der die Versammlung einberufende und leitende Magistrat, hinter dem wiederum der Senat stand. Symbolischen Ausdruck verlieh der Beziehung zwischen Magistrat und Komitien der Umstand, dass der Beamte saß: auf seiner *sella curulis*, obendrein erhöht, auf einem Podest, dem *tribunal*; das versammelte Volk hingegen stand und blickte zum Magistraten empor. Es gab keine festgesetzten Termine, an denen die Volksversammlung zusammenkommen musste; sie tat es allein auf Befehl eines Magistraten. Auch debattiert wurde in der Volksversammlung nicht: Ihre Aufgabe bestand darin, über Anträge der Magistrate abzustimmen und Amtsträger zu wählen. Anders als die *ekklesia*, die Versammlung des *demos* in Athen, waren die Komitien also kein Forum für Partizipation. Die römische Volksversammlung war deshalb mindestens ebenso ›Ritual‹ wie sie ›Organ‹ der *res publica* war: Ihr Sinn und Zweck bestand darin, den Konsens, auf dem die Republik ruhte, immer wieder neu zu zelebrieren.

Trotz ihrer Passivität konstituierten die Komitien ›Öffentlichkeit‹, wenn auch von anderer Art als die *ekklesia* im demokratischen Athen: Coram publico und unter freiem Himmel wurde in Rom, das noch in der hohen Republik im Wesentlichen eine *face-to-face-society* war, Politik gemacht. Die Öffentlichkeit der politischen Abstimmungen in den Komitien bildete den exakten Kontrapunkt zur Atmosphäre von Exklusivität und Verborgenheit, in der im zweiten kollektiven Machtpol der Republik Entscheidungen getroffen wurden, nicht zufällig in einem Innenraum: in der Kurie. Das Wort Senat (*senatus*) geht etymologisch auf *senex* – ›alter Mann‹ – zurück, und ursprünglich waren es die Ältesten (*patres*) der Sippen (*gentes*), die in mehr oder weniger informeller Runde den König berieten und so den Senat konstituierten. Noch im 4. Jahrhundert v.Chr., wohl 312 mit der *lex Ovinia*, wurde der Zugang zum Senat endgültig formalen Kriterien unterworfen, die Anzahl der Senatoren auf 300 festgesetzt, die Kontrolle über die Besetzung den Konsuln entzogen und den Zensoren übertragen. Alles Übrige wurde, wieder einmal, nicht durch Gesetze, sondern über den *mos maiorum* geregelt.

Die Hierarchie im Senat richtete sich nach den Ämtern, welche die Senatoren zuvor bekleidet hatten. Den Ton in der Kurie gaben die Konsulare und mithin Männer an, die bereits den Konsulat bekleidet hatten. Hin und wieder ergriffen auch Senatoren das Wort, die es nicht weiter als bis zur Prätur gebracht hatten; die Masse der rangniederen Senatoren aber blieb in der Debatte stumm. Die Beschlussfassung erfolgte unmittelbar nach der Aussprache durch *discessio*, ein dem modernen Hammelsprung vergleichbares Verfahren, bei dem die Abstimmenden ›auseinandertraten‹. Es entschied die Mehrheit, für manche Abstimmungen war jedoch ein Quorum (von 100 oder 150 Senatoren) erforderlich. War der Beschluss, das *senatus consultum*, einmal ergangen, vertrat ihn die gesamte Körperschaft: Der Senat gab den Willen der Nobilität insgesamt kund, Abweichler vom Votum gab es nach außen hin nicht.

Zuständig war der Senat zunächst für alles, was mit dem Gemeinwesen zu tun hatte; erst allmählich differenzierten sich in einer komplexer werdenden Realität Funktionsbereiche heraus, die explizit seiner Kontrolle entzogen waren: Er wählte nicht die Magistrate (das tat die Volksversammlung), er konnte nicht die im *mos* verankerten Grundprinzipien des gesellschaftlichen und politischen Lebens verändern (das konnte, in Gestalt der *lex*, ebenfalls die Volksversammlung), er konnte nicht den Krieg erklären (auch dies fiel in den Aufgabenbereich der Volksversammlung) und er verhandelte keine politischen Prozesse (die kamen vor Volksgerichte und, später, Sonderkommissionen und Magistrate). Trotz dieser Beschränkungen erstreckte sich die Kompetenz des Senats auf schier unzählige Politikfelder: Er konnte per Beschluss den zuständigen Magistraten Handlungsanweisungen geben – das schloss ausdrücklich ihre Kommandos im Krieg mit ein – und sie zur Einbringung bestimmter Gesetze in die Volksversammlung auffordern. Er bewilligte Geldmittel für die Magistrate und legte die Steuersätze für Römer und Unterworfene fest. Er bestimmte Grenzen für die Aushebung von Soldaten und verfügte, wo sie einzusetzen waren – diese Befugnis wurde immer wichtiger, je mehr Provinzen die römischen Legionen eroberten. Auch über die Macht eines anstelle von gewählten Magistraten das *imperium*, die höchste Befehlsgewalt, führenden Promagistraten entschieden letzten Endes die Senatoren, indem sie ihm Legionen unterstellen oder entziehen konnten. Schließlich empfing der Senat auswärtige Gesandte und bestimmte die Richtlinien der Politik gegenüber fremden Mächten sowie, später, jenen Klientelkönigen, die als autonome *amici populi Romani* an die römische Macht gebunden waren.

Tatsächlich beherrschte der Senat mit seiner bis in die späten Tage der Republik unangefochtenen Autorität praktisch alle Bereiche der römischen Politik, auch jene, die nicht de jure zu seiner Domäne gehörten: Mit den Magistraten als verlängerten Armen lag in seinen Händen de facto die Gesetzesinitiative. Sein Votum war für die Beamten verbindliche Richtschnur ihres Handelns. Als Institution verkörperte er die kollektive Willensbildung der Nobilität, auch wenn die Instrumente zu deren Durchsetzung nirgends schriftlich niedergelegt waren.

Als Eintrittskarte zum Senat fungierten die Magistraturen, die *honores* waren, ›Ehrenämter‹: erstrebenswert und prestigeträchtig, aber unbezahlt – und deshalb nur denen zugänglich, die zum Broterwerb nicht auf bezahlte Arbeit angewiesen waren. Verboten war die Häufung – Kumulation – mehrerer Ämter und ihre Iteration, die Bekleidung desselben Amtes mehrmals in Folge. Die

Magistratur tragende und die Macht des einzelnen Magistraten beschränkende Prinzipien waren ferner die Mehrstelligkeit (Kollegialität) fast aller Ämter und die Beschränkung der Amtsdauer auf ein Jahr (Annuität). Die höchsten Beamten, Konsuln und Prätoren, verfügten über das *imperium*, was den Oberbefehl im Feld (*militiae*) wie die politische Amtsgewalt, einschließlich der Gerichtsbarkeit, in der Stadt (*domi*) einschloss; beschränkt war das *imperium* seinerseits allein durch Kollegialität, Annuität und das Interzessionsrecht: Das *ius intercessionis*, das es den Volkstribunen erlaubte, Verfügungen der übrigen Magistraten außer Kraft zu setzen, war, wie ihr Vetorecht gegen Entscheidungen des Senats und der Volksversammlung, aus der Schutzfunktion erwachsen, die dieses Amt für die Plebs ursprünglich hatte.

Erst allmählich, aber wohl bereits ab ca. 300 v. Chr., schälte sich eine Hierarchie und entsprechend eine Laufbahn der Ämter heraus. Einstiegsmagistratur war die Quästur, deren Inhaber vor allem fiskalische Funktionen versahen. Es folgten die Ädilität oder – alternativ – der Volkstribunat und, als dritte Stufe, die Prätur, die vor allem mit richterlichen Aufgaben verbunden war. Der wohl im Zuge des Ausgleichs zwischen Patriziern und Plebejern 367/366 v. Chr. geschaffene Konsulat war ein ziviles Oberamt, erweitert um das militärische *imperium*. Das Jahr erhielt seinen Namen nach den Konsuln, die ab dem 3. Jahrhundert am 15. März, ab 153 v. Chr. zum 1. Januar ihr Amt antraten. Den Konsuln oblag mit dem *imperium* der uneingeschränkte Oberbefehl im Krieg, einschließlich aller disziplinarischen Maßnahmen sowie der Ernennung von Offizieren, und die höchste vollziehende Gewalt im Innern. Sie hatten das Recht, die Volksversammlung zusammenzurufen und dort Gesetzesanträge und Wahlvorschläge einzubringen. Einberufen konnten sie auch den Senat, bei dem sie Vortragsrecht hatten und dessen Beschlüsse sie erwirken konnten. Eine der wichtigsten Aufgaben der Konsuln bestand darin, die Neuwahl der Magistrate des Folgejahres zu leiten. Nur in Ausnahmefällen, wenn nämlich die Konsuln nicht in der Lage waren, die Wahl ihrer Nachfolger zu leiten, bestimmten die patrizischen Senatoren aus ihrer Mitte einen Interrex, der lediglich das sakralrechtliche Vakuum zu füllen und die Wahl abzuhalten hatte. Für seine Amtshandlungen außerhalb der rituell abgesteckten Stadtgrenze, des *pomerium*, war ein Konsul erst zu belangen, wenn er als Privatmann nach Rom zurückkehrte.

Im Normalfall war der Konsulat der Gipfel einer politischen Karriere. Äußeres Zeichen konsularischer Würde war, außer der ja auch von anderen Magistraten benutzten *sella curulis*, die Anzahl der Liktoren, die den Konsuln voranschritten: Liktoren, bewaffnet mit Beilen, die in Rutenbündeln (*fasces*, die im 20. Jahrhundert zum Symbol der deshalb ›Faschisten‹ genannten Anhänger Mussolinis wurden) steckten, waren die Leibwächter aller kurulischen Beamten. Hielt sich der Amtsträger innerhalb des *pomerium*, also im römischen Stadtgebiet auf, so war die Schneide der Äxte in den Ruten verborgen; jenseits des *pomerium* zeigte sie nach außen. An der Anzahl der Liktoren ließ sich die Würde des Amtsträgers ablesen: Die Konsuln begleiteten je zwölf, die Prätoren sechs (bzw., innerhalb Roms, zwei), die kurulischen Ädilen zwei Liktoren. Später hatten die in den Provinzen tätigen Promagistrate Anspruch auf elf (Prokonsuln) bzw. fünf (Proprätoren) Liktoren.

Einem einzigen Amtsträger, dem Diktator, schritten nicht weniger als 24 Liktoren voran, deren Beile auch in der Stadt ihre Schneide zeigten. Das doppelte Dutzend zeigt an, dass er in seiner Person die Amtsbefugnisse beider Konsuln bündelte, die Tragweise der Äxte, dass seine Amtsgewalt über das republikanische Normalmaß hinausging. Nur in außergewöhnlichen Zeiten, oft begleitet von Krieg, waren die Römer bereit, die Prinzipien von Kollegialität und Einspruchsrecht der Volkstribunen auf dem Altar politischer Zweckmäßigkeit zu opfern. Die Diktatur war, wie die Beschränkung des *imperium* durch Teilung und Interzession, ein Kind der Ständekämpfe: Gerade die Unvollkommenheit des konsularischen *imperium* erforderte ein Amt, das befristet die *checks and balances* des republikanischen Systems außer Kraft setzte. Der Diktator war ein starker Mann auf Zeit;

spätestens nach sechs Monaten hatte er seine Diktatur, die er aus der Hand der weiter amtierenden Konsuln empfangen hatte, an diese zurückzugeben. Als Gehilfen ernannte der Diktator einen Reiteroberst (*magister equitum*), dem ebenfalls Liktoren voranschritten – sechs an der Zahl – und der zusammen mit dem Diktator sein Amt nach einem Halbjahr niederlegte. Nach der Bedrohung des Hannibalkrieges verschwand die Diktatur für ein gutes Jahrhundert aus der römischen Politik, um im 1. Jahrhundert v. Chr. von Sulla exhumiert und – mit völlig neuer Bedeutung – wiederbelebt zu werden.

Bereits etabliert war um 300 v. Chr. auch ein zweites außerordentliches Amt: die zweistellige Zensur, die allein ehemaligen Konsuln offenstand. Den alle fünf Jahre von den Zenturiatkomitien bestellten Zensoren oblag während ihrer 18-monatigen Amtszeit die ›Schätzung‹ der Bürgerschaft: Sie bestimmten das Vermögen der Römer, schrieben die Bürger in die *tribus* und Zenturien ein und aktualisierten die entsprechenden Listen. Die Bürger hatten während der Zensusperiode vor den Zensoren zu erscheinen, ihren Namen und die ihrer Familienangehörigen zu nennen sowie Angaben zu ihrem Vermögen zu machen. Sittliche Verfehlungen konnten die Zensoren mit der Aberkennung des aktiven oder passiven Wahlrechts ahnden. Vor allem entschieden sie in letzter Instanz per *lectio senatus* über die Zugehörigkeit zum Senat und zur Ritterschaft. Grundlage der Einstufung war das Vermögen des Kandidaten, doch hatten sie auch das Recht, Senatoren wegen ihres Lebenswandels aus dem Senat auszustoßen: Da die Gesellschaft insgesamt und mit ihr auch die Elite immer heterogener, komplexer und daher unübersichtlicher wurde, übertrug man den Zensoren das *regimen morum*, die Sittenaufsicht, um die Mitglieder des Senatorenstandes zu disziplinieren und Alleingänge zu sanktionieren. Zu Abschluss ihrer Amtszeit nahmen die Zensoren das *lustrum* vor, eine Kulthandlung mit Opfer für den Kriegsgott Mars, zu dem sich die *comitia centuriata* auf dem Marsfeld im Norden Roms versammelten. Wurde das *lustrum*, das im Kern wohl ein Reinigungsritual war, nicht ordnungsgemäß vorgenommen, so war der gesamte Zensus – nicht aber die *lectio senatus* – ungültig.

Wer waren die Männer, die erst um Magistraturen wetteiferten und dann regelmäßig in der Kurie – oder an einem anderen Tagungsort – zusammenkamen, um über die Geschicke Roms zu beraten? Zunächst waren sie Generalisten, die nicht für einen bestimmten Sektor des Staatsdienstes ausgebildet waren, sondern sich in den unterschiedlichsten Sparten von Militär und Verwaltung zu bewähren hatten. Autorität besaßen Senatoren und Magistrate nicht aufgrund spezifischer Kenntnisse und Fähigkeiten, sondern allein kraft ihrer Person und des individuell oder durch ihre Familie akkumilierten Ehrenkapitals. Nur die Sozialisation des römischen Aristokraten, der schon im Haus seines Vaters lernte, Freunden, Klienten und Mitarbeitern zuzuhören, vor allem aber, Untergebenen Befehle zu erteilen, bereitete den senatorischen Nachwuchs auf seine künftige Rolle vor. Praktisch alle Senatoren waren zudem gewesene Magistrate, denn sie hatten die Zensoren bei der *lectio senatus* bevorzugt zu behandeln.

Nicht einmal Berufspolitiker also waren die römischen Aristokraten, die in den *honores* nur einen Bruchteil ihres politisch aktiven Lebens zubrachten. Verantwortung nahmen sie auch jenseits der Magistraturen wahr; Autorität entfalteten sie auf den verschiedensten Feldern und in unterschiedlichsten Zusammenhängen: als Senatoren, Feldherren, Priester, Patrone ihrer Klienten, *patres familias* – in ›Prominenzrollen‹, die dem einzelnen Senator auch ein gutes Stück Unabhängigkeit von Ämtern und Wahlgängen bescherten. Im Prinzip war die römische Senatorenschicht also eine *noblesse de robe*, ein auf Verdiensten aufgebauter Amtsadel, zu dem eine bestimmte Dienststellung Einlass verschaffte. Magistrat konnte grundsätzlich jeder römische Bürger werden; Qualifikationskriterium war außer dem Alter allein das Votum der Volksversammlung. Doch die wählte natürlich nicht jeden, und hier fangen die Probleme an.

Die Voraussetzung, um in ein Amt gewählt zu werden, war zunächst eine tadellose Leistungsbilanz in Diensten der *res pu-*

blica. Doch für das höchste Amt, den Konsulat, reichten Meriten nicht aus. Während es nämlich unzählige Außenseiter aus bis dato nicht senatorischen Familien bis zur Prätur brachten, wurde der Konsulat von einem kleinen Kreis von Familien, wie Gelzer feststellt, »wie eine Festung« verteidigt. Ein Mann aus konsularischer Familie – genauer: aus einer Familie, die bereits einen Konsul gestellt hatte – galt den Römern als *nobilis* (von *noscere* – ›erkennen‹; *nobilis* war also jemand, der ›kenntlich‹ war). Die *nobiles*, folgert Gelzer, seien die eigentlich exklusive Gruppe im römischen Senatorenstand gewesen, eine Elite in der Elite. Nur höchst selten gelang es Männern aus nichtkonsularischen Familien, in den Konsulat aufzusteigen. Das berühmteste Beispiel eines solchen als ›neuer Mann‹ (*homo novus*) bezeichneten Aufsteigers war der Redner, Politiker und Publizist Marcus Tullius Cicero.

Die Gründe für den Zusammenhalt der Nobilität sucht Gelzer in – vertikalen wie horizontalen – »Nah- und Treueverhältnissen«, welche die römische Gesellschaft auf allen Ebenen durchzogen hätten. Wirklich begründeten in Rom Patronage und politische Freundschaften Beziehungen, die auf unbedingter gegenseitiger Loyalität und Solidarität gründeten und politischen Entscheidungsprozessen langfristig ihren Stempel aufdrückten. Kandidaten für politische Ämter hatten vorab die Zustimmung in der Volksversammlung sicherzustellen; sie mobilisierten zu diesem Zweck ihre Klienten und die ihrer Freunde, die in erster Linie politische Bündnispartner waren und es über mehrere Generationen blieben, denn: Väter reichten Freunde (und ebenso Feinde) wie Klienten an ihre Söhne weiter. *Amicitia* (›Freundschaft‹) und *patrocinium* (›Schutz‹) waren der Kitt, der die verschiedenen Teile der römischen Gesellschaft zusammenhielt und ihr Auseinanderdriften verhinderte: *Patrocinium* herrschte zwischen dem *pater familias* und seinen Angehörigen, zwischen dem Herrn und seinem freigelassenen Sklaven, zwischen den angesehenen Angehörigen der großen Familien und ihren Schutzbefohlenen (*clientes*) von bescheidenerer Herkunft. Das

Band der *fides* verpflichtete den Patron, seinem Klienten vor Gericht Rechtsbeistand zu leisten, sein Fortkommen durch Empfehlungen zu befördern und ihn überhaupt gegen jede Art von Übergriffen in Schutz zu nehmen. Der Klient seinerseits hatte die Gunstbeweise, *beneficia*, seines Patrons durch Pflichterfüllung, *officia*, zu erwidern: Insbesondere hatte er sein Stimmverhalten in der Volksversammlung an ihm auszurichten und ihm bei der *salutatio*, dem allmorgendlichen Besuch in dessen Haus, seine Aufwartung zu machen. Die schiere Zahl seiner Klienten war entscheidend für Ansehen (*dignitas*), soziales Gewicht (*gravitas*) und politischen Einfluss (*auctoritas*) des Patrons. Selbstverständlich galt das Gebot unbedingter Solidarität auch in Nahverhältnissen zwischen Gleichrangigen: Senatoren schlossen Freundschaften, banden andere mächtige Männer durch quasi-dynastische Eheschließungen an ihre Familie – *amicitia* und ihr Gegenteil, *inimicitia*, wurden so zu Bindemitteln auch für Interessengruppen und Seilschaften.

Die Protagonisten der römischen Politik führten gerne das Wort ›Konsens‹ im Mund, besonders in der späten Republik, zu einer Zeit also, da sich die römische Führungsschicht bereits im Stadium fortgeschrittener Zersetzung befand: Caesar machte sich, als er nach dem Bürgerkrieg demonstrativ Milde (*clementia*) walten ließ, auf die Suche nach einem neuen Konsens, und Cicero, sein alter Rivale, wurde nicht müde, den *consensus omnium bonorum*, die ›Einmütigkeit aller guten Männer‹, zu beschwören. Die römisch-republikanische Gesellschaft kennzeichnete bis zuletzt, bei aller Rivalität zwischen ihren Köpfen, ein erhebliches Bedürfnis nach Konsens: unter Aristokraten wie zwischen der Nobilität und der breiten Masse. Konsens aber schließt den politischen Kampf um Sach- und Personalfragen nicht aus: *Honos* und *dignitas* waren in der römischen Gesellschaft Werte von grundsätzlicher Bedeutung, und der politische Wettbewerb in der Republik war zuallererst immer ein knallharter Kampf um die persönliche Ehre und die des eigenen Clans (*gens*). Über die Modalitäten dieses Kampfes, die Verfahrensregeln und die grundsätzliche Chancengleichheit zwischen den Protagonisten, herrschte jedoch durchgängig Konsens. Maßstäbe setzte hier erneut der *mos maiorum* mit seinen kanonischen Tugenden; Richtschnur waren daneben die *exempla*, die vorbildhaften Beispiele, die vergangene Generationen politisch exponierter Männer gegeben hatten. Als *nobilis* fügte man sich diesem Verhaltenskodex.

In den Konsens wurde auch die breite Masse der nichtaristokratischen Bürger einbezogen, und das mit gutem Grund: In Griechenland erklärte sich der Zusammenhalt des Stadtstaats aus der dem Bürgerrecht innewohnenden Chance, am Gemeinwesen Anteil zu haben, seine Politik aktiv mitzugestalten. Im republikanischen Rom übernahmen hochgradig ritualisierte institutionelle und nicht selten außerinstitutionelle Kommunikationsakte zwischen Nobilität und Volk die Funktion der direkten Partizipation. Die Kommunikation war hierarchisch, aber Ungleichheit verurteilte die Massen keineswegs zu Passivität oder gar Ohnmacht. Die *nobiles* konnten das systemkonforme Wohlverhalten nicht erzwingen, sie mussten es sich mit Leistungen erwerben. Kern dieses Leistungspakets war ein Kommunikationsverhalten, das den gewaltigen Statusunterschied systematisch kleinredete: Statt die Hierarchie zu betonen, hatten Beamte und Kandidaten die *maiestas* (›Würde‹) des Volkes zu respektieren, wenn sie sich in ihren Reden an die Volksversammlung wandten. Mittel zum Zweck war oft demonstrativ zur Schau getragenes Wohlwollen. Wenn sich Aristokraten und Normalbürger außerhalb des *comitium* gegenübertraten – als Patrone und Klienten, als Befehlshaber und Soldaten, als Ausrichter von Feiern und Feiernde, als Spender und Empfangende von Gnadenerweisungen –, galt der Grundsatz, dass die Mächtigen der Masse affektive Nähe zu demonstrieren hatten.

In einer demokratischen Öffentlichkeit hat solche Jovialität keinen Platz: undenkbar, dass ein Amtsträger im klassischen Athen eigens die Würde des *demos* betont hätte, dessen Souveränität außer Frage stand. Dennoch war die Öffentlichkeit auch in Rom unentbehrlich: Im Mittelpunkt des Konsenses, der den aristokratischen Wettbewerb regelte, stand die Maßgabe, dass Konkurrenz um Ehre und Ämter eines Schiedsrichters bedurfte. Dieser Schiedsrichter war ein Dritter, der selbst nicht am Wettbewerb teilnahm: eben das in den Komitien versammelte Volk. Der ritualisierte, öffentlich ausgetragene Wettbewerb bewahrte den Zusammenhalt innerhalb der römischen Führungsschicht, weil er dem politischen Kampf allseits akzeptierte Regeln aufzwang, und er bewahrte den Zusammenhalt innerhalb der Gesellschaft insgesamt, weil er *nobiles* und Volksmasse in den unterschiedlichsten Rollen miteinander verzahnte und so der aristokratischen Vorherrschaft das verlieh, was das kostbarste Gut jeder Herrschaft ist: Legitimität.

5. IMPERIUM

Roms Konflikte mit den italischen Mächten und mit Pyrrhos waren nur das Vorspiel zu einer weit größeren Auseinandersetzung – oder eher: einer Serie von Auseinandersetzungen, die in einem runden Jahrhundert die machtpolitische Statik des Mittelmeerraums von Grund auf veränderte. Zwischen 264 v. Chr., als über Messene der Erste Punische Krieg ausbrach, und 168 v. Chr., dem Jahr der Schlacht von Pydna, schlugen die Römer in jeweils mehreren Anläufen drei Großmächte aus dem Rennen um die Vorherrschaft im Mittelmeer: Karthago, das Seleukidenreich und das antigonidische Makedonien. Karthago hatte im 5. und 4. Jahrhundert den steilen Aufstieg zum Zentrum eines große Teile des westlichen Mittelmeers beherrschenden maritimen Imperiums absolviert, das Seleukidenreich in Vorderasien und das Antigonidenreich in Makedonien – zusammen mit dem Ptolemaierreich in Ägypten – waren Bruchstücke des Imperiums Alexanders des Großen, das nach dessen Tod 323 v. Chr. zerfallen war.

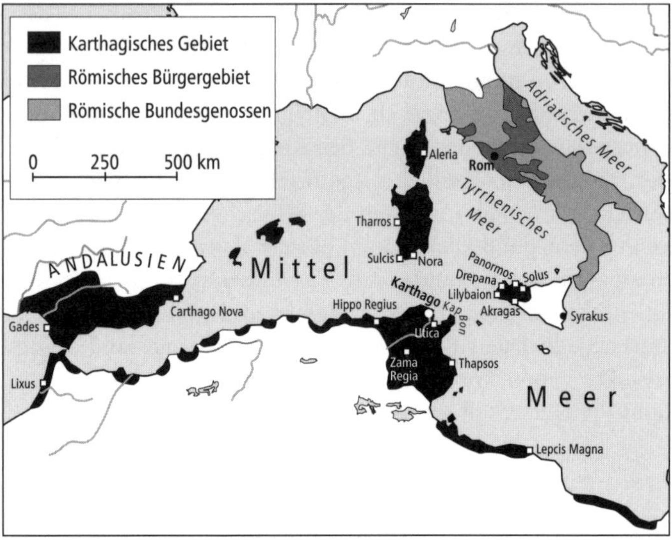

Karte 2: Rom und Karthago 264 v. Chr.

Die Eroberung der griechischen Städte Unteritaliens hatte Rom und Karthago zu Nachbarn gemacht, deren Interessen früher oder später kollidieren mussten. Den Anlass lieferten die Mamertiner (›Marssöhne‹), kampanische Söldner, die sich in den Besitz der ostsizilischen Hafenstadt Messene gebracht hatten. Zunächst wurden sie dort von Karthago gegen den syrakusanischen Tyrannen Hieron II. unterstützt, besannen sich dann aber eines Besseren, wollten die karthagische Besatzung ihrer Stadt loswerden und baten Rom um Hilfe. Ob die Römer, wie Polybios behauptet, der Bitte tatsächlich nur zögerlich nachkamen oder sich voller Elan ins nächste kriegerische Abenteuer stürzten, wissen wir nicht. Jedenfalls landeten die Römer bei Messene, vertrieben die karthagische Garnison und ignorierten ein Ultimatum der Karthager, das sie zum Abzug aufforderte. Man schrieb das Jahr 264 v. Chr. Zwischen Rom und Karthago herrschte Krieg.

Der Konflikt dauerte 23 Jahre, bis 241 v. Chr. Schauplatz war vor allem Sizilien, wo das Kriegsglück beständig wechselte. Wenn die Römer die Karthager schließlich in die Knie zwangen, dann vor allem deshalb, weil sie ein Element, das ihnen ursprünglich überhaupt nicht lag, zu dem ihren machten: das Meer. Bereits 260 v. Chr. errang eine römische Flotte unter dem Konsul Gaius Duilius bei Mylai einen Überraschungssieg über die völlig überrumpelten Karthager. Den Ausschlag soll eine waffentechnische Innovation gegeben haben, die es den Römern erlaubte, ihre überlegenen Landstreitkräfte auch zur See zur Geltung zu bringen: der *corvus* (›Rabe‹), eine Brücke mit einem Sporn an der Spitze, der sich in die Planken des gegnerischen Schiffes bohren konnte. Die Galeeren der Karthager wurden von den Römern gerammt, über die Brücke geentert, versenkt oder übernommen. Zwar hatten die Römer auf dem Weg zum Sieg so manchen Rückschlag zu verkraften, doch schlug ihre Flotte die Karthager in der Seeschlacht bei den Aigatischen Inseln am 10. März 241 v. Chr. so vernichtend, dass die nordafrikanische Stadt um Frieden nachsuchen musste.

Für die Verhandlungen ließ man auf karthagischer Seite dem sizilischen Oberkommandierenden Hamilkar Barkas freie Hand. Hamilkar und der römische Konsul Gaius Lutatius Catulus vereinbarten die Räumung Siziliens durch Karthago, die Rückgabe der römischen Kriegsgefangenen und bedeutende Kriegskontributionen in Höhe von 2200 Talenten (immerhin der Jahressold von 22 Legionen), die über einen Zeitraum von 20 Jahren zu zahlen waren. Nach Jahrhunderten des phönizischen Einflusses war die sizilische Provinz, die sogenannte Epikratie, Karthagos damit Geschichte, doch war man in Rom mit den Bedingungen des Lutatius-Friedens nicht zufrieden: Polybios zufolge stimmte das Volk dem Vertrag nicht zu und forderte seine Revision. Prompt präsentierte man den von den Römern ›Punier‹ genannten Karthagern eine neue Rechnung: Die ihnen auferlegten Zahlungen wurden erhöht, die Frist verkürzt; außerdem sollten sie auch noch die kleinen Inseln zwischen Sizilien und Nordafrika räumen. Polybios rechtfertigt die Revision damit, dass der Lutatius-Friede nur ein Waffenstillstand gewesen und vorbehaltlich der Ratifizierung durch das römische Volk geschlossen worden sei. Hier sind jedoch erneut Zweifel angebracht: Womöglich gaben in Rom schlicht die finanziellen Interessen jener Privatleute den Ausschlag, die dem Staat die Mittel für den Flottenbau vorgestreckt hatten und nun die Dividende einforderten.

Karthago war durch die Friedensbedingungen getroffen, aber nicht in seinen Grundfesten erschüttert. Gewiss: Sizilien war verloren, und auch Sardinien und Korsika, wo sich die eigenen Söldner erhoben hatten, mussten 237 v.Chr. an die Römer abgetreten werden. Der Verlust der Überseegebiete und die hohen Kontributionen wogen schwer, waren jedoch zu verschmerzen, weil die Punier im transmediterranen Fernhandel noch immer eine beherrschende Position innehatten und weil das karthagische Imperium anderswo – vor allem auf der Iberischen Halbinsel – bislang ungenutzte Entwicklungsmöglichkeiten hatte. Die Herrschaft über Nordafrika, wo Verbündete und Söldner gegen die punische Metropole rebelliert hatten, konnten karthagische Feldherren binnen weniger Jahre restaurieren.

Auch die Zeit zwischen dem Ersten Punischen Krieg und dem Hannibalkrieg, den beiden Großkonflikten des 3. Jahrhunderts v.Chr., war kaum friedlich und ereignislos. Die Römer verstrickten sich in Kämpfe auf dem Balkan und hatten sich mit keltischen Stämmen in der Poebene herumzuschlagen. Vor allem aber standen sie vor einer organisatorischen Herausforderung ersten Ranges: Rom war mit dem Sieg die Herrschaft über Sizilien, mit Ausnahme von Syrakus, und schließlich auch über die Inseln Sardinien und Korsika zugefallen. Damit hatte die italische Hegemonialmacht die Schwelle zur imperialen Expansion überschritten, die künftig auch vor überseeischen Räumen nicht haltmachte.

Mit der Integration nichtitalischer Territorien hatte man am Tiber keinerlei Erfahrung; man musste also improvisieren. Das hierarchisch gestaffelte Herrschaftssystem aus Gebieten mit unterschiedlichem Rechtsstatus, das sich in Italien bewährt hatte, ließ sich – das begriffen die Römer rasch – nicht auf die Inseln exportieren; der Lutatius-Friede hatte lediglich die Räumung Siziliens durch die Karthager vorgesehen, mithin eine bestehende Herrschaftsordnung zerstört, aber keine neue geschaffen. Nach 241 v. Chr. überließ Rom die Insel zunächst einmal sich selbst: Mit der Vertreibung Karthagos sah man im Senat das Kriegsziel als erreicht an; man trat die Nachfolge der Punier in der Herrschaft über den Großteil von Sizilien an und wollte zunächst den Status quo bewahren. In diesem Klima gedieh die Autonomie der lokalen Gemeinden, die eifrig Münzen – Zeichen ihrer städtischen Identität – prägten und sich auch wirtschaftlich zügig von den Jahrzehnten des Krieges erholten.

Anders war die Lage auf den beiden Inseln, die Karthago 237 v. Chr. an Rom übergeben hatte: Sardinien und Korsika wurden von schweren Unruhen erschüttert, die guerrillakriegsartige Formen annahmen und die römischen Besatzer in arge Bedrängnis brachten. Den einzigen Ausweg bot die Entsendung eines Prätors, der als Militärstatthalter, ausgestattet mit einem *imperium*, den Auftrag erhielt, die Rebellionen niederzuschlagen (227–225 v. Chr.). Einen Prätor erhielt, in Analogie zu den unruhigen Schwesterinseln, auch das friedliche Sizilien – schon deshalb, weil das wieder erstarkende Karthago dic römische Südflanke abermals zu bedrohen begann, während keltische Stämme die Nordgrenze Italiens gefährdeten.

Mit den Prätoren waren vor Ort nicht nur römische *imperium*-, sondern auch Amtsträger präsent, die Recht sprechen und als Repräsentanten von Senat und Volk fungieren konnten. Im Prinzip war die direkte Herrschaft Roms über seine äußere Peripherie ein Betriebsunfall, Folge eines an sich militärischen Zweckmäßigkeitskalküls. Sie zwang, wie jede Herrschaft, den römischen Machtapparat zu einer rudimentären Bürokratisierung, die im Denken der Nobilität eigentlich nicht vorgesehen war. Schließlich beruhte für die römische Elite Einfluss stets auf persönlichen Beziehungen. Dennoch war die Institutionalisierung nicht aufzuhalten: Den Prätoren übertrug man als Aufgabengebiet – das lateinische Wort dafür lautete *provincia* und bezog sich ursprünglich auf den Inhalt, nicht das Geltungsgebiet magistratischer Kompetenzen – die Inseln Sizilien bzw. Sardinien und Korsika. Erst allmählich erhielt *provincia* einen eindeutigen Raumbezug: ›Provinz‹ war ab dem Zweiten Punischen Krieg das einem römischen Magistraten in seiner Funktion als Statthalter anvertraute Gebiet.

Sizilien, Sardinien und Korsika waren in den Jahren nach dem Krieg nicht die einzige Peripherie, um die sich römische Magistrate zu kümmern hatten. Ihre Aufmerksamkeit erzwang auch der stets unruhige, von keltischen Stämmen besiedelte und durch die Schlacht bei Clastidium (222 v. Chr.) schließlich befriedete Norden Italiens, der ab 220 v. Chr. unter dem Konsul Gaius Flaminius durch eine nach ihm benannte Straße mit Rom verbunden und durch die Anlage mehrerer Kolonien gesichert wurde. Zur gleichen Zeit wurde Rom zur Interventionsmacht auf dem Balkan, wo in zwei kurzen Kriegen illyrische Piraten niedergekämpft und griechische Städte sowie lokale Stämme unter römischen Schutz gestellt wurden. In Rom war man sich endgültig dessen bewusst geworden, dass Italien nur ein kleiner Teil der mediterranen Welt war.

Noch während auf dem Balkan gekämpft wurde, bahnte sich weit im Westen, in Spanien, eine Krise an, deren rasche Eskalation nicht nur dem Land selbst zum Verhängnis werden, sondern auch Rom an den Rand des Zusammenbruchs bringen sollte. Auf der Iberischen Halbinsel hatte Karthago seine Einflusssphäre stetig ausgeweitet und so den Verlust der Inseln längst mehr als wettgemacht. Hamilkar und sein Schwiegersohn Hasdrubal unterwarfen hier Stamm nach Stamm, gründeten Städte – zunächst Leuke Akra (Alicante) und später das bedeutendere Carthago Nova (Cartagena) – und beuteten die reichen Erzvorkommen der Halbinsel aus. Die Expansion ihrer punischen Rivalen blieb den Römern nicht verborgen, doch noch konnte es ihnen gleichgültig sein, was im fernen Iberien geschah. Zwei Gesandtschaften schickte der Senat nach Spanien, um – wie Cassius Dio es formuliert – »sich ein Bild zu machen«. Die zweite, die 226/225 v.Chr. bei Hasdrubal eintraf, erhielt nach Auskunft des Polybios von den Karthagern die Zusage, dass kein punisches Heer in kriegerischer Absicht den »Iber« überschreiten werde. Einiges an Polybios' Darstellung ist verworren, doch halten die meisten Forscher den Vertrag für historisch und den Iber für den nordspanischen Fluss Ebro. Südlich dieses Flusses – also eindeutig innerhalb der Karthago zugestandenen Interessensphäre – lag die mit Rom verbündete Stadt Sagunt. Dennoch erklärte Rom Karthago den Krieg, nachdem Hannibal, Hamilkars Sohn, Sagunt belagert und zerstört hatte. Auf ein Ultimatum hatte der Karthager nicht reagiert. Die Frage nach der ›Schuld‹ ist müßig: Beide Seiten wollten den Krieg und taten nichts, um die Situation zu deeskalieren. Hannibal ging unverzüglich in die Offensive, zog durch Südgallien, überquerte die Rhone und – im Herbst 218 v.Chr. – die Alpen. An der Trebia, einem Nebenfluss des Po, siegte er über die Streitmacht, die Rom eiligst aufgeboten hatte. Im kommenden Frühjahr setzte er seinen Siegeszug fort: Er zog durch Etrurien und vernichtete am Trasimenischen See das Heer des Konsuls Flaminius. Am Tiber griff man zum letzten Mittel und ernannte Quintus Fabius Maximus Verrucosus, der sich als Konsul 233 v.Chr. gegen die Ligurer militärische Lorbeeren erworben hatte, zum Diktator. Fabius ließ die servianische Stadtmauer Roms verstärken, zusätzliche Rekruten ausheben und Sühneopfer abhalten, um die Götter, deren Zorn man fürchtete, zu versöhnen. Der Diktator war entschlossen, die Machtfülle seines Amtes bis zur Neige auszuschöpfen, um Hannibals Siegesserie ein Ende zu bereiten: Offene Siedlungen ließ er räumen und zerstören, die Einwohner sollten sich hinter den Mauern befestigter Städte verschanzen, die Felder wurden verwüstet.

Fabius setzte auf die Verteidigung befestigter Plätze und vermied im Übrigen die Schlacht, während Hannibals Heer plündernd durch Italien zog. Die skeptischen Römer nannten ihn daher bald *cunctator*, ›Zauderer‹. Tatsächlich war seine Strategie der verbrannten Erde riskant: Bei den Römern und ihren Bundesgenossen, deren Häuser und Felder in Flammen aufgingen, war sie unpopulär, und Hannibal, der nichts dringender brauchte als Alliierte gegen Rom, versetzte sie in die Lage, sich als Befreier Italiens zu inszenieren. Doch während rings um ihn Gehöfte brannten und Vorräte zur Neige gingen, wurde die Versorgungslage seines eigenen Heeres immer prekärer. Und die Loyalität der römischen Bundesgenossen auch in der Not strafte die Skeptiker Lügen: Die italische Wehrgemeinschaft bestand in den ersten Jahren des Hannibalkrieges ihre große Bewährungsprobe.

Kaum war die Diktatur des Cunctator Ende 217 ausgelaufen, setzten sich die Heißsporne durch, die Hannibal durch einen entscheidenden Sieg vernichten wollten. Bei Cannae in Apulien stellten die Konsuln Lucius Aemilius Paullus und Gaius Terentius Varro Anfang August 216 die Karthager. Die allerdings hatten das Schlachtfeld bestens präpariert und ließen die Römer in die Falle einer gigantischen Kesselschlacht laufen, die wohl 70.000 von ihnen das Leben kostete. Die Konsuln waren unter den Toten. Freilich konnte Hannibal seinen Sieg nicht nutzen, weil er am Zusammenhalt des römischen Bündnissystems nichts änderte. Ohnehin war Italien längst nicht mehr der einzige Schauplatz des Zweiten Punischen Krieges, der sich mit anderen Konflikten zu verzahnen begann. Auch wenn dies den wenigsten Zeitgenossen bewusst war: Das Jahr 215 v. Chr. markiert die Wende, durch die der römisch-karthagische Dualismus unwiderruflich zum Ringen um die Vorherrschaft im gesamten Mittelmeerbecken eskalierte. Eine Region nach der anderen wurde in das Kräftemessen hineingesogen, das damit, bezogen auf die antike Oikumene, schon fast die Dimensionen eines Weltkriegs annahm.

Bereits 218 v. Chr., noch bevor Hannibal die Alpen überquert hatte, war Gnaeus Cornelius Scipio, der Bruder des am Ticinus geschlagenen Publius, im spanischen Emporion gelandet. Von einem Brückenkopf nördlich des Ebro aus dehnte Scipio langsam, aber stetig seinen Machtbereich aus. 211 v. Chr. übernahm sein Neffe Publius, der nachmalige Scipio Africanus, das Kommando, knüpfte geschickt Allianzen mit den lokalen Stämmen und konnte erst Carthago Nova (209 v. Chr.) – und damit das wichtigste Logistikzentrum der Punier in Spanien – erobern und schließlich, mit seinem Sieg bei Ilipa (206 v. Chr.), die Karthager von der Iberischen Halbinsel vertreiben. Rasch griff der Krieg auf Nordafrika über: Die Schlinge um den Hals der Karthager zog sich zu. Bereits 212 v. Chr. hatte Rom mit Syrakus die letzte freie Stadt Siziliens erobert.

Im Kielwasser der karthagischen Erfolge in Italien war im Osten derweil eine weitere Macht in den Krieg eingetreten: Im Sommer 215 v. Chr. hatte Philipp V., König von Makedonien (221–179 v. Chr.), ein formelles Bündnis mit Hannibal geschlossen, nachdem er zuvor bereits vergeblich den Versuch unternommen hatte, die mit Rom verbündeten Griechenstädte Illyriens zu erobern. Der Vertrag, der den Ersten Makedonischen Krieg eröffnete, schrieb militärischen Beistand auf Gegenseitigkeit fest und sah den Rückzug der Römer aus ihren Balkan-Stützpunkten, die Philipp ein Dorn im Auge sein mussten, und aus den bis dato noch nicht romanisierten Gebieten im Süden und Norden Italiens vor. Damit enthüllt der Pakt zugleich Hannibals Kriegsziele: Er wollte die Römer auf ihr mittelitalisches Machtzentrum zurückwerfen, zerstören wollte er die *res publica* nicht. Der römischen Diplomatie gelang es jedoch rasch, das karthagisch-makedonische Bündnis auszumanövrieren: Gesandte vom Tiber bewogen eine lokale Mittelmacht, die Aitoler, zum Kriegseintritt gegen Philipp, dessen Kräfte fortan auf dem griechischen Kriegsschauplatz gebunden waren.

In Süditalien fiel 211 v. Chr., nachdem Hannibal in Italien zunehmend in die Defensive geraten war, Capua – die einzige größere Stadt außer Taras, die sich Hannibal angeschlossen hatte – und wurde für seinen Abfall hart bestraft: Die Capuaner verloren ihr gesamtes Land, ihre Autonomie als Gemeinde und ihr Vermögen. Für Hannibal war der Verlust Capuas eine blamable

Niederlage. Er harrte noch bis 203 v. Chr. in Italien aus, kämpfte dort aber zunehmend auf verlorenem Posten.

Nachdem Philipp von Makedonien mit den Römern einen Separatfrieden geschlossen hatte, machte Scipio, der Sieger von Ilipa, in Rom Stimmung für eine Landung in Nordafrika. 205 v. Chr., Scipio war Konsul, verweigerte der Senat seine Zustimmung zu diesem Plan. Erst im folgenden Jahr setzte sich Scipio durch: 400 Lastschiffe landeten ein gewaltiges Expeditionskorps am Kap Farina an, unweit von Utica, wo sich der numidische König Massinissa den Römern anschloss. Scipio, der unkonventionellen Taktiken nicht abgeneigt war, siegte im Frühjahr 203 v. Chr. bei Utica und wenig später bei Cirta über die Karthager, die ihre Truppen mit Söldnern und Einheiten ihrer numidischen Verbündeten verstärkt hatten. Der Sieger unterbreitete den Karthagern, die nun Friedensfühler ausstreckten, vergleichsweise moderate Bedingungen. Doch während Gesandtschaften ausgetauscht und Verhandlungen geführt wurden, kehrten Hannibal und sein Bruder Mago mit ihrem Heer 203 v. Chr. aus Italien zurück, und die Karthager beschlossen weiterzukämpfen. Bei Zama Regia, inmitten der tunesischen Wüste, prallte Hannibals numerisch überlegenes, aber dem Gegner kavalleristisch nicht ebenbürtiges Heer am 19. Oktober 202 v. Chr. auf Scipios Legionen. Die Reiterei gab den Ausschlag für den totalen Sieg der römischen Armee: Hannibal selbst konnte mit knapper Not entkommen, aber Tausende seiner Soldaten waren gefallen oder in Gefangenschaft geraten. Nach 16 Jahren Krieg war das Kräftemessen zwischen Rom und Karthago entschieden; Hannibal selbst empfahl die Kapitulation.

Die Karthager hatten enorme Reparationszahlungen zu leisten und den größten Teil ihrer Flotte auszuliefern. Im karthagischen Rat habe die Präsentation der Friedensbedingungen erregte Debatten ausgelöst, berichtet Polybios, schließlich sei den Verantwortlichen jedoch keine andere Wahl geblieben, als das Diktat Scipios anzunehmen, dem auch der römische Senat seinen Segen gegeben hatte. Indem dieses Urbild eines Karthagischen

Friedens Gültigkeit erlangte, hatte die phönizische Kolonie am Golf von Tunis aufgehört, eine Großmacht zu sein: Der karthagischen Führung war das Heft des Handelns vollständig entglitten. Ohne die Möglichkeit, Söldner anzuwerben, wirtschaftlich ausgeblutet, finanziell durch die Bürde jahrzehntelanger Reparationszahlungen geknebelt und außenpolitisch auf Gedeih und Verderb der Gnade Roms ausgeliefert, mussten die Karthager auch noch mit ansehen, wie ihre Flotte, der einstige Stolz einer Weltmacht, vor dem tunesischen Strand in Flammen aufging.

Auch östlich der Adria war die römische Republik mit dem Krieg eine Macht geworden, mit der zu rechnen war. Die mittleren und kleinen Mächte – außer den Aitolern vor allem der Inselstaat Rhodos und das Königreich Pergamon – betrachteten diese neue Rolle der Tiberstadt durchaus mit Wohlgefallen, erhofften sie sich doch von ihr Schutz vor den machtpolitischen Ambitionen der großen Reiche: Makedoniens und des Seleukidenreichs, dessen König Antiochos III., genannt *megas*, ›der Große‹ (223–187 v.Chr.), an der Nahtstelle zwischen Europa und Asien sowie in Ägypten ehrgeizige Ziele verfolgte. Antiochos hatte bereits seit einiger Zeit auf die Restauration der im 3. Jahrhundert an der Peripherie langsam erodierenden seleukidischen Macht hingearbeitet: Er hatte die Attaliden in Kleinasien zurückgedrängt und, in der Tradition Alexanders des Großen, einen Zug nach Osten (*anabasis*, 212–205 v.Chr.) unternommen, um die östlichen Reichsteile wieder seleukidischer Herrschaft zu unterwerfen. Er stand im Zenit seines Ruhms, als im benachbarten Ägypten plötzlich Ptolemaios IV. Philopator (222–205 v.Chr.) starb. Im ›Raubvertrag‹ von 203 v.Chr. einigten sich Antiochos und Philipp V. von Makedonien auf die Aufteilung der ptolemaischen Besitzungen in Asien und in der Ägäis. Die alarmierten Mittelmächte Rhodos und Pergamon riefen unverzüglich die Römer zu Hilfe. Römische Gesandte überbrachten Philipp ein Ultimatum, das der Makedone ignorierte.

Im Zweiten Makedonischen Krieg (200–197 v.Chr.) führte Rom eine Koalition gegen Philipp an, der schließlich mit seiner Phalanx bei Kynoskephalai in Thessalien eine vernichtende Niederlage gegen die Allianztruppen erlitt (197 v. Chr.). Makedonien musste sich aus Griechenland zurückziehen, seine Flotte preisgeben und hohe Reparationszahlungen leisten. Der Prokonsul Titus Quinctius Flamininus, der fließend Griechisch sprach und überhaupt zu jener Gruppe römischer *nobiles* gehörte, die hellenischen Einflüssen gegenüber aufgeschlossen waren, nutzte die Gunst der Stunde für eine grandiose Darbietung römischer Großherzigkeit: Anlässlich der Isthmischen Spiele 196 v. Chr. verkündete er die Freiheit aller griechischen Städte. Den Worten folgten Taten: Schon im Jahr darauf zogen die letzten römischen Verbände aus Griechenland ab. Die Kriegsbeute, zu der auch unersetzliche Kunstschätze gehörten, nahmen sie natürlich mit. Ihre Kriegsziele hatten die Römer erreicht: Philipp war auf sein makedonisches Kernland zurückgeworfen und Griechenland in ein polyzentrisches Machtvakuum verwandelt worden, von dem auf absehbare Zeit keine Gefahr mehr drohte. Dafür, dass zwischen Adria und Ägäis fortan niemand zu mächtig wurde, sorgte die *res publica* selbst, indem sie den rivalisierenden Kleinstaaten wahlweise ihre Unterstützung zukommen ließ oder entzog. Nach hellenischem Verständnis kam Rom hingegen die Funktion eines Schiedsrichters zu, an den sich Poleis und Bünde bei Bedarf wenden konnten.

Nun stand nur noch der Seleukide Antiochos der römischen Hegemonie im Weg. Das Bündnis mit Philipp von Makedonien hatte er geopfert (197 v. Chr.) und stattdessen, nach Überschreiten des Hellespont (196 v. Chr.), seinen Vormarsch auf europäischem Boden fortgesetzt. Außerdem hatte er einer diplomatischen Initiative des Flamininus, der angeboten hatte, ihm für die Expansion in Asien freie Hand zu lassen, wenn er sich im Gegenzug aus Thrakien zurückziehe, eine brüske Absage erteilt und obendrein dem aus Karthago exilierten Hannibal Asyl gewährt. Der Krieg brach aus, als Antiochos mit einem Heer in Thessalien landete und wenig später auch Chalkis auf Euboia eroberte (192 v. Chr.). Der König ließ sich zum Strategen des von

Rom abgefallenen Aitolischen Bundes wählen und proklamierte seinerseits, wie Flamininus vier Jahre zuvor, die Freiheit der griechischen Städte.

Die Resonanz blieb bescheiden. Auf dem historischen Schlachtfeld der Thermopylen unterlag Antiochos dem Konsul Marcus Acilius Glabrio und trat den Rückzug aus Griechenland an. Bei der lydischen Stadt Magnesia am Sipylos schlug die römisch-pergamenische Koalition die seleukidische Phalanx. 188 v. Chr., nachdem bereits die Aitoler nach dem Verlust ihres Hafens Ambrakia um Frieden nachgesucht und die Galater-Stämme im anatolischen Binnenland gegen den römischen Konsul Gnaeus Manlius Vulso den Kürzeren gezogen hatten, beugte sich Antiochos im phrygischen Apameia dem – erwartungsgemäß harten – römischen Friedensdiktat.

Die Kriege gegen Makedonien und das Seleukidenreich katapultierten, innerhalb von nur 15 Jahren, beide Mächte wenigstens mittelfristig aus dem Wettkampf um die Hegemonie. Rom hielt sich aber auch fortan im Osten zurück. Direkte Herrschaft in Form des Provinzialsystems kam östlich der Adria nicht zur Anwendung. Wie man sich die hellenistische Welt wünschte, illustriert das Beispiel der Freiheitserklärung durch Flamininus: als fragmentiertes Machtvakuum, in dem ›Freiheit‹ von regionalen Hegemonialmächten bedeutete, dass sich die Kleinstaaten vom Tiber aus fernsteuern ließen. Diese Rechnung ging nicht auf. In der Folge wurde Rom immer stärker in die Konflikte der griechischen Welt hineingezogen. Doch konnte man es nicht allen recht machen, und was sich die Römer in Hellas an Sympathien verscherzten, flog Perseus (179–168 v. Chr.), dem Sohn und Nachfolger Philipps V., regelrecht zu. Er beeilte sich zwar, den Vertrag mit Rom zu erneuern, betrieb aber im Übrigen Großmachtpolitik wie zu alten Zeiten. Sofort wurden Gesandte aus Pergamon in Rom vorstellig und forderten den großen Bruder zur Intervention auf. Wo Diplomatie ein so mühseliges, mit unzähligen Fallstricken versehenes Geschäft war, versprach Krieg tatsächlich eine saubere, immerhin eindeutige Lösung. Dass die römische Hegemonie nicht mehr zu erschüttern war, musste ein fast völlig isolierter Perseus in diesem nach ihm benannten Krieg (171–168 v. Chr.) erfahren: Bei Pydna scheiterte 168 v. Chr. die einst gefeierte makedonische Phalanx im Kampf gegen die Legionen des Konsuls Lucius Aemilius Paullus, eines Sohnes des gleichnamigen, bei Cannae gefallenen Heerführers.

Pydna bedeutete das Ende der antigonidischen Monarchie. Makedonien teilten die Sieger in vier Republiken auf, denen wechselseitige Beziehungen untersagt wurden und die politisch wie wirtschaftlich unter der direkten Aufsicht Roms standen. Das mit Perseus verbündete Epeiros ließ Paullus plündern, die Bevölkerung versklaven. Doch das war nicht alles: Die Römer hatten aus ihren Fehlern der Vergangenheit den Schluss gezogen, dass Großmut in Hellas bestraft wurde. So ließen sie es zu, dass in den Städten Griechenlands Denunzianten all jene anschwärzten, die mit Perseus sympathisiert hatten. Das waren nicht wenige, und ihr Schicksal war, ob schuldig oder unschuldig, die Deportation nach Italien. Als einer von tausend Achaiern gelangte auf diesem Weg, als Geisel, unser Gewährsmann Polybios nach Rom. Ausgerechnet die persönliche Tragik so vieler Menschen wurde auf diese Weise zum historiographischen Glücksfall: Ohne das Werk des gelehrten Griechen wüssten wir kaum etwas von den Opfern, die Roms Weg zur Weltmacht säumten.

Polybios hat auch die Episode überliefert, die besser als alle Kriege und Schlachten illustriert, was die Stunde geschlagen hatte: 168 v. Chr. marschierte der Seleukide Antiochos IV. in Ägypten ein. Er erreichte den Ort Eleusis, unmittelbar vor der Hauptstadt Alexandreia, und stand im Begriff, das Ptolemäerreich zu vernichten, als eine römische Gesandtschaft vor ihm erschien. Der Konsular Gaius Popillius Laenas händigte Antiochos ein Ultimatum des Senats aus. Als der König sich Bedenkzeit ausbat, nahm Laenas einen Rebstock und zog damit einen Kreis um Antiochos. Er erwarte eine Entscheidung, bevor er aus dem Kreis trete, teilte Laenas dem verblüfften Seleukiden mit, der sich fügte und den Rückzug befahl.

Das Jahr 168 v. Chr., mit der Schlacht von Pydna und dem ›Tag von Eleusis‹, galt schon Polybios als wichtige Wendemarke im Mächtespiel seiner Epoche. Viele Historiker sind ihm in dieser Bewertung gefolgt: Im Kreis des Popillius Laenas habe Antiochos IV. auf jede Möglichkeit verzichtet, Außenpolitik auf eigene Rechnung zu machen. Fraglos markiert das Jahr eine Zäsur, doch zum Wendepunkt taugt Eleusis nicht. Schon in Magnesia hatten die Großmachtbestrebungen der Seleukiden einen kräftigen Dämpfer erhalten, und noch nach Eleusis gelang es Antiochos, die militärische Potenz seines Reiches eindrucksvoll unter Beweis zu stellen. Dennoch war Antiochos' Rückzieher ein politischer Offenbarungseid – kein Wendepunkt, sondern ein resignierendes Sichfügen in gewandelte politische Realitäten, dessen Symbolkraft Polybios völlig richtig einschätzt. In Eleusis wurde manifest, dass Pydna den Schlusspunkt hinter eine Entwicklung gesetzt hatte, die durch viele Faktoren, vor allem aber immer wieder durch den Einsatz nackter militärischer Gewalt durch Rom, vorangetrieben worden war. Nach Pydna bedurfte es dieser Gewalt nicht mehr. Der Repräsentant der *res publica* ließ dem König einer hellenistischen Großmacht, nicht etwa einem lokalen Kleinkönig, keine andere Wahl als seine ultimativ vorgebrachten Bedingungen zu akzeptieren: zu kapitulieren, bevor überhaupt ein einziger römischer Legionär in Marsch gesetzt worden war.

168 v. Chr. ging Roms Macht im Osten in einen neuen Aggregatszustand über: Wie anderthalb Jahrhunderte zuvor in Italien löste allmählich eine Rezeptur aus Drohen und Belohnen die Praxis brachialer militärischer Gewalt ab. Für den Aufstieg Roms zur Hegemonialmacht im gesamten Mittelmeerraum ist 168 v. Chr. deshalb das Epochenjahr par excellence: Es schließt das zweite Stadium römischer Expansion ab, in dem der Durchbruch zur veritablen Weltmacht gelang.

Warum gerade Rom? Welche Triebkräfte waren hinter der Dynamik wirksam, der Rom sein scheinbar keine Grenze kennendes Wachstum verdankte? War seine Herrschaft über den

Mittelmeerraum das Resultat gezielten Machtstrebens – oder das zufällige Produkt von Entwicklungen, die Roms politische Klasse nicht oder nur teilweise lenken konnte? Davon, dass Rom anders war als die anderen Großmächte und dass hier die Gründe für seinen Erfolg liegen, waren und sind, wie Polybios, auch moderne Historiker überzeugt. Auf drei grundsätzliche, sich nicht unbedingt gegenseitig ausschließende Erklärungsvarianten laufen ihre Versuche hinaus, die explosiv-expansive Energie der *res publica* analytisch zu durchdringen:

1. Auf Theodor Mommsen geht das Modell des »defensiven Imperialismus« zurück. Danach war es vor allem das Sicherheitsstreben der Römer, das sie immer wieder aggressiv gegen ihre Nachbarn vorgehen ließ, in einer Art permanentem Präventivkrieg, was sich, so Mommsen, mit der Entschlossenheit verbunden habe, einmal eroberten Boden unter keinen Umständen wieder preiszugeben. Die Anhänger dieses Modells dürfen sich auf eine Reihe objektiver Tatsachen berufen, so auf das historische Trauma des *dies ater* an der Allia, das präventive Wachsamkeit regelrecht zur Staatsräson machte; auf die Praxis der Koloniegründung, der ein defensiver Grundgedanke innewohnt, und auf das Zögern der Verantwortlichen, jenseits der natürlichen Grenzen Italiens – im Tyrrhenischen Meer, im keltischen Europa und im Illyricum – Verantwortung zu übernehmen.
2. Dagegen hat zuerst Gaston Colin Anfang des 20. Jahrhunderts auf die ökonomischen Triebkräfte der römischen Expansion hingewiesen. Colin sah hinter der Eroberung des hellenistischen Ostens wesentlich die finanziellen und merkantilen Interessen einer aufstrebenden Wirtschaftselite. Die These fiel beileibe nicht nur bei marxistischen Historikern auf fruchtbaren Boden. Der Krieg als Broterwerb, der durch Beute, Eroberungen und den Besiegten auferlegte Kontributionen seinen Mann ernährt, rückte in den Mittelpunkt des Interesses. Wirklich war Beutemachen ein Grundmotiv in der beginnen-

den intellektuellen Auseinandersetzung der Römer mit dem Thema Krieg: In den Reden des älteren Cato, mit denen er zum Krieg blies, war der Reichtum, der als Frucht des Sieges nach Rom strömen würde, ein immer wiederkehrendes Motiv, und auch die römische Komödie machte sich ab ca. 200 v. Chr. über die Beutegier der römischen Bauernsoldaten lustig. Die Besitzenden, Ritter und Senatoren, hatten durch Krieg und Expansion ebenfalls eine Menge dazuzugewinnen; namentlich brachten sie sich per Okkupation in den faktisch uneingeschränkten Besitz von Land, das durch Konfiskation, Tod oder Verarmung der Besitzer herrenlos geworden war (*ager occupatorius*), und schufen so die Grundlage für agrarische Großgüter (*latifundia*), wie sie Rom zuvor nicht gekannt hatte.

3. Seit dem einflussreichen, zuerst 1985 erschienenen Buch *War and imperialism in Republican Rome* des in New York lehrenden britischen Althistorikers William V. Harris hat schließlich dessen These viele Anhänger gefunden, die römische Gesellschaft sei in ihrem tiefsten Innern kriegerischer und aggressiver gewesen als Karthago oder die hellenistischen Staaten. Für Harris und – noch vor ihm – Ernst Badian war das aristokratische Standesethos der Nobilität die entscheidende Triebfeder für das expansive Gebaren der römischen Republik: Begriffe wie ›Ehre‹ (*honos* bzw. *dignitas*) und ›Ruhm‹ (*gloria*), die im Wertekanon der römischen Elite eine zentrale Rolle spielten, seien, kombiniert mit ausgeprägtem Wettbewerbsdenken, die Grundbausteine einer Kriegerethik gewesen, die alles in den Schatten gestellt habe, was andere Mittelmeeranrainer auf diesem Gebiet vorzuweisen gehabt hätten.

Die jüngere Forschung hat gegenüber diesen Ansätzen immer wieder betont, dass monokausale Erklärungsmuster der römischen Expansion und der durch sie entfesselten Dynamik nicht gerecht werden. In der Tat scheinen die verschiedensten Motivlagen – von übersteigertem, in Aggression umschlagendem Sicherheitsdenken über ökonomisch-zweckrationale Beweggründe bis hin zu tief in der römischen Mentalität verwurzelten Faktoren – das politische Handeln der Verantwortlichen beeinflusst zu haben. Aber begründet das schon einen römischen ›Sonderweg‹? Agierte Rom auf der Bühne der großen Politik offensiver als Karthago oder die Seleukiden, weil die Senatoren von Paranoia, die Soldaten von Gier nach Beute und die Generäle von unbändiger Ruhmsucht getrieben waren? War die *res publica*, dem ihr innewohnenden Gewaltpotenzial nach, ein Sonderfall der antiken Geschichte?

Außer Frage steht, dass die Römer erfolgreicher agierten als ihre Konkurrenten, doch verleitet gerade ihre stupende Durchsetzungsfähigkeit zu einer teleologischen Betrachtungsweise, die das Geschehen vom Ende her denkt, ohne die vielen Zufälligkeiten auf dem Weg angemessen zu würdigen. Warum soll die *res publica* aggressiver gewesen sein als die Reiche von Seleukiden und Ptolemaiern, die über Syrien sechs grausame Kriege entfesselten, oder als die griechischen Poleis und Bünde, für die das Austragen blutiger Händel zum politischen Alltag gehörte – allen voran Sparta, dem antiken Kriegerstaat par excellence? Auch Karthago setzte seine Interessen in Sizilien, Sardinien und Spanien – siehe Sagunt – mit großer Zielstrebigkeit und Brutalität durch. Wo, wenn nicht in der punischen Metropole, gaben kommerzielle Interessen den Ausschlag für militärische Aktionen? Die hellenistischen Staaten, ob klein oder groß, wurden von Königen regiert, deren Rolle sich wesentlich über die Zuschreibung von Charisma definierte, und wer ist charismatischer als ein Herrscher, dessen Feldzeichen die Siegesgöttin gewogen ist?

Das wettbewerbsbetonte Kriegerethos der römischen Nobilität barg wohl kaum mehr Zündstoff für kriegerische Auseinandersetzungen als der Imperativ ewiger Sieghaftigkeit, der die Konflikte zwischen den hellenistischen Monarchien so oft eskalieren ließ. Die Aussicht auf Beute als Stimulans von Waffengängen kennen wir seit Homer: Die Lust am Plündern ist so alt wie der Krieg und war gewiss nicht exklusives Vorrecht der römischen Soldateska. Wenn Rom aber nicht aggressiver und seine Bürger nicht kriegslüsterner waren als die Nachbarn, was begründete dann den präzedenzlosen Siegeszug der *res publica*?

Der Sonderweg Roms begann nicht mit der Wölfin und auch nicht mit dem Kelteneinfall, sondern mit der Integration des Latinerbundes in die römische Wehrgemeinschaft, aus der das ganz Italien umspannende Bundesgenossensystem erwuchs. Als mächtige Klammern hielten das abgestufte römisch-latinische Bürgerrecht und die Teilhabe an seinen Siegen, die Rom den Bundesgenossen, seinen *socii*, gewährte, das Machtgefüge zusammen. Die *socii*, von denen Rom die meisten gewaltsam unterworfen hatte, lebten in autonomen, sich selbst verwaltenden Gemeinden und profitierten, als Gegenleistung für ihren Beitrag zur Wehrgemeinschaft, von jeder weiteren Expansion der Stadt am Tiber. Die Integrationsleistung, die Rom vollbrachte und die aus Italien in rund hundert Jahren eine Schicksalsgemeinschaft schmiedete, die einem Hannibal trotzte und sich das Mittelmeer unterwarf, erklärt das eigentliche Mysterium der römischen Stärke. Tacitus, der scharfsichtige Beobachter römischer Geschichte, hat die Zusammenhänge klarer erkannt als so mancher moderne Historiker: »Was bewirkte denn sonst den Untergang der Athener und Spartaner, als dass sie Besiegte als Fremde behandelten? Aber Romulus, der Gründer unseres Gemeinwesens, ließ so viel Weisheit walten, dass er die meisten Völker, die einst Feinde waren, bald als Bürger akzeptierte.«

Wohlgemerkt: Es geht nicht darum, die römische Expansion, die ungezählte Menschenleben gefordert hat, zu glorifizieren. Rom war nicht weniger angriffslustig, nicht minder aggressiv als seine Rivalen. Aber es war auch nicht kriegerischer. Rom war erfolgreicher, weil es nicht nur expandierte, sondern integrierte und daher über mehr Ressourcen verfügte als die Konkurrenz. Wer von ›Imperialismus‹ spricht – der ja nicht nur für ein spezifisches historisches Phänomen, sondern auch für seine ideologische Rechtfertigung steht und daher in sich den gesamten ideengeschichtlichen Ballast der Moderne trägt –, kommt um eine Definition des Begriffs nicht herum. Besser, wir vermeiden ihn ganz: Diejenigen, die am Tiber Verantwortung trugen, dachten und handelten fürwahr expansiv; sie begründeten ein Imperium, das diesen Namen verdiente und zum Archetypus imperialer Mächte aller späteren Geschichte wurde, aber sie sind der geistigen Urheberschaft am zerstörerischen und ideologisch grundierten Hegemonialstreben der europäischen Mächte im 19. und 20. Jahrhundert unverdächtig.

6. EXPERIMENTE

Auf das Epochenjahr 168 folgte die Zäsur von 146 v. Chr.: Rom zerstörte nach einem mehrjährigen Aufstand in Griechenland Korinth und – als Folge des von Rom selbst vom Zaun gebrochenen Dritten Punischen Krieges – Karthago. Vor allem im Fall Karthagos, das sich unerwartet rasch von der Niederlage im Hannibalkrieg erholt hatte, hatte sich gezeigt, dass die Macht des Drohens und Belohnens nicht grenzenlos war und periodisch militärischer Gewalt als Ergänzung bedurfte. Scipio Aemilianus, der Vollstrecker des Vernichtungsschlages, soll vor den rauchenden Trümmern Karthagos in Tränen ausgebrochen sein angesichts der Wechselfälle im Glück von Staaten. Die Szene ist zu stereotyp, um wahr zu sein, aber doch gut erfunden: Karthagos Untergang war wie ein Fanal für die Krise, auf die das siegreiche Rom zusteuerte.

Ein politischer Brennpunkt war Spanien, wo Rom mit dem Hannibalkrieg das Erbe der Karthager angetreten hatte, sich aber mit der Durchsetzung seines Herrschaftsanspruchs in den beiden dort eingerichteten Provinzen schwertat. Es war ein Abnutzungs- und Zermürbungskrieg, mit namenlosen Grausamkeiten, den sich Römer und iberische Stämme hier lieferten. Immer wieder erlitten römische Feldherren verheerende Niederlagen, zuletzt der Konsul Gaius Hostilius Mancinus 137 v. Chr. vor dem nordspanischen Numantia, der wichtigsten Stadt der iberischen Kelten. Wenige Jahre später eroberte Scipio Aemilianus Numantia durch systematisches Aushungern und machte die Stadt dem Erdboden gleich, doch hatte Mancinus' peinliche Schlappe ungeahnte Rückwirkungen auf die stadtrömische Politik: Im Heer des Konsuls hatte ein junger Aristokrat namens Tiberius Sempronius Gracchus als Quaestor Dienst getan. Die Schmach der Niederlage warf nach römischem Verständnis einen Schatten auch auf seine Karriere, obwohl er als junger Magistrat kaum für den Fehlschlag verantwortlich zu machen war. Wenige Jahre nach Numantia stand Gracchus am Scheideweg.

133 v. Chr. war wieder eines dieser Schicksalsjahre für die römische Republik: Im fernen Pergamon starb unvermittelt König Attalos III. Sein Reich, das er Rom testamentarisch vermacht hatte, war fortan als Provinz Asia ein Quell reich sprudelnder Steuereinnahmen. In Sizilien strebte eine Sklavenrevolte mit 200.000 Aufständischen ihrem Höhepunkt zu, die in Henna (Enna) ihren Ausgang genommen und fast auf die gesamte Insel übergegriffen hatte. Zwei konsularische Heere wurden von den Sklaven geschlagen, bevor es dem Konsul Publius Rupilius 132 v. Chr. gelingen sollte, die Rebellenhochburgen Tauromenium und Henna einzunehmen und Sizilien zu befrieden. Für Tiberius Gracchus war 133 v. Chr. ein persönliches Schicksalsjahr: Er bekleidete den Volkstribunat, nachdem er mit einem Gesetz, das die Verteilung von Äckern an landlose römische Bürger vorsah, in der Volksversammlung intensiv für sich geworben hatte. In einem politischen System, das den Konsens der Führungsschicht über alles stellte, war ein solches Vorgehen unerhört. Politische Diskussionen hatten im Senat stattzufinden, auf keinen Fall in der Öffentlichkeit, und mit einem politischen Programm bei Wahlen anzutreten, war eine Kampfansage an den nobilitären Konsens.

Was also hatte Gracchus zu seinem Schritt bewogen? Tatsächlich war die soziale Lage im Italien der 130er Jahre angespannt. Der im 2. Jahrhundert n. Chr. schreibende Historiker Appian berichtet, es habe auf der Halbinsel ganze Landstriche gegeben, die von den Bauern verlassen worden seien. An ihrer Stelle hätten sich agrarische Großbetriebe breit gemacht, die mit dem Einsatz ganzer Sklavenheere hohe Profite erwirtschaftet und als herrenlos geltendes öffentliches Land kurzerhand besetzt, okkupiert, hätten. Dieses düstere Bild ist korrekturbedürftig: Auch das Italien der späten Republik war noch immer bäuerlich geprägt, und in vielen Regionen herrschte Prosperität. Dennoch waren Landflucht und die Verarmung von Bauernfamilien, denen der Ernährer fehlte, weil er in einem der zahllosen Kriege kämpfte, reale Probleme. Die Zahl der römischen Bürger war erstmals rückläufig, viele der aus Spanien heimkehrenden Veteranen hatten ihre Existenz verloren, ohne dass es eine nennenswerte Beute gab, an der sie sich schadlos hätten halten können.

Dies war das Klima, das Gracchus für seine politischen Zwecke zu nutzen verstand. Der Volkstribunat, eigentlich ein institutioneller Anachronismus, bot ideale Voraussetzungen für sein Vorhaben: Mit dem Recht, die plebejische Volksversammlung einzuberufen, und dem Initiativrecht für Plebiszite gab er einem relativ jungen Magistraten enorme Machtmittel an die Hand.

Im Frühjahr 133 v. Chr. stellte sich Gracchus also vor die Volksversammlung und warb mit einer flammenden Rede für sein Ackergesetz, die *lex Sempronia*. Dem Inhalt nach war das Gesetz maßvoll und, typisch römisch, durchaus am *mos maiorum* orientiert: Im Kern lief der Antrag darauf hinaus, dass die Inbesitznahme von öffentlichem Land durch Agrarunternehmer begrenzt werden sollte. Okkupationsland, das die Obergrenze überschritt, sollte gegen Entschädigung eingezogen werden, eine Dreimännerkommission, die *tresviri agris dandis adsignandis*, die Einziehung und Neuverteilung des Landes überwachen. Ferner legte die *lex Sempronia* fest, dass die Neusiedler das Land gegen eine geringe Pacht und als unveräußerlichen Besitz erhalten sollten. So war garantiert, dass das Eigentum der *res publica* am *ager publicus* festgeschrieben blieb und Großgrundbesitzer ihr eingezogenes Land nicht zurückkaufen konnten.

Das waren maßvolle Forderungen, die hinter vorgehaltener Hand auch etliche von Gracchus' Kollegen im Senat bereits vorgebracht hatten. Was viele der *nobiles* so in Rage versetzte, war nicht der Inhalt der Reform, sondern die politische Vorgehensweise, mit der Gracchus den nobilitären Konsens außer Kraft setzte. Deshalb, nicht weil die Bestimmungen für die Führungsschicht unannehmbar gewesen wären, legte einer von Gracchus' Kollegen im Tribunat, Marcus Octavius, kaum war sie beschlossen, im Auftrag der Senatsmehrheit sein Veto gegen die *lex Sempronia* ein. Gracchus, dessen Karriere auf dem Spiel stand, ließ den Kollegen durch die Versammlung der Plebs absetzen – ein unerhörter Bruch mit der Tradition. Bewusst wählte der Tribun den Weg der Eskalation, indem er per Plebiszit außerdem eine verschärfte Version des Ackergesetzes beschließen ließ. Freilich schützte ihn die *sacrosanctitas* nur, so lange er den Volkstribunat bekleidete. Die Senatsmehrheit plante schon, nach Ablauf des Amtsjahres juristisch gegen ihn vorzugehen. Als Gracchus sich, um der Strafverfolgung zu entgehen, für eine zweite Amtszeit als Tribun bewarb, war das Maß für seine Gegner voll. Ein wütender Mob, angeführt von Senatoren, stürmte den Versammlungsplatz. In dem Handgemenge starben 200 Menschen, einer von ihnen war Gracchus.

Damit war der Unruhestifter tot, aber die Unruhe, die er gestiftet hatte, war nicht aus der Welt. Erstens sannen die – vermeintlichen – Sieger natürlich auf Rache und schufen prompt ein Sondergericht, vor das nun alle möglichen Männer gezerrt wurden, denen nachgesagt wurde, sie strebten, wie Tiberius Gracchus, nach dem Königtum. Zweitens war Tiberius' Reformwerk mitnichten tot. Im Gegenteil: Die Ackerkommission wirkte weiter, und an die Stelle des mit Tiberius Gracchus verbündeten Konsulars Appius Claudius und des für den ermordeten Volkstribun nachgerückten Crassus Mucianus – beide starben 130 v. Chr. – rückten junge, ehrgeizige *nobiles*. Vor allem gewann Gaius Sempronius Gracchus an Einfluss, der seinerseits längst Rache für seinen ermordeten Bruder geschworen hatte. Schließlich war der Konsens aufgekündigt, der die Nobilität seit dem Ende der Ständekämpfe nach außen als monolithischen Block hatte wirken lassen. Diese dritte Konsequenz des Geschehens um Tiberius Gracchus hatte die bei Weitem größte Fernwirkung und sollte die Republik für den Rest ihres Bestehens überschatten.

Populares, ›Männer des Volkes‹, so nannten sich von nun an jene Politiker, die, ohne die Senatsmehrheit zu konsultieren, neue Wege der politischen Willensbildung einschlugen und ihre Wahlvorschläge und Gesetzesanträge direkt den Komitien zur Entscheidung vorlegten. Natürlich führten sie populäre Slogans im Munde, aber eine sozialreformerische Programmatik im eigentlichen Sinne verband sie nicht: Obwohl sie sich neuer Methoden des Machterwerbs und -erhalts bedienten, waren sie weit davon entfernt, Agenten der breiten Masse im Kampf gegen die Nobilität zu sein. All jene Senatoren, die die popularen Methoden ablehnten, sahen sich dennoch in der Rolle von Beschützern des *mos maiorum* und damit der alten *res publica*. Sie waren im Senat klar in der Mehrheit und begriffen sich – der Begriff entstand freilich erst allmählich – als Sprachrohr der ›Besten‹ (*optimi*), weil sie sich in der Rolle der Verteidiger des Staates gegen die dunklen Machenschaften seiner Gegner wähnten. So wenig wie die Popularen waren die Optimaten eine wirkliche Partei: Weder hielt sie das Bekenntnis zu einer klar konturierten Programmatik zusammen noch unbedingte gegenseitige Loyalität. Einig waren sie sich nur in der Überzeugung, dass in der römischen Politik der Senat das alleinige Entscheidungsorgan und der nobilitäre Konsens die Richtschnur politischen Handelns zu bleiben hatte.

124 v. Chr. ließ sich Gaius Gracchus zum Volkstribunen wählen. Sogleich brachte er ein ganzes Bündel von Gesetzen ein, dessen Kern ein neues Ackergesetz war. Gaius hatte aus dem Scheitern seines Bruders gelernt: Während er konsequent Klientelpolitik betrieb und seine Anhängerschaft in den Genuss ökonomischer Vorteile brachte, suchte er den Optimaten ihre rechtlichen Spielräume zu nehmen, indem er Richterstellen mit Angehörigen des Ritterstands besetzte und dafür sorgte, dass seine Gegner mit Klagen überzogen wurden. Da diese ihm ihrerseits mit Klagen und juristischen Tricks nicht beikommen konnten, verlegten sie

sich darauf, Gaius mit seinen eigenen Waffen zu schlagen: Für das Jahr 122 v. Chr., in dem er wider geltendes Recht abermals den Volkstribunat bekleidete, ließen sie einen ihrer Parteigänger, Marcus Livius Drusus, zu seinem Kollegen wählen. Der nahm seinem Gegner durch noch radikalere Forderungen den Wind aus den Segeln und spannte ihm die Klientel aus, während Gaius in Nordafrika weilte, um der Gründung einer Kolonie beizuwohnen. Als Gaius im Frühjahr 122 v. Chr. nach Rom zurückkehrte, hatten ihn die vollmundigen Versprechungen seines Amtskollegen vom Antreiber zum Getriebenen gemacht, der sich nicht besser zu helfen wusste, als seinen Gegner noch zu übertrumpfen. Bei der Wahl der Volkstribunen für das Jahr 121 v. Chr. fiel Gaius durch. Er wählte daraufhin den Weg der Gewalt und scharte Bewaffnete um sich; der Senat verhängte, historisch erstmalig, den Staatsnotstand, das sogenannte *senatus consultum ultimum* (SCU), das die Konsuln ermächtigte, zur Rettung der *res publica* alles in ihrer Macht Stehende zu unternehmen. Gaius verschanzte sich mit seinen Anhängern auf dem Aventin, beging aber schließlich in aussichtsloser Lage Selbstmord.

In den Wirren der Gracchenzeit und des Jahrzehnts danach war Rom vor allem mit sich selbst beschäftigt. Die soziale Frage hielt Senat und Volk in ihrem Bann, und die Wunden, welche die unvermittelte Politisierung der römischen Gesellschaft aufgerissen hatte, vernarbten erst mit der Zeit. Von Heilung konnte ohnehin keine Rede sein: Zwischen 133 und 113 v. Chr. war Rom in keinen größeren Krieg verstrickt, aber eine Serie kleinerer Konflikte in Kleinasien, Gallien, Sardinien und Dalmatien zeigte, wie angreifbar die Weltgeltung war. Völlig überfordert war die optimatische Führung, die nach Gaius' Scheitern das Heft fest in der Hand hielt, mit einer Krise in Numidien: Das Reich war nach dem Tod des Königs Micipsa unter seinen Söhnen Adherbal und Hiempsal sowie dem Neffen Jugurtha aufgeteilt worden, doch mochte sich Jugurtha mit dieser Lösung nicht abfinden. Er ließ Hiempsal ermorden und führte Krieg gegen Adherbal, der in Rom um Beistand nachsuchte. Allerdings war Jugurtha, der unter Scipio Aemilianus vor Numantia gekämpft hatte, in der römischen Nobilität bestens vernetzt. Offenbar war Korruption im Spiel, als deren Vertreter ab 111 v. Chr. den Krieg in Nordafrika nur auf Sparflamme führten und Jugurtha nach dessen Kapitulation allzu generöse Friedensbedingungen anboten.

Als sich die Fehlschläge häuften, schlug die Stunde eines Mannes, der nicht aus einer großen Familie kam: Gaius Marius war ein *homo novus* und hatte in Numidien erfolgreich als Befehlshaber einer Legion operiert. Ihn wählte die Volksversammlung für 107 v. Chr. zum Konsul, mit dem Auftrag, das Oberkommando in Numidien zu übernehmen. Marius erfüllte die in ihn gesetzten Erwartungen so vollständig, dass er sich als Problemlöser in einer anderen Krise förmlich aufdrängte: 113 v. Chr. war Rom zum ersten Mal mit einer Gruppe wandernder Stämme in Berührung gekommen, die wohl ursprünglich in Jütland beheimatet gewesen und von dort aus, vielleicht von Naturkatastrophen vertrieben, zu ihrer vieljährigen Wanderung gen Süden aufgebrochen waren. Viermal hatten die Kimbern und Teutonen bereits römische Heere geschlagen, als Marius 104 v. Chr. als Konsul mit dem Oberbefehl betraut wurde. Bevor er aber gegen die Germanen zu Felde zog, packte er die längst überfällige Reform des römischen Militärs an: Er machte die Taktik den Erfordernissen asymmetrischer Kriegführung gefügig und professionalisierte das Heer, indem er durchsetzte, dass Soldaten besoldet und Veteranen mit Land abgefunden wurden. So öffnete er die Legionen für die besitzlosen Massen. Zugleich verbesserte er die Standards der Ausbildung. Marius verlangte viel von seinen Soldaten, aber im Gegenzug stellte der Militärdienst sozialen Aufstieg in Aussicht. Im Frühjahr 102 v. Chr. rieb er bei Aquae Sextiae (Aix-en-Provence) mit seiner runderneuerten Armee die Teutonen vollständig auf, im Folgejahr schlug er mit seinem Konsulatskollegen Quintus Lutatius Catulus die Kimbern bei Vercellae (Vercelli) ebenso vernichtend.

Marius war nun der unbestrittene starke Mann in der römischen Politik. Allerdings zerrann ihm sein Kapital durch ungeschicktes Lavieren und wenig Fingerspitzengefühl bei der Wahl seiner Bündnispartner rasch wieder zwischen den Fingern. Er unterstützte zunächst eine radikal-populare Gruppierung um Lucius Appuleius Saturninus und Gaius Servilius Glaucia, die 100 v. Chr. unter ihm als Konsul als Volkstribun bzw. Prätor amtierten. Das Trio schoss mit seiner Politik, gestützt auf Marius' Veteranen und die stadtrömische Unterschicht, immer offener gegen die Senatsmehrheit und scheute selbst vor gewaltsamen Aktionen nicht zurück. Nach langem Hin und Her stellte sich schließlich Marius, dem die Politik seiner Partner nicht mehr geheuer war, gegen Saturninus und Glaucia. Der Senat verhängte das SCU, und die beiden Rädelsführer wurden gelyncht. Das dritte populare Experiment nach Tiberius und Gaius Gracchus war gescheitert, der Stern des siegreichen Marius im Sinken begriffen.

Stetig an Aktualität gewonnen hatte seit den Reformen der Gracchen die italische Frage: Die Bundesgenossen der Römer hatten maßgeblichen Anteil an den außeritalischen Siegen der *res publica*, ohne aus ihrer Sicht angemessen an der Dividende beteiligt zu werden. Der Volkstribun Marcus Livius Drusus reagierte auf das Problem, indem er den italischen *socii* das römische Bürgerrecht in Aussicht stellte. Das war ein durchaus zweischneidiges Schwert: Die Römer selbst wachten mit Argusaugen über die Privilegien, für die das Bürgerrecht stand; die Bundesgenossen fürchteten den Verlust ihrer Autonomie. Drusus scheiterte mit seinem Vorstoß und wurde 91 v. Chr. ermordet. Die Bluttat war Auslöser für einen bis 88 v. Chr. wütenden Krieg der um ihre Hoffnungen auf einen fairen Interessenausgleich betrogenen Bundesgenossen gegen Rom, der mit einem vollständigen Sieg der Römer und – nur scheinbar paradox – der Ausweitung des Bürgerverbandes auf ganz Italien endete. So hatten die Italiker am Ende zwar die erstrebte Gleichberechtigung erwirkt, doch verloren sie ihre zuvor so hartnäckig behauptete politische und auch kulturelle Eigenständigkeit. Aus Italikern wurden, nicht nur dem Gesetz nach, Römer.

7. AMBITIONEN

Die Nobilität, die sich über die Jahrhunderte nach außen in monolithischer Geschlossenheit präsentiert hatte, war seit der Gracchenzeit tief gespalten; der Konsens, einst das Markenzeichen der Senatoren, war dahin. Immer mehr *nobiles* verweigerten sich der Standesdisziplin und versuchten, als Individuen auf Kosten der Gemeinschaft Profil zu gewinnen, Popularität und schließlich Macht zu erlangen. Aus den Methoden der Popularen hatte auch ein Mann seine Lehren gezogen, der bald zu ihrem tödlichen Gegner aufstieg: Lucius Cornelius Sulla. Der Spross einer verarmten patrizischen Sippe hatte unter Marius am Jugurtha-Krieg teilgenommen, 97 v.Chr. die Prätur bekleidet und danach die kleinasiatische Provinz Cilicia verwaltet. Der junge Sulla war politisch auf keines der ohnehin wenig erstarrten Lager festgelegt: Er hatte sich, um nach oben zu kommen, an Marius gebunden, dem er sich durch Begabung und Loyalität empfohlen hatte. Erst das Zerwürfnis mit dem Kimbernbesieger hatte ihn ins optimatische Lager getrieben, dessen Exponenten in Sulla bald den Hoffnungsträger erkannten, dessen sie so dringend bedurften. Sie protegierten ihn und förderten die Karriere des nahezu mittellosen Patriziers mit reichlich Geld. Mit dem Mauretanier Bocchus hatte Sulla in einem mit Rom befreundeten König einen weiteren Finanzier, der zu dem aufstrebenden Politiker ein besonders enges Nahverhältnis unterhielt.

88 v.Chr. wurde der im Bundesgenossenkrieg hochdekorierte Sulla Konsul. Per Los fiel ihm nach Ablauf seines Amtsjahres die Provinz Asia zu, inzwischen Kriegsgebiet: Der König Mithradates von Pontos und sein neuer Bundesgenosse und Schwiegersohn Tigranes von Armenien hatten 94 v.Chr. die kleinasiatischen Königreiche Bithynien und Kappadokien überfallen und waren später in Asia einmarschiert, wo sie die lokale Bevölkerung zu Massakern an dort lebenden Italikern aufgehetzt hatten, denen angeblich 150.000 Menschen zum Opfer fielen. Der Krieg hatte schließlich auf das griechische Mutterland übergegriffen.

Der Krieg gegen Mithradates versprach Ruhm und reiche Beute. Deshalb gab es viele, die Sulla sein Losglück missgönnten. Ein Volkstribun namens Publius Sulpicius Rufus agitierte besonders lautstark und erwirkte, dass die Volksversammlung Sulla sein Kommando wieder entzog und es Marius übertrug. Sulla reagierte darauf, indem er sein Heer gegen Rom in Marsch setzte und mit Gewalt erzwang, was er als sein Recht betrachtete. Vor dieser letzten Konsequenz des politischen Freund-Feind-Denkens waren bis dato alle zurückgeschreckt: Vor Sulla hatte es niemand gewagt, militärische Macht als Kampfmittel in der Innenpolitik einzusetzen. Die geheiligte Stadtgrenze, das *pomerium*, das die demilitarisierte Hauptstadt (*domi*) von einer immer als potenziell feindlich wahrgenommenen Außenwelt (*militiae*) schied, hatte die politischen Institutionen der *res publica* stets wirksam vor den Waffen der Soldaten geschützt. Auch wenn auf Komitium, Forum oder Kapitol nicht selten Tumulte getobt hatten, war Politik bis 88 v. Chr. noch immer eine zivile Angelegenheit, waren die aktiven Soldaten nur ohne Rüstung und Waffen, in ihrer Eigenschaft als Stimmbürger, ein politischer Faktor gewesen. Indem Sulla mit seinem Heer das *pomerium* überschritt und politische Entscheidungen mit militärischer Gewalt herbeizwang, öffnete er das Tor zum Bürgerkrieg mehr als nur einen Spaltbreit. Dass die Truppen ihm bei seinem Rechtsbruch folgten, verdankte er seinen persönlichen Führungsqualitäten, aber auch der Politisierung des Militärs, die der Heeresreform seines Erzrivalen Marius auf dem Fuße gefolgt war: Mit dem Krieg gegen Mithradates verknüpfte sich für die Soldaten die Aussicht auf ganze Schiffsladungen voll Beute. Sulla schien der beste Garant dafür, dass diese Hoffnungen Wirklichkeit wurden.

Doch kaum war Sulla mit seinem Heer gen Osten aufgebrochen, gewannen die Popularen in Rom erneut die Oberhand. Der Konsul Lucius Cornelius Cinna, ein eingefleischter Gegner Sullas, setzte sich 87 v. Chr. gegen seinen optimatischen Kollegen Gnaeus Octavius durch und errichtete, mit Marius als Galionsfigur, eine Schreckensherrschaft, der etliche in Rom verbliebene

Sulla-Anhänger zum Opfer fielen. Marius starb noch 86 v. Chr., doch veranlasste Cinnas Agieren in der Hauptstadt Sulla dazu, den Feldzug gegen Mithradates 85 v. Chr. vorzeitig abzubrechen: Das unruhige Kleinasien war nur unzureichend befriedet, als er – reich mit Beute beladen – den Rückweg antrat. Cinna, der sich ihm entgegenstellen wollte, fiel einer Meuterei seiner eigenen Truppe zum Opfer. In Rom herrschte der Ausnahmezustand. Dennoch brauchte Sulla über zwei Jahre, um sich den Weg in die Hauptstadt freizukämpfen, die er Ende 82 v. Chr. in Besitz nahm.

Sulla hatte auf ganzer Linie gesiegt. Sein Rachezug richtete sich zunächst gegen jene Italiker, die Cinna und seinen Bundesgenossen Gnaeus Papirius Carbo unterstützt hatten, vor allem die Samniten, von denen viele einer regelrechten Strafexpedition zum Opfer fielen. In Rom musste Sulla seiner faktischen Alleinherrschaft zügig den Anstrich der Verfassungskonformität geben. Beide Konsuln waren tot, und so war es Aufgabe eines vom Senat zu bestellenden Interrex, die Wahl neuer Konsuln in die Wege zu leiten. Eine solche Lösung aber lag nicht im Interesse Sullas. Er wollte die ganze Macht, und er sollte sie haben: Auf sein Betreiben hin wurde der *princeps senatus* Lucius Valerius Flaccus, Konsul des Jahres 100 v. Chr., zum Interrex bestellt; er trug Sulla die Diktatur an.

Für den neuen Machthaber stellte der anachronistische Rückgriff auf das eingemottete Instrument die einzige Möglichkeit dar, seine de facto außerkonstitutionelle Alleinherrschaft mit dem *mos maiorum* zu versöhnen, doch hatte die Stellung, die er ab 82 v. Chr. innehatte, mit der Diktatur traditioneller Prägung nicht das Mindeste gemein: Sulla wurde zum *dictator legisbus scribundis et rei publicae constituendae* berufen, konnte also ohne Beteiligung von Senat und Volk Gesetze erlassen und so im Alleingang den Staat ›in Ordnung bringen‹. Eine zeitliche Befristung dieser außerordentlichen Machtstellung war, auch das war unerhört, nicht vorgesehen.

Was tat Sulla mit der Allmacht, die ihm die Diktatur in die Hände gab? Zuerst rechnete er mit den politischen Gegnern ab, von denen es unzählige gab. Listen mit ihren Namen wurden ausgehängt; wer sich darauf wiederfand, war vogelfrei und wurde systematisch verfolgt. Dennoch entkamen etliche, darunter der nachmalige Diktator Gaius Julius Caesar, den Sulla später amnestierte. Kopfgelder wurden auf die Ergreifung der Geflüchteten ausgesetzt; Denunzianten- und Spitzeltum grassierten: Sklaven verrieten ihre Herren, Klienten den Patron, Freunde den Freund. Die Familien der Geächteten verloren ihr Vermögen, ihren Rang und ihr soziales Prestige. Auf die auf soziale Netzwerke und Nahverhältnisse von eigentlich unverbrüchlicher Treue und Solidarität gegründete römische Gesellschaft wirkten die Proskriptionen, wie der Staatsterror nach den Listen bald hieß, zutiefst zersetzend. Doch Sulla nahm nicht nur Rache an seinen Gegnern, er rottete ganze Familien mit Stumpf und Stiel aus und hatte damit auch erheblichen Einfluss auf die personelle Zusammensetzung der Nobilität. Deren Reihen füllten sich mit den Gefolgsleuten des Diktators, die für ihre Loyalität auch materiell großzügig belohnt wurden – vor allem aus den von den Proskribierten konfiszierten Vermögenswerten. Die Umverteilung setzte sich nach unten fort: Von Sullas Maßnahmen profitierten zunächst die Sklaven der Proskribierten, die freigelassen wurden und als Cornelii das römische Bürgerrecht erhielten. Sie alle, insgesamt an die 10.000 Menschen, blickten auf Sulla als ihren Wohltäter und bildeten, zusammen mit den Veteranen, die Hausmacht des Diktators. Die ehemaligen Soldaten, die Sulla durch Krieg und Bürgerkrieg hindurch die Treue gehalten hatten und jetzt billigerweise ihren Anteil erwarteten, siedelte Sulla in Italien auf Land an, das er zuvor italischen Grundbesitzern weggenommen hatte. Die Regionen Italiens, die sich zuvor als besonders aufmüpfig erwiesen hatten, Etrurien und Kampanien, wurden so demographisch völlig umgemodelt. Unter dem Druck der sullanischen Konfiskationen zerbrach vielerorts die *face-to-face-society*, die selbst in einem immer größer werdenden Imperium noch immer den Kitt gebildet hatte, der den republikanischen Staat zusammenhielt.

Am 29. Januar 81 v.Chr. feierte Sulla einen prachtvollen Triumph über Mithradates. Der Triumph war eines der wichtigsten Rituale der Republik: Der Sieger zog als Jupiter verkleidet an der Spitze seiner Soldaten, die Beutestücke aus dem Krieg präsentierten, durch Rom. Er war gleichsam Gott für einen Tag und trat danach zurück ins Glied der anderen Magistrate und Senatoren. Sullas Triumph hingegen dauerte zwei Tage. Am 30. Januar wiederholte sich das Schauspiel, mit ähnlicher Dramaturgie, aber in anderer Besetzung: Sulla brachte dem kapitolinischen Jupiter in feierlicher Prozession die Weihgaben zurück, die Marius' gleichnamiger Sohn in den Bürgerkriegswirren nach Praeneste hatte bringen lassen; ihm folgten die vor Cinna geflohenen Senatoren mit ihren Familien. Der Zug brachte beständig Hochrufe aus auf Sulla, den »Retter und Vater« – der Diktator feierte seinen Triumph über Mithradates, doch war für alle Welt sichtbar, dass er mit der Prozession auch seinen Sieg im Bürgerkrieg zelebrierte. Die Rückführung des Tempelschatzes und das Reiterstandbild auf dem Forum, das Sulla errichten ließ, waren innovative Elemente aristokratischer Selbstdarstellung im öffentlichen Raum der Hauptstadt. Sulla hatte einen weiteren Schritt getan auf dem Weg hin zur Monopolisierung dieses Raumes durch einzelne, mächtige Männer, die mit dem Prinzipat ihren Abschluss finden sollte.

Indes weist nur ein Teil von Sullas politischem Handeln nach vorne; ein mindestens ebenso großer Teil verrät, dass der Diktator durchaus der Vergangenheit verhaftet war. Entsprechende Maßnahmen zielten auf die Restauration eben der Nobilität, für die Sulla eigentlich zu sperrig geworden war: Sulla wertete den Senat auf und vergrößerte ihn, während der Einfluss der Ritter beschnitten und den Volkstribunen die Gesetzesinitiative genommen wurde. Außerdem sollte es Volkstribunen künftig verboten sein, sich um höhere Ämter im senatorischen *cursus honorum* zu bewerben. Für ehrgeizige Jungaristokraten, die ihre Karriere nicht in einer Sackgasse enden lassen wollten, konnte die Bewerbung um den Volkstribunat also keine Option mehr sein.

Sulla verteilte die Macht im Staat konsequent um, von unten nach oben, weg von Volk, Rittern und Tribunen, hin zum Senat und hierin zum engen Machtzirkel der Nobilität. Das Ziel bestand, wie die Titulatur des ›Diktators‹ verrät, darin, das in Schieflage befindliche politische System der Republik mittels Gesetzen (*legibus scribundis*) wieder ›in Ordnung‹ (*rei publicae constituendae*) zu bringen. Doch wer war Sulla? Will man einem Verständnis seiner Person näherkommen, so muss man nach den Motiven fragen: Was trieb den Offizier, den Senator, den Konsul, den Diktator an? Die Suche muss bei dem jungen Patrizier, Spross einer gefallenen Familie, beginnen. Nach römischen Begriffen hatte er, wollte er sein Leben nicht sinnlos vertun, dieses dem Erwerb von Ehre zu widmen. Im vom Freund-Feind-Denken beherrschten politischen Klima der Epoche musste er dazu bis zum Äußersten gehen: Er musste Ruhm auf dem Schlachtfeld erwerben und seine Gegner im Innern vernichten. Aus den Umständen erklärt sich seine unerbittliche Konsequenz, vom ersten Marsch auf Rom bis hin zu den Proskriptionen. Auf diese Weise wurde Sulla zum Revolutionär. Zugleich blieb er aber ein römischer Aristokrat: Die Kategorien, nach denen die Nobilität Erfolg und Ehre maß, waren auch die seinen. Die politische Ordnung als normative Bemessungsgrundlage war in den Unruhen seit Tiberius Gracchus ins Wanken geraten, aber es gab keine Alternative; ein neues Koordinatensystem für die Bewertung eines *nobilis* und seiner Leistungen war nicht in Sicht. Deshalb blieb Sulla keine Wahl: Er musste das System, das er selbst gesprengt hatte, restaurieren. Ab dem Moment, da er als Sieger des Bürgerkriegs feststand und als erster Römer nach der Vertreibung der Könige die ganze, ungeteilte Macht in Händen hielt, befand er sich in einem Dilemma: Was war mit dieser Macht anzufangen? Wo war sein Platz in einer Ordnung, die eine solche Machtfülle nicht vorsah? Sulla wählte als institutionellen Rahmen die Diktatur, doch sie konnte nicht mehr sein als eine Behelfskonstruktion: Zu fadenscheinig war der Versuch, der revolutionären Macht das Mäntelchen des *mos maiorum* umzuhängen. In letzter Konsequenz musste Sulla daher zurücktreten, weil er selbst die Ordnung störte, die er restauriert hatte. Seine Lösung verrät, dass der Diktator noch keine Alternative zur Herrschaft der Nobilität denken konnte. Im selben Dilemma wie er steckten später noch zwei andere Männer: Caesar und sein Adoptivsohn, der spätere Augustus. Die Lösungen, die sie fanden, besiegelten das Schicksal der Republik.

Sulla legte die Diktatur 79 v. Chr. nieder und starb wenig später. Sogleich zerfiel die von ihm geschaffene Ordnung. Spanien war in der Hand des irrlichternden Quintus Sertorius, der einst vom Optimaten zum Gefolgsmann Cinnas mutiert war. Gegen ihn schickte der Senat 77 v. Chr. den noch nicht 30-jährigen Gnaeus Pompeius ins Feld, der zwar Sertorius nicht entscheidend schlug, aber mit seiner Offensive dafür sorgte, dass dieser von seinem Stellvertreter hinterrücks ermordet wurde. Während in Spanien noch gekämpft wurde, erschütterte ab 73 v. Chr. ein weiterer Sklavenaufstand Italien, der in Kampanien seinen Ausgang genommen hatte und von Spartacus, einem Gladiator, angeführt wurde. Spartacus besiegte mehrere römische Heere und erhielt immer mehr Zulauf: 120.000 geflüchtete Sklaven sollen sich ihm angeschlossen haben. Erst als mit Marcus Licinius Crassus ein ehemaliger Sulla-Anhänger, der zu sagenhaftem Reichtum gelangt war, das Kommando gegen Spartacus übernahm, wendete sich das Kriegsglück. Er trieb das schrumpfende Heer der Sklaven auf der Stiefelspitze zusammen und ließ die überlebenden 6000 Rebellen entlang der Via Appia kreuzigen.

Crassus und der als Sieger aus Spanien heimgekehrte Pompeius waren die kommenden Männer in Rom. Einander in herzlicher Rivalität verbunden, bekleideten sie doch gemeinsam den Konsulat des Jahres 70 – und arbeiteten gedeihlich zusammen: Gemeinsam machten sie etliche der sullanischen Reformen rückgängig und trafen Maßnahmen, die ihnen die Sympathie der breiten Masse einbrachten. Sehnsüchtig erwartete Pompeius, der sich nur widerwillig dem Kleinklein der römischen Tagespolitik widmete, ein neues militärisches Kommando, das er 66 v. Chr. erhielt: Im östlichen Mittelmeer machten Piraten die Handelsrouten unsicher. Mit ihnen räumte Pompeius zügig auf. Direkt im Anschluss wurde er mit der Nachfolge des Lucius Licinius Lucullus betraut, der seit 74 v. Chr. glücklos im Krieg gegen Mithradates von Pontos agiert hatte. Pompeius entschied auch dieses Kräftemessen im Handumdrehen für sich und fand sich in einer Position wieder, in der er, wie ein neuer Alexander der Große, unter den lokalen Potentaten nach Gutdünken Diademe verteilen und entziehen konnte. Auf dem Territorium des verbliebenen seleukidischen Rumpfreiches richtete er die römische Provinz Syria ein, die zur Schaltzentrale für einen ganzen Kranz von Klientelfürstentümern wurde. Eines dieser Territorien war Judäa, in dem zwei Angehörige der hasmonäischen Priesterdynastie um die Macht stritten. Die Römer wurden in den Bürgerkrieg hineingezogen; drei Monate lang musste Pompeius 63 v. Chr. den Tempelberg in Jerusalem belagern. Als er ihn schließlich eingenommen hatte, betrat er im Kreis seiner Offiziere das Allerheiligste und verstieß damit gegen ein religiöses Tabu. Die Empörung, die dieser erste Besuch eines römischen Imperiumsträgers unter den Juden auslöste, ließ nichts Gutes ahnen für das Verhältnis zwischen dem Imperium und seinen jüdischen Untertanen.

Pompeius kehrte im Winter 62/61 v. Chr. im Triumph nach Rom zurück. Hinter der Hauptstadt lag ein turbulentes Jahr: Lucius Sergius Catilina, ein ehemaliger Sulla-Anhänger und Protegé des Crassus, hatte mehrfach vergeblich versucht, den Konsulat zu erringen. Als im Herbst 63 v. Chr. seine Wahl abermals zu scheitern drohte, hatte er als Ultima Ratio Veteranen anwerben lassen und mit einem Kreis von Mitverschwörern einen Staatsstreich geplant. Der Konsul des Jahre 63, kein Geringerer als Marcus Tullius Cicero, der Starredner, *homo novus* und Frontmann der Optimaten im Senat, hatte das Vorhaben aufgedeckt, ein SCU erwirkt und mit den verhafteten Verschwörern kurzen Prozess machen lassen. In die Erleichterung über die Rettung vor Catilina hatten sich bald Zweifel an der Rechtmäßigkeit von

Ciceros Vorgehen gemischt. Immerhin hatte er römische Bürger ohne ordentliches Verfahren hinrichten lassen. Cicero hatte sich mit seinem Rigorismus einflussreiche Gegner geschaffen. Seine Nemesis wurde Publius Clodius Pulcher, ein verkrachter Patrizier, der im radikalen Flügel der Popularen hospitierte und als Volkstribun 59 v. Chr. dafür sorgte, dass Cicero ins Exil gehen musste. Fortan widmete sich Cicero, politisch kaltgestellt von Clodius' Bundesgenossen Caesar, der Schriftstellerei.

Die Fehde zwischen dem schließlich 52 v. Chr. von dem Optimaten Titus Annius Milo ermordeten Clodius und Cicero war allerdings ebenso ein Schaukampf wie im Grunde auch die als ›Catilinarische Verschwörung‹ in die Geschichtsbücher eingegangene Affäre des Jahres 63. Denn den politischen Raum der Republik beherrschten längst andere: der Heimkehrer Pompeius mit dem Ruhm, den er auf fernen Schlachtfeldern errungen hatte; der einflussreiche Netzwerker Crassus mit seinem unermesslichen Reichtum, und der politische Newcomer Gaius Julius Caesar, der mit seinem Ehrgeiz, seiner Kaltblütigkeit und seiner strategischen Begabung alle anderen in den Schatten stellte. Gemeinsam war den dreien, dass sie nicht bereit waren, sich in den von der Nobilität vorgegebenen Konsensrahmen zu fügen; sie fühlten sich in ihrem Ehrgefühl, *dignitas*, gekränkt, weil die von Marcus Porcius Cato, dem Prätor des Jahres 54 v. Chr., angeführte Senatsmehrheit sie ihrer Wahrnehmung nach nicht adäquat für ihre Verdienste um die *res publica* belohnte. Deshalb fassten sie den Beschluss, dass »nichts im Staate geschehen solle, was einem von ihnen dreien missfiele.« Der gemeinsame Wille zur Macht ließ die drei Männer ihre Rivalität für den Moment zurückstellen: Ein Machtkartell war geboren, das in Analogie zu dem Bündnis, das später der junge Caesar, Antonius und Lepidus schlossen, als ›Erstes Triumvirat‹ bezeichnet wird.

Erstes gemeinsames Projekt war die Wahl Caesars zum Konsul, die dank reichlich fließender Gelder für 60 v. Chr. glückte. Die Senatsmehrheit hatte Calpurnius Bibulus gegen ihn ins Rennen geschickt, der ebenfalls gewählt wurde, aber von Caesar so vollständig neutralisiert wurde, dass Spaßvögel das Wort vom Konsulatsjahr ›des Julius und des Caesar‹ in Umlauf brachten. Caesar bediente sich, unter Umgehung des Senats, konsequent der popularen Methode und scheute auch nicht davor zurück, seine Gegner durch die Androhung von Gewalt einzuschüchtern. Der wichtigste Erfolg von Caesars Konsulat bestand darin, dass sein Gefolgsmann, der Volkstribun Publius Vatinius, ein Plebiszit durchbrachte, das Caesar für seinen Prokonsulat die Provinz Gallien zuwies. Seine Wahl war nicht zufällig auf Gallien gefallen: Zwar versprach die Nordwestperipherie längst nicht so viel Reichtum wie der Osten, doch hatte Caesar hier die Chance, sich endlich als Heerführer zu profilieren, der sich, was militärischen Ruhm anging, nicht länger hinter Pompeius zu verstecken brauchte. Caesar musste nicht lange warten. Im Gebiet der Stämme nördlich der römischen Gallia Narbonensis stiftete mit Ariovist ein Kriegsherr Unruhe, der aus dem rechtsrheinischen Suebenland stammte. Außerdem begaben sich die von anderen Stämmen bedrängten Helvetier, die in der heutigen Schweiz ansässig waren, auf Wanderschaft, die sie durch die Narbonensis führen musste. Für Caesar war das Grund genug loszuschlagen. Er besiegte die Helvetier und wandte sich dann gegen Ariovist. Noch 58 v.Chr. siegte Caesars Heer, nach anfänglichen Schwierigkeiten, bei Vesontio (Besançon) entscheidend über dessen Aufgebot. Caesar wandte sich daraufhin nach Norden, wo, nördlich von Marne und Seine, die Belger siedelten – ›Belger‹ war die von Caesar benutzte Sammelbezeichnung für ein Konglomerat von Stämmen, die sich zum Teil den rechtsrheinischen Völkern verbunden fühlten. Mehrere dieser Stämme rüsteten zum Krieg, wurden aber von Caesar – der hier sein ganzes taktisches Können zeigte – im Sommerfeldzug des Jahres 57 v.Chr. einer nach dem anderen besiegt; 56 v.Chr. folgten mit Aremorikern und Aquitanern Stammesgruppen, die im Westen Galliens beheimatet waren, entlang der Atlantikküste. An den um die Loiremündung siedelnden Venetern statuierte Caesar ein Exempel: Der gesamte Stamm wurde vernichtet – der Prokonsul konnte nach

Rom melden, »ganz Gallien« sei »befriedet worden«. Dort wurde ihm eine bisher nie da gewesene Ehre zuteil: Der Senat beschloss, sich bei den Göttern für den vermeintlich erfolgreichen Abschluss des Eroberungsfeldzugs in Gallien mit einem 15-tägigen Dankesfest, einer *supplicatio*, zu revanchieren.

Auf welch tönernen Füßen indes die römische Herrschaft in Gallien stand, offenbarte ab 55 v. Chr. eine Serie von Revolten; die ernsteste Bedrohung nicht nur für das römische Gallien, sondern auch für Caesars weitere politische Karriere stellte der von Vercingetorix, dem Häuptling des keltischen Stammes der Arverner, angeführte Aufstand dar. Das brutale Vorgehen der Römer gegen jede Art des Ungehorsams hatte schon früh den Willen zum Widerstand entfacht. Vercingetorix' Bewegung erhielt rasch enormen Zulauf auch über die Grenzen seines eigenen Stammes hinaus. Die Aufständischen eroberten Gergovia zurück, die Hauptstadt der Averner, jagten die Römerfreunde aus der Stadt und erhoben Vercingetorix zum König, der »in alle Richtungen« Gesandte zu den übrigen gallischen Stämmen ausschwärmen ließ, die einen Eid auf ihre Gefolgschaftstreue leisteten.

Für Caesar kam der Aufstand zur Unzeit: Der Ruhm seines Sieges war verblasst, seit auch in Rom offenbar geworden war, wie fadenscheinig die »Befriedung« Galliens war, die der Prokonsul in die Hauptstadt gemeldet hatte. Vercingetorix, der um den Stimmungsumschwung in Rom wusste, hielt Caesar hin, indem er ihm einen zähen Belagerungskrieg aufzwang; die Legionäre des Prokonsuls, die im Westen Galliens Stadt um Stadt erst einschließen und dann mühsam erobern mussten, zermürbte er zusätzlich, indem er Gehöfte und Felder verbrannte und sie so von jeder Nahrungsmittelzufuhr abschnitt. Eine nach Bibracte, in den Hauptort der Haeduer, einberufene Versammlung der gallischen Stammesnotabeln bestätigte den Oberbefehl des Vercingetorix, der sich jedoch mit seinem Appell zur Fortführung der Hinhaltetaktik nicht durchsetzen konnte: Die Mehrheit der Gallier drängte auf die offene Auseinandersetzung, so dass Vercingetorix gezwungen war, sich am Fluss Armançon zur Schlacht zu stellen. Das gallische Heer unterlag der germanischen Reiterei, die Caesar angeworben hatte, und Vercingetorix zog sich in das befestigte Alesia zurück. Dort wurde er – nach Caesars Angaben zusammen mit 80.000 Kriegern – von 70.000 Legionären eingeschlossen, die die ganze Kunstfertigkeit römischer Belagerungstechnik aufboten, um zuerst ein gallisches Entsatzheer mit weiteren 250.000 Mann abzuwehren und schließlich 52 v. Chr. Alesia einzunehmen. Selbst wenn man Caesars Zahlenangaben in Zweifel zieht, war die Eroberung Alesias, wo Vercingetorix vor Caesar kapitulierte, ein grandioser, obgleich mit viel Blut erkaufter Sieg. Gallien war nun wirklich unterworfen. Caesar machte sich daran, seiner Version der Ereignisse literarische Gestalt zu geben: So ausgereift ist die Sprachkunst seiner *commentarii*, dass sie bis heute Pflichtlektüre für Lateinschüler sind. Der Prokonsul hatte noch den Widerstand einzelner Stämme, darunter Carnuten und Eburonen, zu brechen, bevor er sich dem administrativen Aufbau der neuen Provinz Gallia Transalpina widmen konnte. Zur Rückkehr nach Italien schickte sich schließlich ein finanziell sanierter Caesar an, dessen *dignitas* die Republik und ihre Institutionen nicht mehr viel zu bieten hatten.

In Italien war unterdessen einer der Akteure von der Bühne abgetreten. Crassus hatte in puncto Sieghaftigkeit mit seinen Triumviratskollegen gleichziehen und im Krieg gegen die Parther unsterblichen Ruhm erlangen wollen. Doch statt im Triumph durch Rom zu ziehen, lag er 53 v. Chr. zusammen mit Tausenden seiner Soldaten tot im Wüstensand Mesopotamiens. Bei Karrhai war das römische Heer von den Parthern vollständig vernichtet worden. Die Schlacht begründete eine fast 300-jährige, sich immer wieder in Kriegen entladende Erbfeindschaft zwischen den beiden Imperien; in Rom leitete sie das Ende der Interessenkoalition zwischen Caesar und Pompeius ein.

8. VABANQUE

Der Sieger über Mithradates suchte gegen Ende der 50er Jahre die Nähe zur Senatsmehrheit. Er heiratete eine Tochter des Quintus Caecilius Metellus Scipio Nasica, eines in der Wolle gefärbten Optimaten. In bester sullanischer Tradition brachte er Gesetze ein, die eine Karenzzeit zwischen Magistratur und Promagistratur festlegten, der Bestechung der Volksversammlung bei Wahlen einen Riegel vorschieben sollten und die Eröffnung von Gerichtsverfahren erleichterten. Außerdem sollten Bewerbungen um Magistraturen, die zwischenzeitlich auch in absentia erfolgen konnten, wieder nur persönlich eingereicht werden können. Als Erfolg konnte Pompeius verbuchen, dass der Terror, der Roms Straßen nach Clodius' Ermordung unsicher gemacht hatte, allmählich abebbte. Mit einem Teil seiner Gesetze zielte er ganz unverhohlen auf Caesar, dessen Abberufung aus Gallien besonders radikale Optimaten jetzt lautstark forderten: Caesars Kommando sollte regulär am 1. März 50 v. Chr. enden. Die Sichtweise der Senatsmehrheit, dass zu diesem Termin ein Nachfolger zu entsenden sei, machte sich – öffentlich auf einer Senatssitzung im September 51 v. Chr. – auch Pompeius zu eigen.

Caesar musste spätestens jetzt klar sein, dass ihm der Wind aus Rom kräftig ins Gesicht blies und er tatsächlich Gefahr lief, sein Kommando zu verlieren. Durch Crassus' und Clodius' Tod sowie Pompeius' Abdriften ins Lager der Optimaten war der Prokonsul politisch nahezu völlig isoliert. Dennoch konnte Caesar die Abberufung mit Hilfe einflussreicher Freunde hinauszögern.

Ende 50 v. Chr. machte in Rom das Gerücht die Runde, Caesar befinde sich mit zehn Legionen im Anmarsch auf die Stadt. Dies nahm der Konsul Marcellus gemeinsam mit seinen designierten Nachfolgern zum Anlass, um Pompeius den Schutz der *res publica* anzutragen: In dramatischer Geste reichte er dem Ex-Triumvirn ein Schwert, übertrug ihm das Kommando über zwei in Italien stehende Legionen und ermächtigte ihn zu weiteren Aushebungen. Durch die republikanische Ordnung, als deren

Sachwalter sich Pompeius und die Optimaten ausgaben, war ein solcher Schritt nicht gedeckt. Pompeius nahm dennoch an und reiste zu den Truppen nach Kampanien.

Weil er nicht daran glaubte, dass er Caesars kampferprobte Verbände an einer Invasion Italiens würde hindern können, trieb Pompeius die Aushebungen auf der Halbinsel voran, konzentrierte seine Truppen aber in Apulien. Von hier aus konnte er sich bequem in die Provinzen einschiffen, sobald die Lage in Italien unhaltbar werden würde. Caesars Gegner operierte aus dem Bewusstsein heraus, dass seine Ressourcen über die gesamte römische Welt verteilt waren: Er verfügte über Legionen in Spanien, über die Seeherrschaft im Mittelmeer einschließlich der großen Inseln und vor allem über das Netzwerk persönlicher Loyalitäten, das er in seiner Zeit im Osten geknüpft hatte, und damit über alle Provinzen östlich der Adria. Von dieser Basis aus, so glaubte er, würde sich der Kampf gegen den in Italien isolierten Caesar gewinnen lassen. Caesar indes handelte – schneller als seine Gegner es für möglich gehalten hätten: Ohne die Ankunft seiner zehn noch im transalpinen Gallien stehenden Legionen abzuwarten, sandte er fünf Kohorten aus, um Etrurien zu besetzen; mit fünf weiteren Kohorten überschritt er am 10. Januar 49 v. Chr. den Rubico, ein Flüsschen, das die Grenze zwischen der Gallia Cisalpina und Italien markierte, und marschierte auf die Stadt Ariminum zu. »Der Würfel ist geworfen«, soll Caesar beim Überqueren des Flusses seinen griechischen Lieblingsdichter Menander zitiert haben.

Der Rubico markierte für Caesar, aber auch für alle anderen Parteien, den Punkt ohne Wiederkehr, hinter dem der Bürgerkrieg unausweichlich war. Dadurch, dass Caesar den Senatsbeschluss ignorierte, der ihn zum Privatmann erklärte, machte er sich zum Gesetzlosen, ja zum Staatsfeind. Seinen Vormarsch bremste das nicht: Caesar eroberte mit seinen kampferprobten Legionen aus dem Gallischen Krieg in Windeseile Italien, das er bis Mitte März 49 v. Chr. vollständig in seiner Gewalt hatte. Überall ließ er Milde, *clementia*, gegenüber seinen Gegnern walten und inszenierte sich so als Mann des Ausgleichs, bei dem die republikanische Tradition in besten Händen war.

Pompeius setzte unterdessen mit seinem Heer auf den Balkan über, nach Dyrrhachium. Caesar folgte ihm mitten im Winter 49/48 v.Chr. Am 9. August 48 v.Chr. prallten Caesars Heer und die ihm doppelt überlegene Streitmacht des Pompeius beim thessalischen Pharsalos aufeinander. Trotz ihrer Unterzahl gingen Caesars in Gallien gestählte Legionäre als Sieger vom Platz. Pompeius gab die Schlacht verloren und suchte sein Heil in der Flucht, die in Ägypten endete. Dort schlug ein Offizier der römischen Garnison dem Mann, dem Könige gehuldigt hatten und der dreimal römischer Konsul gewesen war, den Kopf ab.

In einer Serie kurzer Kriege erstickte Caesar den letzten Widerstand, der sich in den Provinzen noch gegen ihn regte. Die folgenreichste dieser Episoden war das *bellum Alexandrinum*, ein dynastischer Konflikt in Ägypten, in den Caesar auf Seiten der Königin Kleopatra VII. eingriff. Folgenreich war die Aktion, weil im Zuge der Kämpfe die Bibliothek von Alexandreia, einer der größten Wissensschätze der Antike, ein Raub der Flammen wurde. Folgenreich war sie auch deshalb, weil der Krieg Auftakt war zu einer schon in der Antike leidenschaftlich diskutierten Liaison zwischen Caesar und Kleopatra. Kleopatra trug die Frucht ihres Bündnisses mit Caesar im Leib: Ptolemaios XV. oder Kaisarion, der ›kleine Caesar‹, wie ihn alle nannten, hätte – wäre Caesar nicht ermordet worden – womöglich das erste Glied einer neuen Dynastie werden können, die in sich Elemente von Roms lateinischem Westen und des griechisch-hellenistischen Ostens vereint hätte, für den Kleopatra stand. Eine von den Pompeius-Söhnen Gnaeus und Sextus angefachte Meuterei in Spanien unter Beteiligung mehrerer Legionen schlug Caesar am 17. März 45 v.Chr. bei Munda nieder.

Caesar war damit unbestritten der mächtigste Mann der römischen Welt – und blieb es fast genau ein Jahr lang, bis zu seiner Ermordung am 15. März 44 v.Chr. Das Problem bestand wiederum darin, dass das politische System der Republik für die Macht, die er errungen hatte, keinen Platz bot. Das Königtum war mit einem Tabu belegt, das auch Caesar nicht zu brechen wagte, und die Diktatur, die er ab Anfang 44 v.Chr. auf Lebenszeit (*perpetuo*) bekleidete, war nichts als ein fadenscheiniger Notbehelf. Befürchtungen, er strebe allen Beteuerungen zum Trotz doch nach der Monarchie, entkräftete der Diktator nur halbherzig. Zwar wies er das Diadem, das ihm Marcus Antonius reichte – sein Stellvertreter in der Diktatur und engster politischer Gefolgsmann – in einer hochsymbolischen Geste zurück. Doch was half das, wenn er als *dictator perpetuo* auf unabsehbare Zeit das höchste Amt der Republik besetzt hielt? Der Vabanquespieler Caesar hatte 45 v.Chr., mit Mitte fünfzig, fast alles erreicht, was er sich vorgenommen hatte. Für die Schaffung einer völlig neuen Geschäftsgrundlage für die *res publica*, wie später unter Augustus, war die Zeit noch nicht reif. Caesar mangelte es dazu wohl auch an politischer Phantasie. Er war ein Mann der Tat, ein Stratege, aber kein konzeptioneller Denker. Deshalb stürzte er sich schon im Winter 45/44 v.Chr. in die Vorbereitungen für den nächsten Krieg: Bereits im Frühjahr wollte er nach Osten aufbrechen und gegen die Parther ziehen, die 53 v.Chr. Crassus besiegt und getötet hatten. Der Krieg gegen das Reich im Osten versprach reiche Beute und alles Bisherige in den Schatten stellenden Ruhm für den Sieger. Würde Caesar einst als Rächer des Crassus nach Rom heimkehren, so würde sein Stern heller strahlen als selbst derjenige Alexanders.

So mochten es mindestens seine noch immer zahlreichen Gegner in Rom sehen, die es wurmte, dass der Dauerdiktator ihrem Ehrgeiz mit seiner schieren Präsenz enge Grenzen setzte. Für Caesar selbst sollte der Partherkrieg eine Flucht an den Ort sein, an dem er seine Fähigkeiten am besten zur Geltung bringen und die äußerste Ehre erwerben konnte: an die Spitze seiner kampfgestählten Legionen. Drei Tage vor dem geplanten Aufbruch, am 15. März 44 v.Chr. – den berühmten Iden des März –, wurde Caesar ermordet. Das Attentat im Pompeiustheater, wo der Senat tagte, geschah nicht aus heiterem Himmel; Teile der

Nobilität trachteten Caesar schon geraume Zeit nach dem Leben. Den Kern der Verschwörerzelle bildeten zwei Männer, die eigentlich zur engsten Umgebung Caesars gehörten: Gaius Cassius Longinus, dem Caesar zur Prätur verholfen hatte und der 43 v. Chr. die wichtige Provinz Syria als Statthalter übernehmen sollte, und Marcus Junius Brutus, der sich im Bürgerkrieg Pompeius angeschlossen hatte, dann aber von Caesar begnadigt und in seiner Karriere gefördert worden war. Rund 60 Senatoren hatten sich den beiden im Geheimen angeschlossen und stachen an den Iden des März auf den Diktator ein, der unter 23 Dolchstichen zu Füßen einer Pompeius-Statue zusammenbrach.

9. AGONIE

Caesar hatte sein Vabanquespiel verloren, aber die Verschwörer hatten ihres noch nicht gewonnen. Tatsächlich zerrann ihnen der Erfolg ihres Coups innerhalb weniger Tage zwischen den Fingern. Sie hatten gleich mehrfach die Rechnung ohne den Wirt gemacht: Erstens hatten sie die Energie von Caesars Stellvertreter, dem Konsul Marcus Antonius, fahrlässig unterschätzt; zweitens hatten sie nicht einkalkuliert, dass das Heer, das Caesar blind gefolgt war, ein politischer Machtfaktor ersten Ranges war, und drittens hatten sie nicht mit dem plötzlichen Erscheinen eines Mannes gerechnet, der auf der politischen Bühne eigentlich nichts zu suchen hatte: Caesars Großneffe Gaius Octavius war 18 Jahre jung, entstammte einer Familie ohne nennenswerten Einfluss und wartete in Apollonia darauf, in Caesars Partherkrieg ziehen zu dürfen. Per Testamentsverfügung hatte Caesar Octavius adoptiert und zum Alleinerben bestimmt. Zur Erbmasse, die vom Vater auf den Sohn überging, gehörte nach römischem Verständnis auch das Ensemble sozialer Beziehungen, die ein prominenter *nobilis* unterhalten hatte: Freund- und Feindschaften und natürlich ebenso der Anhang von Klienten, die an das Oberhaupt einer mächtigen Familie gebunden waren. Gaius ›erbte‹ also, wenigstens potenziell, die Loyalität von Caesars Gefolgschaft aus Soldaten, Veteranen und dankbaren Plebejern, die durch dick und dünn zu dem Diktator gehalten hatten und deren Hoffnungen jetzt auf seinem Adoptivsohn ruhten.

Für den 18-jährigen Gaius war die Adoption ein wenigstens zweischneidiges Schwert: Wer war er, um in die Fußstapfen des großen Caesar zu treten? Vor allem war die Prominenz, die ihm seine neue Rolle eintrug, gefährlich – lebensgefährlich. Der junge Caesar, wie er sich jetzt nennen durfte, nutzte seine einzige Chance und nahm das Erbe an. Er bemächtigte sich der Kriegskasse, die Caesar für den Partherkrieg bereits auf den Balkan hatte schaffen lassen, und setzte mit kleinem Gefolge auf die italische Halbinsel über, wo er – inzwischen war es April geworden – nicht weit von Brundisium landete. In der Stadt wimmelte es von Militär, schließlich hatte Caesar hier einen Großteil des für den Partherkrieg bestimmten Heeres versammelt. Die Soldaten bereiteten Caesars Erben einen begeisterten Empfang. Der junge Caesar suchte und fand Kontakt zu führenden Männern aus dem Umfeld seines Adoptivvaters – und zu Cicero, dem der Tod seines Widersachers Caesar die Chance bot, wieder in der Politik mitzumischen.

Ciceros Hauptgegner wurde bald Marcus Antonius. Der hatte mit dem zum Fanal gewendeten Leichenbegängnis für Caesar einen Coup gelandet, der ihn zu einem ernsthaften Anwärter auf die Nachfolge machte. Antonius' Position war dennoch alles andere als gefestigt: Er galt als Kreatur Caesars und zählte eine Reihe namhafter Senatoren zu seinen Feinden. Schwerer wog, dass die Anhängerschaft, die er sich nach Caesars Tod erworben hatte, kaum als besonders solide gelten konnte; ob sie größeren Belastungen standhalten würde, musste sich erst noch zeigen. Kaum kalkulierbar war außerdem, was das plötzliche Auftauchen von Caesars Adoptivsohn für Antonius bedeuten würde: Anfang Mai 44 v. Chr. traf der junge Caesar in Rom ein und trat offiziell sein Erbe an. Der Volkstribun Lucius Antonius,

Marcus' Bruder, lud ihn dazu ein, sich vor der Volksversammlung den Römern zu präsentieren – Antonius war bemüht, sich alle Optionen offen zu halten: Er suchte den Kontakt zu den übrigen Caesarianern, zur Senatsmehrheit mit Cicero als ihrem Hauptexponenten und zu dem jungen Erben; er warb um die für Caesar eingenommene Plebs wie um die Soldaten des Diktators, die er Ende April in Kampanien besuchte, und ließ zugleich den Gesprächsfaden zu Caesars Mördern nicht abreißen.

Die hielt es nicht lange in Rom. Antonius hatte die ›Befreier‹ durch Übertragung diverser Ämter in den Provinzen auf die sanfte Tour zum Verlassen Italiens aufgefordert, doch am Ende trug ihre Abreise den Charakter einer Flucht. Ihre Zerstreuung über die Provinzen schaltete die Caesarmörder als Akteure zunächst aus. Die Antagonisten, die sich aus dem durch die Iden des März ausgelösten Machtkampf herausschälten, waren also der junge Caesar und Antonius: Der eine trug Caesars Namen, der andere war sein engster politischer Weggefährte gewesen. Sie allein verfügten über genügend Anhänger, sie allein waren – vorerst – in der Lage, Soldaten in nennenswerter Zahl aufzubieten. Die Senatsmehrheit um Cicero hatte diese Option nicht. Sie war daher gezwungen, zwischen den Polen zu lavieren – und schlug sich, nach kurzer Bedenkzeit, mehrheitlich auf die Seite des jungen Caesar.

Caesars früherer Stellvertreter und sein Adoptivsohn hatten sich im Streit um Caesars Vermögen entzweit: Da Antonius die Auszahlung verweigert hatte, hatte der junge Caesar seine Besitztümer verkauft, um wenigstens einen Teil der von seinem Adoptivvater festgesetzten Legate an die römischen Bürger auszahlen und die noch von diesem selbst angekündigten Festlichkeiten zu Ehren der Siegesgöttin veranstalten zu können – der 18-Jährige präsentierte sich der römischen Öffentlichkeit nicht nur als Volksfreund, sondern auch als jemand, der dem Toten in unerschütterlicher *pietas* verbunden war. Nur die offene Befehlsverweigerung der Veteranen verhinderte den Bruderkrieg zwischen dem jungen Caesar und Antonius, der im Herbst 44

v. Chr. kampflos die Hauptstadt verließ und sich zu den vier in Brundisium aus Makedonien eingetroffenen Legionen begab. Im Dezember agitierte Cicero, mit seiner Dritten Philippischen Rede, im Senat gegen Antonius und setzte durch, dass der Konsul zum Staatsfeind erklärt wurde. Im Januar 43 v. Chr. nahm der Senat, wieder auf Betreiben Ciceros, den noch nicht 20-jährigen jungen Caesar in seine Reihen auf und überhäufte ihn mit Ehrungen wie dem Privileg, sich zehn Jahre vor Erreichen des gesetzlichen Mindestalters um alle Ämter bewerben zu können.

Inzwischen hatte Antonius den Kampf gegen die Caesarmörder aufgenommen und mit seiner militärischen Übermacht den Caesarmörder Decimus Brutus dazu gezwungen, die Cisalpina zu räumen, um ihn nun in Mutina (Modena) zu belagern. Ein Senatsheer, das von den Konsuln Hirtius und Pansa sowie von dem nun auf Senatslinie eingeschwenkten jungen Caesar befehligt wurde, sollte Mutina entsetzen. Die Konsuln fielen zwar in der Schlacht, doch dem jungen Caesar gelang es, Antonius zum Abzug zu zwingen. Zugleich nahmen Marcus Brutus und Cassius Longinus in den östlichen Provinzen Aushebungen vor: Das Lager der Caesarmörder formierte sich neu.

Die Senatsmehrheit glaubte, aus einer Position der Stärke heraus zu handeln: Cicero hielt engen Kontakt zu den Caesarmördern und zu Sextus Pompeius, dem Sohn des Gnaeus Pompeius, der Spanien kontrollierte und später nach Sizilien auswich, von wo aus er das Tyrrhenische Meer beherrschte. Für entbehrlich hielt man nun hingegen den jungen Caesar, der nach dem *bellum Mutinense* mit einer *ovatio*, einer Art Triumphzug zweiter Klasse, abgefunden wurde und politisch völlig isoliert war. Unterdessen war es Antonius gelungen, sich den Weg nach Gallien freizukämpfen, wo er sich mit dem Konsular Marcus Aemilius Lepidus zusammentat, der dort sieben Legionen befehligte und in einer Allianz mit Antonius seine Chance witterte. Decimus Brutus konnte es mit diesem Heer nicht aufnehmen und trat den Rückzug an. Gleichzeitig wurde der junge Caesar aktiv, mit dessen Wendigkeit man im Senat nicht gerechnet hatte: Er stellte alle Operationen gegen Antonius ein und wurde in Rom vorstellig, um für sich einen der vakant gewordenen Konsulate zu fordern. Als die Antwort erwartungsgemäß negativ ausfiel, rückte er an der Spitze seines Heeres gegen Rom vor. Zwei Legionen, die der Senat zur Verteidigung der Hauptstadt in Marsch setzte, liefen prompt zu Caesars Erben über. In die Enge getrieben, mussten die Senatoren seine Forderungen erfüllen.

So war der Boden bereitet für das Bündnis, das der junge Caesar, Antonius und Lepidus Ende Oktober 43 v. Chr. auf ihrer Zusammenkunft in Bononia (Bologna) besiegelten. Auf der Konferenz, die das sogenannte Zweite Triumvirat einläutete, teilte man die Provinzen unter sich auf: Lepidus erhielt Spanien und die Narbonensis, Antonius die Cisalpina sowie das nördliche Gallien und der junge Caesar Italien und mit Afrika, Sardinien und Sizilien drei Provinzen, die von Unruhen erschüttert und durch Sextus Pompeius bedroht wurden. Die am 27. November 43 v. Chr. beschlossene *lex Titia* übertrug den Triumvirn das konsularische *imperium* und ermächtigte sie, ohne Konsultation von Senat und Volksversammlung Gesetze zu beschließen sowie Kandidaten für die Magistraturen vorzuschlagen. Die erste Amtshandlung der Triumvirn war ein Aufruf zum Mord: Wie zu Zeiten Sullas wurden in Rom Listen ausgehängt, über welche die Namen wirklicher oder vermeintlicher Regimegegner bekannt gegeben wurden. Wer seinen Namen auf einer der Listen wiederfand, war vogelfrei und hatte meist nicht mehr lange zu leben. Insgesamt dürfte die Ächtungskampagne 300 Senatoren – ein Drittel des Plenums, unter ihnen Cicero – und mehrere Tausend Ritter das Leben gekostet haben.

Der nächste Schlag zielte auf die Caesarmörder. In einer Doppelschlacht in Thrakien, bei dem Ort Philippi, unterlagen Brutus und Cassius im Spätsommer 42 v. Chr. Antonius und dem jungen Caesar. Die Schlacht von Philippi besiegelte nicht nur das Schicksal der Caesarmörder, sie legte auch die Hackordnung innerhalb des Triumvirats fest, die für die ersten Jahre Bestand haben sollte: Oben stand Marcus Antonius, dessen militärische

Kompetenz den Sieg ermöglicht hatte, an zweiter Stelle der junge Caesar. Von beiden überschattet wurde Lepidus, der am Erfolg von Philippi gänzlich unbeteiligt gewesen war. Dennoch trug der jüngste der drei die schwerste Bürde: Der junge Caesar war für Italien zuständig und damit auch für die Versorgung der jetzt in Scharen demobilisierten Soldaten. Außerdem hatte er sich mit Sextus Pompeius herumzuschlagen, der Sizilien und das Tyrrhenische Meer kontrollierte. Um an Land zu kommen, das er an die Veteranen verteilen konnte, musste er unzählige Menschen enteignen. Zu den Verlierern gehörten in jenen Jahren alle, die den Interessen der Triumvirn im Wege standen. Weiten Teilen der alten Nobilität brachen die Enteignungen ökonomisch das Genick.

Unter den Soldaten machte die Landverteilung den jungen Caesar nur noch populärer. Das weckte Antonius' Argwohn, der seinen Bruder Lucius gegen die Ansiedlungen opponieren und so Konflikte schüren ließ. In dem kurzen, nun folgenden Krieg musste Lucius Antonius sich nach Perusia (Perugia) zurückziehen, wo sein Gegner ihn belagerte. Schließlich wurde die Stadt erobert und zerstört; Lucius Antonius erhielt freien Abzug. Der Triumvir Antonius war während des *bellum Perusinum* offiziell neutral geblieben, landete aber kurze Zeit später in Brundisium, so dass eine Neuauflage des Konflikts drohte. Den Frieden retteten meuternde Soldaten. Antonius und der junge Caesar setzten sich an den Verhandlungstisch und teilten die römische Welt den neuen Kräfteverhältnissen entsprechend unter sich auf: Antonius erhielt den Osten, der junge Caesar den Westen, Lepidus Nordafrika. Für die beiden starken Männer, in deren Schatten Lepidus bereits stand, war der ihnen von aufrührerischen Soldaten aufgezwungene Vertrag von Brundisium eine Niederlage: Sie büßten Autorität ein, ihre wichtigste Ressource im Wettstreit um die Macht. Für Antonius, der seine politische Karriere wesentlich auf seinem Ruhm als Feldherr aufgebaut hatte, wog dieser Ansehensverlust schwerer als für den jungen Caesar, der trotz allem immer noch Erbe und Adoptivsohn des Diktators war und jetzt, da auch Antonius dessen bereits am 1. Januar 42 v. Chr. vom Senat verfügte Vergöttlichung anerkannte, seinem Namen die Wörter *Divi filius* (›Sohn des Vergöttlichten‹) hinzufügte.

40 v. Chr. heiratete Antonius zur Stärkung des Bündnisses Octavia, die ältere Schwester des jungen Caesar. 37 v. Chr. verlängerten die Triumvirn ihre Allianz um weitere fünf Jahre und versicherten sich gegenseitig ihrer Unterstützung für wichtige Kriegsvorhaben. Während es dem jungen Caesar und seinem engen Freund, dem talentierten Heerführer Marcus Vipsanius Agrippa, gelang, Sextus Pompeius in Sizilien zu schlagen, operierte Antonius im Osten gegen die Parther so glück- wie erfolglos. Unter großen Verlusten musste er 36 v. Chr. seine Offensive gegen das parthische Medien abbrechen. Die Schuld an dem Debakel, das sein Image als Feldherr endgültig ramponierte, gab er – vermutlich nicht ganz zu Unrecht – dem jungen Caesar, weil der ihn nicht hinreichend mit frischen Truppen unterstützt habe. Gleichzeitig näherte sich Antonius, politisch und privat, immer mehr Kleopatra an, die den Rückkehrer aus Medien in Empfang genommen hatte. An sie und andere römische Klientelherrscher im Orient machte er weitreichende territoriale Zugeständnisse: Stärker als vor ihm Pompeius und Caesar setzte er auf die Karte indirekter Herrschaft, um den Nahen Osten kosteneffizient zu beherrschen.

In Rom hingegen wurde der Vorwurf laut, Antonius verscherble römische Interessen an orientalische Potentaten. Ohnehin war das Verhältnis zwischen dem Triumvir des Ostens und dem jungen Caesar zerrüttet. Der starke Mann Italiens hatte nach dem Sieg in Sizilien Lepidus überrumpelt, sich seines Heeres bemächtigt und den Kollegen aus dem Triumvirat gedrängt. Nachdem Antonius 35 v. Chr. Octavia verstoßen und nach Italien geschickt hatte, orchestrierte der junge Caesar eine Schmutzkampagne gegen seinen Kollegen: Angriffsflächen boten Antonius' Lebenswandel, seine Liaison mit Kleopatra und natürlich die Preisgabe römischen Gebiets zugunsten fremder Klientelfürsten. Antonius sei dem Alkohol verfallen, hieß es, er gebe sich schamlos orientalischem Luxus hin. Akribisch durchforschte man das Privatleben des Noch-Triumvirn und fand darin wenig römische Sittsamkeit, dafür aber eine Menge orientalische Frivolität. Der junge Caesar inszenierte sich demgegenüber als Gralshüter altrömischer Tradition und Beschützer Italiens. Ende 33 v. Chr. lief das Triumvirat aus, ohne dass man sich Mühe gab, es zu verlängern. Immer feindseliger wurde das Klima, so dass die in Rom verbliebenen Antonius-Anhänger der Stadt den Rücken kehrten und in den Osten flüchteten. Dort herrschten Antonius und Kleopatra inzwischen wie ein göttliches Herrscherpaar hellenistischer Prägung.

Der Krieg war längst unausweichlich geworden. Der junge Caesar bereitete Italien darauf vor, indem er Antonius' im Vestatempel hinterlegtes Testament öffnen und verlesen ließ. Hauptbegünstigte war Kleopatra, was in Rom für helle Empörung sorgte, während man das Sakrileg der Testamentsöffnung achselzuckend zur Kenntnis nahm. Der *Divi filius* erklärte Kleopatra zum Staatsfeind, *hostis*: Nach alter Väter Sitte schleuderte er beim Tempel der Kriegsgöttin Bellona einen in frisches Blut getauchten Speer auf ein zuvor symbolisch zu Feindesland erklärtes Stück Land. Antonius ging zwar kraft Senatsbeschlusses seiner Ämter und auch der Designation zum Konsul des Jahres 31 v. Chr. verlustig, wurde aber aus der Kriegserklärung mit Bedacht ausgespart. Nicht als innerrömische Fehde sollte der Konflikt erscheinen, sondern als Akt der Defensive gegen einen auswärtigen Gegner.

Zum Auftakt blockierte Agrippa im nordgriechischen Golf von Ambrakia mit 400 Schiffen Heer und Flotte Kleopatras und des Antonius. Als ihre Lage dort unhaltbar wurde, wagten die beiden Anfang September 31 v. Chr. den Ausbruch und stellten sich bei Actium zur Schlacht, die in dem Moment verloren war, als das Paar sich in Panik zur Flucht wandte. Antonius und Kleopatra zogen sich nach Alexandreia zurück, wo sie sich für den Endkampf rüsteten. Im Sommer 30 v. Chr. erreichten die Truppen des jungen Caesar Ägypten, die Schlinge zog sich zu. Am

1. August kapitulierten Heer und Flotte, Antonius gab sich am selben Tag den Tod. Kleopatra kam wenige Tage später ums Leben, ob durch eigene oder fremde Hand, ist nicht geklärt. Ägypten wurde zur römischen Provinz, die der junge Caesar jedoch nicht wie die übrigen Provinzen einem senatorischen Promagistraten unterstellte, sondern seinem Freund Cornelius Gallus als persönlichem Beauftragten. Die Verfügung begründete den Sonderstatus Ägyptens, der die gesamte Prinzipatszeit über Bestand hatte: Senatoren war das Betreten der Provinz verboten, in der ritterständische Präfekten das Kommando führten. Kaisarion, Kleopatras Sohn von Julius Caesar, ließ man umbringen: Einen zweiten *Divi filius* sollte es nicht geben. Die Zwillinge Kleopatra Selene und Alexander Helios von Marcus Antonius übergab Roms neuer Alleinherrscher seiner Schwester Octavia, die sie wie ihre eigenen Kinder aufzog. Die makedonische Dynastie Ägyptens, die einst Alexanders Leibwächter und Heerführer Ptolemaios Soter begründet hatte, war damit, nach fast 300 Jahren, erloschen.

Klinisch tot war auch die römische Republik und damit ein politisches System, das sich über Jahrhunderte als flexibel genug erwiesen hatte, um mit dem gesellschaftlichen Wandel Schritt zu halten: Die Nobilität, die selbst das Produkt dieser Anpassung gewesen war und aus deren Reihen sich nach den Ständekämpfen nahezu das gesamte Führungspersonal der Republik rekrutiert hatte, hatte abgedankt, und noch hatte nichts Neues die Leerstelle besetzt, die sie hinterlassen hatte – der junge Caesar war, als er im Sommer 29 v. Chr. nach Rom zurückkehrte, ziemlich genau an dem Punkt angelangt, an dem der Diktator Caesar gestanden hatte, nachdem er in Munda seinen letzten Sieg über die Pompeianer errungen hatte: Er war im Alleinbesitz der Macht, die Legionen folgten seinem Befehl, eine organisierte Opposition gegen ihn gab es nicht, weder in Rom noch in den Provinzen. Das Problem jedoch, an dem der Diktator Caesar gescheitert war, stellte sich auch seinem Adoptivsohn: Wie ließ sich die in der republikanischen Ordnung nicht vorgesehene

Allmacht eines Einzelnen rechtlich so zementieren, dass sie von allen akzeptiert wurde?

Wie ohnmächtig selbst ein Autokrat war, hatte der allmächtige Diktator Caesar an den Iden des März erfahren müssen und damit ein für alle Mal das Exempel dafür gesetzt, wie man eine Monarchie in Rom nicht errichten durfte. Die alte Machtelite, die zur konstruktiven Beherrschung der römischen Welt nicht mehr fähig war, war noch immer imstande, effektiv Widerstand zu leisten, und sei es durch Mord. Die Senatoren wurden gebraucht, um Provinzen zu verwalten und Legionen zu befehligen; den Sieg über Antonius hatte nur die Kollaboration vieler Senatoren ermöglicht. Obendrein wäre er undenkbar gewesen ohne die bedingungslose Gefolgschaft des Heeres und das Wohlwollen der stadtrömischen und italischen Bevölkerung. Wollte der junge Caesar an der Macht – und am Leben – bleiben, so musste er sich dieses Kapital erhalten. Die Lösung, die er fand, hat Geschichte geschrieben: Den Prinzipat, das im Kern monarchische, doch von der Duldung breiter Schichten getragene System, das er in die Tradition der *res publica* einfügte, schuf der Erbe Caesars nicht über Nacht, aber durch ihn wurde er, in den über 40 Jahren seiner Alleinherrschaft nach Actium, zum Modellfall des römischen Herrschers, der aus der Mitte der alten eine neue Tradition begründete und an dem sich alle künftigen Generationen römischer Kaiser abarbeiteten.

Zunächst jedoch feierte er ausgiebig seinen Sieg: Bereits im Januar 29 v. Chr. hatte er die Tore des Janustempels schließen lassen, als Zeichen des Friedens, der jetzt in der römischen Welt herrschte. Im dreifachen Triumph, den er dann im August für seine Siege über die Illyrer (35–33 v. Chr.), in Actium und über Ägypten hielt, zelebrierte die Hauptstadt das ehrwürdige Ritual der Republik in bis dato ungekannter Pracht. Der Staatsschatz der Ptolemaier brachte reichen Geldsegen über jeden einzelnen Römer; 28 v. Chr., der junge Caesar bekleidete gemeinsam mit Agrippa seinen sechsten Konsulat, erfolgte die Ansiedlung der Veteranen in neu gegründeten Kolonien. Die Alteigentümer des

Landes, auf dem die Kolonien entstanden, wurden finanziell entschädigt: Spätestens jetzt waren die Wunden vernarbt, die die Triumvirn mit der Enteignungswelle 15 Jahre zuvor geschlagen hatten. *Pax*, Frieden, war das Leitbild der neuen Herrschaft und das Fundament des Konsenses, der die römische Gesellschaft nach dem kolossalen Blutzoll der Bürgerkriege einte. Und die Nobilität? Sie war in einem Jahrhundert der Bürgerkriege unter der Last des Imperiums, das sie erobert hatte, zusammengebrochen. War ihr Untergang unausweichliche Folge der Expansion und der präzedenzlosen Anhäufung von Reichtum, welche die Eroberungen in Übersee einzelnen Mitgliedern der Führungsschicht bescherten? Alternativlos ist nichts in der Geschichte. Historiker tendieren dazu, die Wirksamkeit des Zufalls zu unterschätzen: Er sperrt sich gegen alle Bemühungen zur Systematisierung und Rationalisierung, die schließlich den Kern jeder wissenschaftlichen Beschäftigung mit Geschichte ausmachen. Womöglich war die römische Elite noch zu Caesars Zeiten einigermaßen vital. Wenn sie dennoch unterging, war das aus der Laune des Moments heraus getroffenen Entscheidungen geschuldet, wie derjenigen Caesars, den Rubico zu überschreiten, und Persönlichkeiten, die bereit waren, extreme Risiken einzugehen. Ein Nagel im Sarg der Republik war gewiss der hohe Stellenwert von Ehre, der Aristokraten ein solches Handeln nahelegte. Um den Weg konsequent zu Ende zu gehen, bedurfte es freilich eines Caesar, der bereit war, für seine *dignitas* die letzten Tabus zu brechen.

10. PRINCEPS

Augustus, wie sich der junge Caesar seitdem nannte, bemerkt in seinen *Res gestae*, dem inschriftlich erhaltenen Tatenbericht, der gegen Ende seines Lebens entstand, zu den Tagen im Januar 27 v. Chr. nur lapidar, er habe ab diesem Zeitpunkt »alle an Autorität überragt, aber nichts mehr an Machtbefugnissen besessen als jene, die meine Kollegen in öffentlichen Ämtern waren.« Tatsächlich suchte Augustus ganz offensichtlich nach Wegen, seiner Herrschaft einen Platz in der gewachsenen institutionellen Ordnung der Republik zu sichern. Vor Augen hatte er das warnende Beispiel Caesars, der es – obschon er das Königsdiadem ostentativ zurückgewiesen hatte – auf einen Bruch mit dem antimonarchischen Grundkonsens der republikanischen Elite hatte ankommen lassen. Hatte die Macht des Augustus bis zum Januar 27 ausschließlich auf seiner faktischen Kontrolle der Legionen durch Patronage beruht, so wurde der Oberbefehl jetzt in einen rechtlichen Rahmen gegossen: Man übertrug ihm die Statthalterschaft über die Provinzen, in denen Militär stationiert war – im Wesentlichen also über die Grenzprovinzen. Da er aber die Statthalterschaft nicht persönlich ausüben konnte, erhielt Augustus faktisch nur das *imperium* – die Amtsgewalt – eines Prokonsuls, während das Regiment in den Provinzen selbst weisungsgebundenen Statthaltern übertragen wurde. Dieses *imperium proconsulare*, das der ›erste Mann‹, der Princeps, 27 (befristet auf zehn Jahre), 18 und 13 v. Chr. (auf jeweils fünf Jahre) sowie 8 v. Chr., 3 und 13 n. Chr. (wiederum auf jeweils zehn Jahre) erhielt, wurde zur wichtigsten rechtlichen Säule seiner Herrschaft und schuf obendrein den Präzedenzfall für weitere Amtsbefugnisse, die ihm übertragen wurden, ohne dass er die entsprechende Magistratur bekleidete.

Zunächst bekleidete Augustus Jahr für Jahr den Konsulat, um in Rom und Italien seiner Herrschaft eine rechtlich wirksame Grundlage zu verschaffen. Die fortgesetzte Ausübung dieses Amtes vertrug sich jedoch auf Dauer schlecht mit dem republikanischen Grundgedanken der zeitlichen Begrenztheit von Magistraturen; deshalb führte auch hier, vielleicht unter dem Eindruck einer ersten Krise der augusteischen Herrschaft, der Weg bald über die Trennung von Amt und Amtsgewalt: Spätestens 23 v. Chr. wurde Augustus die *tribunicia potestas* verliehen, die Gewalt des Volkstribunen, die ihm das Antragsrecht in der

Volksversammlung einbrachte, das Recht, den Senat einzuberufen, und das Interzessionsrecht, mit dem er gegen Entscheidungen von Magistraten einschreiten konnte. Außerdem machte die tribunizische Gewalt ihren Inhaber sakrosankt: Seine Person war mit einem religiösen Bannkreis geschützt und damit – zumindest auf dem Papier – vor Angriffen sicher; die vom Volkstribunat entlehnte *sacrosanctitas* bildete den Kern jener sakralen Weihe, die das Kaisertum ab Augustus umgab und deren Ausbau spätere Kaisergenerationen eifrig betreiben sollten.

Die tatsächliche Machtfülle des Princeps lässt sich nicht allein rechtlich mit der Kumulation republikanischer Amtsbefugnisse erklären. Hier kommt die von Augustus selbst angeführte »Autorität« ins Spiel. Nachvollziehbar wird sie, wenn man sich den Scherbenhaufen vor Augen führt, den der 100-jährige Machtkampf hinterlassen hatte, der seit den Gracchen in der römischen Nobilität und weit über sie hinaus getobt hatte: Bürgerkriege, Proskriptionen, Massenhinrichtungen und sonstige Gewaltexzesse hatten tiefe Lücken in die Reihen der Eliten gerissen und die Folgen drohten Rom auf Dauer politisch zu paralysieren. Auf Augustus, dem Friedensbringer nach den Verheerungen der Kriege, ruhten deshalb die Heilserwartungen der römischen Welt. Das begründete – um eine Kategorie Max Webers aufzugreifen – die ›charismatische‹ Komponente der augusteischen Herrschaft, die ergänzend zur ›legalen‹ Dimension hinzutritt. Schließlich wohnte dem Prinzipat auch ein ›traditionales‹ Element inne: Dass Augustus dem *mos maiorum* wieder zu Geltung verhalf, war Kern seiner Selbstdarstellung: »Jetzt wagen *Fides*, *Pax*, der alte Anstand und Venus ihre Rückkehr«, dichtete Horaz im *Carmen Saeculare* und meinte damit auch die Rückbesinnung auf altrömische Sittenstrenge, die Augustus proklamiert hatte. Anlass des Gedichts waren die Säkularfeiern des Jahres 17 v. Chr., mit denen Augustus ein neues, selbstverständlich glückliches und ›goldenes‹, Zeitalter einläutete.

Als Princeps standen Augustus noch weitere, materielle wie symbolische, Machtressourcen zur Verfügung: Er war der größte

Grundbesitzer des Imperiums und verfügte über das bei Weitem größte Privatvermögen, aus dem er bei Bedarf die Staatskasse bezuschussen konnte. Er war ab 12 v. Chr. als Pontifex Maximus Vorsitzender des höchsten Priesterkollegiums. Allein der Augustus-Name verströmte religiöse Weihe. Während er selbst im Westen nirgends als Gott verehrt wurde, brachte man dem Genius – einer Art Schutzgeist – des Augustus kultische Ehrungen dar. Alle Soldaten legten ihren Eid auf den Princeps ab. Es gab keinen Mann in der römischen Welt, der auch nur annähernd so viel Macht in Händen hielt wie Augustus. Dennoch wurde diese Tatsache niemals offen ausgesprochen. Der Konsens stand und fiel mit der stillschweigenden Übereinkunft, dass Augustus die Dignität der Senatoren respektierte, denen er als Standesgenosse gegenübertrat, keinesfalls als der Souverän, der er de facto war. Fester Bestandteil der Prinzipatsarchitektur war seine Doppelbödigkeit. Der Prinzipat war eine Monarchie, die niemand so nennen durfte.

Augustus brauchte die Senatoren: Ohne sie ließ sich kein Staat machen. Für die Verwaltung der Provinzen und für wichtige Ämter der stadtrömischen Verwaltung kamen nur Senatoren in Frage. Deshalb wurde der *cursus honorum* zum Durchlauferhitzer für die administrativen Spitzenpositionen des Reiches umfunktioniert: Ein Senator stand als *curator annonae* an der Spitze der Bürokratie, die für die Getreideversorgung der Hauptstadt zuständig war, ein Senator kümmerte sich um die Wasserleitungen, ein Senator amtierte als Stadtpräfekt und damit als ›Bürgermeister‹ Roms. Für andere zentrale Ämter kamen nur Ritter in Frage: die Präfektur der neuen Provinz Ägypten etwa, die so ressourcenreich und deshalb so wichtig war, dass Augustus sie keinem senatorischen Statthalter anvertrauen mochte, oder die Prätorianerpräfektur – das Kommando über die Leibgarde, die der Princeps in der Hauptstadt aufstellte und mit der er zum ersten Mal auch offiziell mit der Tradition brach, dass sich in Rom keine Soldaten unter Waffen aufhalten durften. Diese Ämter mit Senatoren zu besetzen, die selbst Anspruch auf den Purpur hätten erheben können, wäre für den Princeps zu riskant gewesen.

Senatoren und Ritter besetzten in der mit den Aufgaben langsam wachsenden Verwaltung lediglich die Spitzenpositionen. Die übrigen Aufgaben versahen Freigelassene oder sogar Sklaven des Augustus. Weil es die Tradition einer professionellen Verwaltung in der Republik nicht gab, führte Augustus das Imperium wie einen Privathaushalt. Den Rang von ›Ressortchefs‹ hatten am ehesten private Sekretäre inne, die ebenfalls meist den Status von Freigelassenen hatten. Der Ort, an dem diese zentrale Verwaltungstätigkeit ausgeübt wurde, war das teilprivate Haus des Augustus auf dem Palatin, zu dem neben der Wohnung des Princeps und seiner Familienangehörigen auch Räume für offizielle Anlässe und der bisweilen für Senatssitzungen genutzte Apollontempel gehörten. Erst allmählich professionalisierte sich der Haushalt des Princeps zu einem bürokratischen Räderwerk, das der Größe und Komplexität des Imperiums angemessen war. Ab der Regierungszeit Neros avancierten die Sekretäre allmählich zu ritterständischen ›Fachministern‹, denen größere Stäbe zuarbeiteten.

Der Princeps selbst hatte, kaum gab es ihn, ein breites Aufgabenspektrum wahrzunehmen. Erwartet wurden von ihm die Qualitäten eines militärischen Befehlshabers, eines Priesters, eines Redners und eines Mannes, der sich in den unterschiedlichsten sozialen Kontexten sicher zu bewegen verstand: im Amphitheater genauso wie auf Empfängen und bei öffentlichen Festivitäten. Den Großteil seines Arbeitstages nahm aber seine Funktion als oberster Spender von Gerechtigkeit in Anspruch: Der Princeps hatte unzählige Rechtsstreitigkeiten zu schlichten, Edikte zu erlassen und Eingaben zu beantworten. Die Regierungspraxis des Prinzipats war, gemessen an modernen Verhältnissen, erstaunlich ›passiv‹: Der Herrscher wurde normalerweise dann aktiv, wenn eine Sache an ihn herangetragen wurde, als schriftliche Anfrage (*libellus*), die er mit einer ebenfalls schriftlichen Stellungnahme (*subscriptio*) beantwortete. Roms Mächtige verbrachten ungezählte Stunden nicht auf rauschenden Festen, sondern mit dem Aufsetzen von Gerichtsurteilen, die später kodifiziert wurden und in den Schatz des römischen Rechtes eingingen.

Mit einem solch minimalistischen Verwaltungsstab ließ sich das Riesenreich, das zu seinen Glanzzeiten fünf Millionen Quadratkilometer umfasst und rund 60 Millionen Menschen beherbergt haben dürfte, nur zusammenhalten, weil Rom Herrschaft konsequent auf untere Ebenen delegierte. Wie in allen Imperien der Weltgeschichte war die Intensität von Herrschaft ungleich über die Fläche verteilt: Idealiter nahm sie vom Zentrum zur Peripherie hin ab. Den äußeren Rand des Imperiums regierten Klientelkönige, die vertraglich an Rom gebunden waren, deren Territorien aber im Innern weitgehend Autonomie genossen. Doch auch in den Provinzen, die Rom über Statthalter direkt verwaltete, wurden Verwaltungsaufgaben nach unten weitergereicht und von den Städten wahrgenommen, deren jeweilige Territorien das Gebiet des Imperiums fast gänzlich ausfüllten. So unterschiedlich diese Städte ihrer historischen Prägung und ihrem Rechtsstatus nach sein mochten – überall dienten sie als Zellen kommunaler Selbstverwaltung und waren zugleich der Horizont bürgerschaftlicher Identität. Jeder Freie war zunächst Bürger seiner Stadt; in Gemeinden römischen Rechts oder auf individueller Basis konnte er obendrein römischer Bürger sein. Politisch und sozial waren alle Städte im Reich Abbilder Roms im Kleinen, mit Magistraturen, Ratsversammlungen und einer Elite aus Honoratioren – in der Regel Grundbesitzern, die genügend Vermögen hatten, um ›abkömmlich‹ zu sein und dem politischen Geschäft nachgehen zu können.

Mit den Legionen und der Flotte verfügten alle Principes seit Augustus über ein formidables Instrument zur Durchsetzung von Herrschaft nach innen und außen. 14 n. Chr. dienten zwischen 125.000 und 150.000 Mann in den Legionen. Hinzu kam noch einmal die gleiche Anzahl von Männern, die als Nichtrömer Dienst in den Auxiliareinheiten taten. Bis Ende des 2. Jahrhunderts n. Chr. wuchs das römische Militär auf eine Stärke von rund 400.000 Soldaten an. Zum Militärstaat machte das ein Imperium mit rund 60 Millionen Einwohnern gewiss nicht. Die Legionen modelten dennoch überall dort, wo sie ihre Garnisonen hatten – vor allem in den Grenzregionen –, die lokale Gesellschaft von Grund auf um. Niemand, außer den Eliten, war vergleichbar stolz auf sein Römischsein wie die Legionäre. Außerdem verfügten sie als einzige Großgruppe im Reich mit einem regelmäßigen Einkommen in klingender Münze über erhebliche Kaufkraft. Veteranen ließen sich nach ihrer meist 20-jährigen Dienstzeit oft am letzten Garnisonsort nieder, pflegten dort Netzwerke untereinander sowie zu aktiven Soldaten und gehörten ihrem ökonomischen Status nach zur lokalen Elite. Soldaten und Veteranen waren deshalb die Speerspitze der Romanisierung, von Iberien bis nach Syrien, von Germanien bis nach Nordafrika.

Kein Gegner hatte dem militärischen Potenzial des Imperiums etwas Vergleichbares entgegenzusetzen, die Parther nicht und die Stämme des nördlichen, germanisch-britannischen, wie südlichen, saharischen, Barbaricums erst recht nicht. Deshalb war die Formel von der *Pax Augusta*, die der erste Princeps nach innen und außen für sich reklamierte, keine leere Hülse. Zwar expandierte das Imperium weiter, aber nicht mehr in dem atemberaubenden Tempo wie in den zwei Jahrhunderten zwischen dem Ersten Punischen Krieg und der Eroberung Galliens durch Caesar. Unter Augustus wurden außer Ägypten der Alpenraum, die nördliche Balkanhalbinsel und die restlichen Teile Iberiens erobert. Die zunächst erfolgreich verlaufende Offensive in Germanien scheiterte hingegen grandios, als 9 n. Chr. beim heutigen Osnabrück der Statthalter Publius Quinctilius Varus mit drei Legionen und Hilfstruppen von dem abtrünnigen Auxiliaroffizier Arminius vernichtend geschlagen wurde. Die Niederlage des Varus war eine der schwersten Krisen des augusteischen Prinzipats und beendete hochfliegende Pläne von der Annexion des germanischen Barbaricums.

Als Augustus 14 n. Chr. im Alter von 76 Jahren starb, kannten die meisten Bewohner des Imperiums die Zeit vor dem Prinzipat nur vom Hörensagen. In über 40-jähriger Alleinherrschaft hatte der Princeps auf den Trümmern der Republik ein neues politisches System errichtet und Rom über eine ›Schwelle‹ geführt, hinter der sich neue Handlungsoptionen eröffneten. Die epochale Leistung der Monarchie bestand darin, die römische Welt allmählich zu einer Schicksalsgemeinschaft zusammengefügt zu haben, die über, wenn nicht einheitliche, so doch kompatible soziale wie kulturelle Leitbilder verfügte und ökonomisch wie rechtlich einer immer größeren Verflechtung entgegenstrebte. Dennoch war auch der augusteische Prinzipat nicht frei von Krisen. 23 v. Chr. überwarf sich Augustus in einer kritischen Situation, die nach Staatsstreich roch, mit seinem Kollegen im Konsulat. Im selben Jahr erkrankte er lebensbedrohlich, ohne dass ein Nachfolger bereitstand. Ein Jahr später, 22 v. Chr., litt Rom unter einer schweren Hungersnot. Die vielleicht schwerste Krise löste eine Liebesaffäre seiner Tochter Julia aus, die 2 v. Chr. aufgedeckt und mit Julias Verbannung geahndet wurde. Der Princeps, der den Römern ein Leben nach alter Väter Sitte verordnet hatte, mochte bei seiner Tochter kein Auge zudrücken.

Zur buchstäblich unendlichen Geschichte wuchs sich die Nachfolgefrage aus, die Augustus erst im letzten Jahrzehnt seines Lebens abschließend regelte. Immer wieder pfuschte ihm Gevatter Tod ins Handwerk: Bereits 23 v. Chr. starb sein Neffe und Schwiegersohn Marcus Claudius Marcellus, den Augustus bereits als 18-jährigen zum Ädil gemacht und so unmissverständlich für die Nachfolge ausersehen hatte. Darauf rückte Augustus' engster Freund Agrippa nach, der mit Julia verheiratet wurde und mit ihr fünf Kinder hatte. Agrippas ältester Sohn Gaius Caesar war noch zu klein, um offiziell als Nachfolger zu gelten, als 12 v. Chr. sein Vater starb, deshalb erhielt die prominente Rolle zunächst Tiberius, der 42 v. Chr. geborene Sohn von Augustus' dritter Frau Livia, der sich aber 6 v. Chr. schmollend nach Rhodos zurückzog, weil er sich immer mehr hinter Gaius Caesar zurückgesetzt sah. Offenbar traute Augustus seinem Stiefsohn, der als Feldherr Sieg um Sieg errungen hatte, als Politiker nicht allzu viel zu. Tatsächlich wurde Gaius Caesar nun, da alle übrigen Kandidaten das Zeitliche gesegnet hatten, konsequent zum Nachfolger aufgebaut: Er wurde von Augustus adoptiert (17 v. Chr.), zum Pontifex (6 v. Chr.) und zum *princeps iuventutis* (5 v. Chr.) ernannt. Schließlich wurde er 1 v. Chr. mit einer wichtigen Mission im Orient betraut, auf der er 4 n. Chr. ums Leben kam. Da sein jüngerer Bruder Lucius zu diesem Zeitpunkt bereits tot war, blieb nur Tiberius für die Nachfolge übrig, der bereits 2 n. Chr. aus Rhodos nach Rom zurückgekehrt war. Schrittweise erhielt er die rechtlichen Befugnisse eines Princeps, so dass, als Augustus am 19. August 14 n. Chr. für immer die Augen schloss, die Nachfolge reine Formsache war.

11. UMSTURZ

Augustus hatte in 45 Jahren Alleinherrschaft das römische Imperium nach innen stabilisiert und nach außen erweitert. Die Kaiser nach ihm schoben die römischen Grenzen weiter nach vorne: Unter Claudius begann die Eroberung Britanniens (43 n. Chr.), etwa gleichzeitig annektierte Rom das Königreich Mauretanien in Nordwestafrika; um 80 n. Chr. besetzte Domitian die Wetterau, das heutige Baden-Württemberg und das bayerische Alpenvorland; Trajan eroberte in zwei Kriegen (101/102 und 105/106) das Land der Daker im heutigen Rumänien. Während Augustus 20 v. Chr. noch zu einem Verhandlungsfrieden mit den Parthern gefunden und die Rückgabe der 53 v. Chr. von Crassus verlorenen Feldzeichen erreicht hatte, war das Verhältnis zwischen den Imperien später meist konfliktgeladen; oft brachen Kriege über die Kontrolle des kleinasiatischen Königreichs Armenien aus: 58 n. Chr. unter Nero, 114 unter Trajan und 161 unter Mark Aurel und Lucius Verus. Trajan eroberte bis 116 ganz Mesopotamien bis zum Persischen Golf, musste sich aber schließlich unter großen Verlusten zurückziehen; Lucius Verus konnte als Feldherr im Osten die Zone am mittleren Euphrat, Septimius

Severus in einem weiteren Partherkrieg 195–198 den gesamten Raum zwischen Euphrat und Tigris für Rom gewinnen. Einen letzten, völlig gescheiterten Krieg gegen die Nachbarn im Osten führte 216/217 Caracalla, bevor das Partherreich in einer inneren Revolte 226 unterging.

Immer wieder wurde das römische Imperium von Aufständen erschüttert, von denen einige nur unter enormen Kraftanstrengungen niedergeschlagen werden konnten: 66 n. Chr. brach in Judäa eine Revolte aus, deren Brandbeschleuniger römisches Missmanagement und grassierender religiöser Fundamentalismus waren. 70 n. Chr. eroberte Titus Jerusalem und zerstörte den Tempel der Juden, doch erst gut drei Jahre später fiel mit Masada das letzte Widerstandsnest der Aufständischen. 69 erschütterte der Aufstand der Bataver in den heutigen Niederlanden das römische Grenzgebiet am Unterlauf des Rheins. Von 132 bis 136 tobte abermals in Judäa der Bar-Kochba-Aufstand, der in die vollständige Vertreibung der Juden aus ihrem Heimatland mündete und das Judentum überall im Reich in die Diaspora zerstreute. Obwohl Rom in ausgeklügelte Grenzsicherungssysteme wie den Hadrianswall in Britannien und den Obergermanisch-Rätischen Limes investierte, litten die Grenzprovinzen wiederholt unter Einfällen von Stämmen, die das Römische Reich als Wohlstandssphäre mit der Aussicht auf reiche Beute lockte. Einen Vorgeschmack auf die unsicheren Zeiten des 3. Jahrhunderts boten die Einfälle der Markomannen und der mit ihnen verbündeten Quaden in die Donauprovinzen ab 166 n. Chr., die Mark Aurel in zwei Markomannenkriegen bis 180 unter großen Opfern zurückschlug. Trotz solcher Zuspitzungen waren die römischen Anstrengungen, durch eine Kombination aus diplomatischer Vorfeldaktivität und aktivem Grenzmanagement den Frieden zu sichern, im Großen und Ganzen aber von Erfolg gekrönt.

Auch nach Innen läutete das augusteische Zeitalter eine Ära der Prosperität und Stabilität ein. Über fünfzig Jahre hielt sich der julisch-claudische Clan, der durch die Verschmelzung von Augustus' und Livias Familien entstanden war, an der Macht.

Auf den effizienten, aber finsteren Tiberius (14–37) folgten der despotische Caligula (37–41), dessen Geisteszustand nicht über jeden Zweifel erhaben war und der schließlich einer Verschwörung zum Opfer fiel, und der leutselige, aber mit einem körperlichen Makel behaftete Claudius (41–54), der sich als fähiger Verwalter des Imperiums Respekt verschaffte. Schließlich wirtschaftete dessen jugendlicher Adoptivsohn Nero (54–68) die Dynastie in Grund und Boden: Er emanzipierte sich rasch von seinen Ratgebern und fiel, kaum hatte er begriffen, dass er sich als Princeps alles herausnehmen konnte, so sehr aus der Rolle, dass er es sich mit der senatorischen Führungsschicht gründlich verscherzte. Zwei schwere Krisen eskalierten während seiner Herrschaft: ein Konflikt mit den Parthern um Armenien und der Aufstand in Judäa, der durch die Brutalität und Unfähigkeit korrupter römischer Statthalter zusätzliche Nahrung erhielt. Nachdem auch noch die Hauptstadt in Flammen aufgegangen und eine Verschwörung hochrangiger Senatoren aufgedeckt worden war, stand fest: Dieser Princeps hatte abgewirtschaftet und mit ihm die Herrschaft der julisch-claudischen Dynastie.

Nero weilte gerade in Neapel, wo er musikalische Darbietungen zum Besten gab, als ihn im Frühjahr 68 die Nachricht von der Revolte des Gaius Julius Vindex erreichte, des Statthalters der gallischen Lugdunensis. Der Aufstand zog rasch Kreise: Gallische Oberschicht, Stammesangehörige und römisches Militär schlossen sich Vindex an, der erklärte, es sei nun genug mit den Ausschweifungen Neros; es gelte, den Prinzipat augusteischer Prägung zu erneuern. Außerdem versuchte Vindex den Statthalter der Provinz Hispania Tarraconensis, Servius Sulpicius Galba, zur Usurpation des kaiserlichen Purpurs zu bewegen. Am 2. April 68 rang sich der 73-jährige Konsular nach einigem Zögern tatsächlich dazu durch, sich dem Aufstand anzuschließen, und auch der Statthalter der benachbarten Provinz Lusitania, Marcus Salvius Otho, solidarisierte sich mit den Rebellen. Damit war ein Präzedenzfall geschaffen: Erstmals beanspruchten zwei Männer zugleich den Purpur, und zum ersten Mal war ein

Anwärter auf die Kaiserwürde nicht Angehöriger des julisch-claudischen Hauses.

Allerdings schien sich zunächst alles gegen den Usurpator und seinen Hauptunterstützer Vindex verschworen zu haben: Die Befehlshaber der Rheinlegionen, denen aufgrund der von ihnen kommandierten Heeresmacht besondere Bedeutung zukam, bekannten sich zu Nero. Beide Offiziere verdankten dem Princeps ihre Karriere und waren sich der Brisanz der Situation nur allzu bewusst, zumal kurz zuvor ihre jeweiligen Vorgänger auf Befehl Neros zum Selbstmord gezwungen worden waren. Bei Vesontio (Besançon) schlug der Statthalter Obergermaniens, Verginius Rufus, das Heer des Vindex, der sich daraufhin das Leben nahm; der von seinen eigenen Soldaten wiederholt zur Usurpation gedrängte Sieger lehnte mit der Begründung ab, er sei als Sohn eines Ritters von zu geringer Abstammung. Statt seiner reklamierte nun, trotz der Niederlage des Vindex, Galba den kaiserlichen Purpur für sich.

In der unübersichtlichen Lage, die damit entstand, lief alles zu Galba über. Als der aus Neapel zurückgekehrte Nero die amtierenden Konsuln absetzte und selbst *sine collega* – allein – das höchste republikanische Amt übernahm, stellte sich auch der Senat gegen ihn. Von allen verlassen, flüchtete Nero Hals über Kopf aus Rom und versteckte sich auf dem Landgut eines seiner Freigelassenen. Dort spürten ihn Soldaten auf, und der Kaiser beging schließlich Selbstmord.

Nero war tot und Galba Kaiser; bereits am 8. Juni 68 hatte der Senat ihn anerkannt. Aber die verlorene Eintracht war damit keineswegs wiederhergestellt. Tacitus bemerkt, so sei das »Geheimnis der Herrschaft«, *arcanum imperii*, enthüllt worden: Man habe »zum Princeps auch anderswo als in Rom gemacht« werden können. Genau hier lag der wunde Punkt: Die traditionellen römischen Institutionen spielten bei der Besetzung des politischen Spitzenamts faktisch keine Rolle mehr. Den Senatoren blieb nichts anderes übrig als eine Entscheidung zu ratifizieren, die im fernen Germanien längst gefallen war und an der sie nicht beteiligt gewesen waren. Das römische Volk konnte Nero zürnen; an seiner Entmachtung hatte es letztlich nicht den geringsten Anteil. Was zählte, war die Fähigkeit, große Heeresverbände effektiv zu kontrollieren und gegen Truppen zu führen, die dem jeweiligen Amtsinhaber loyal ergeben waren.

Der Prinzipat kehrte so tatsächlich zu seinen augusteischen Wurzeln zurück, aber anders, als Vindex und seine Anhänger es beabsichtigt hatten: Er wurde wieder sichtbar als die Militärdiktatur, die er anfangs gewesen war, ungeachtet aller Versuche des Augustus, den usurpatorischen Charakter der neuen Herrschaftsform zu verschleiern. War die Autorität eines Kaisers verfallen, so entschied ausschließlich das militärische Potenzial eines Prätendenten über seine Erfolgsaussichten als dessen Nachfolger. Hier – und nicht in den römischen Institutionen republikanischer Prägung – lag, wie Tacitus richtig erkannte, das *arcanum* der kaiserlichen Herrschaft. Die ›Kaiserfähigkeit‹ eines senatorischen Kommandeurs hing von mehreren Variablen ab: Wie groß war das Heer, das er selbst befehligte? Wie hoch das Ansehen, das er bei seinen Soldaten genoss? Lag die Provinz, die er befehligte, strategisch günstig? Wichtiger als alles andere freilich war der Grad persönlicher Vernetzung, der ihn mit anderen hochrangigen Statthaltern verband, die Legionen kommandierten.

In der Tat war seine aristokratische Vernetzung der entscheidende Trumpf des greisen Galba: Er war in den Augen von Männern wie Vindex, Otho und dem in kritischer Lage gegen Nero revoltierenden Statthalter der Provinz Africa Proconsularis, Macer, ein akzeptabler Kandidat, um Nero herauszufordern, denn er empfahl sich durch seine Familie – bereits sein Vater war ein hoch angesehener Konsular gewesen –, seine untadlige Lebensführung, sein Dienstalter und seine Erfahrung: Bereits unter Tiberius hatte er einen ordentlichen Konsulat bekleidet und unter Caligula und Claudius weiter Karriere gemacht. Das verband ihn mit Othos Vater. Auch Galbas hohes Alter sprach nicht unbedingt gegen ihn: Vielleicht rechneten sich sogar manche seiner Bundesgenossen gute Chancen auf eine recht baldige

Nachfolge aus. Den Nachteil, dass er mit der Tarraconensis eine Provinz befehligte, die zwar über zwei Legionen verfügte, aber eben auch relativ weit abseits des Geschehens lag, kompensierte er dadurch, dass er Bundesgenossen gewann, die auf die Hauptstadt Druck ausüben konnten.

Galba war also ein starker Kandidat für den Purpur. Aber machte ihn das auch zu einem starken Kaiser? Wie schon bei vielen seiner Vorgänger begann Galbas Herrschaft durchaus vielversprechend: Er stellte in seiner Selbstdarstellung offensiv die augusteische Tradition heraus, in der seine Herrschaft stehen sollte: Münzen trugen Legenden wie LIBERTAS RESTITVTA (›Freiheit wiederhergestellt‹), PIETAS PVBLICA (›öffentlicher Anstand‹) oder DIVA AVGVSTA (›göttliche Augusta‹, womit an Livia, die Gattin des Augustus, erinnert wurde). Der neue Kaiser nahm den Caesar-Namen an und unterstrich so die Kontinuität zur nunmehr entmachteten julisch-claudischen Dynastie, unter Nero verbannte Senatoren rief er unverzüglich nach Rom zurück. Doch mit anderen Maßnahmen verscherzte sich Galba wichtige Sympathien: Mit der Bemerkung, er pflege Soldaten auszuheben und nicht zu kaufen, verweigerte er den Prätorianern eine bereits in Aussicht gestellte Belohnung. Damit stieß Galba alle vor den Kopf: die Soldaten, aber auch alte Bundesgenossen, die sich um die Dividende ihrer Loyalität betrogen sahen. Angesichts der gähnenden Leere, die dank Neros Verschwendungssucht in der Staatskasse herrschte, forderte er dann auch noch einen Großteil der kolossalen Summe von 2,2 Milliarden Sesterzen zurück, die Nero in Form von Schenkungen verteilt hatte: Die Begünstigten wurden einzeln gerichtlich belangt, besaßen aber in den seltensten Fällen noch etwas von dem Geld. Eine Welle von Zwangsversteigerungen und Pfändungen rollte über Rom hinweg.

Galbas fortgeschrittenes Alter und seine Kinderlosigkeit – seine beiden Söhne waren bereits tot – warfen zu allem Überfluss noch die Frage der Nachfolge auf. Die Zeit drängte, da die von Verginius Rufus befehligten obergermanischen Legionen in Mogontiacum (Mainz) am 1. Januar 69 beim Ablegen des Neujahrseides Statuen des Kaisers zerstört und so ihren Unmut darüber kundgetan hatten, dass Galba und nicht ihr Anführer Kaiser geworden war. Am 2. Januar griff die Meuterei auf die niedergermanische Garnison Colonia Claudia Ara Agrippinensium (Köln) über, wo Aulus Vitellius den Oberbefehl führte, der sich nun mit den Kommandeuren der übrigen Legionslager Novaesium (Neuss), Bonna (Bonn) und Vetera (Xanten) beriet. Noch am selben Tag rief Fabius Valens, der Legionslegat von Bonn, Vitellius zum Kaiser aus, am 3. Januar legten die Rheingarnisonen ihren Eid auf den Mann ab, dem man Alkoholismus nachsagte: Vitellius nahm den Namen Germanicus an und bereitete sich darauf vor, seine Legionen gegen Rom zu führen.

Allgemein wurde erwartet, dass Galba nun den Statthalter von Lusitania zum Nachfolger designieren würde, jenen Otho, der ihn gegen Nero so tatkräftig unterstützt hatte und der in der bevorstehenden Auseinandersetzung mit Vitellius ein wichtiger Alliierter sein würde. Galba aber hatte auch in dieser Frage seinen eigenen Kopf und adoptierte am 10. Januar den 30-jährigen Lucius Calpurnius Piso Frugi Licinianus, einen der vielen aus dem Exil zurückgerufenen Senatoren. Tacitus lässt Galba seine Wahl in einer langen Rede ausführlich begründen: Augustus habe lediglich in seinem eigenen Haus (*in domo*) einen Nachfolger gesucht, er im gesamten Gemeinwesen (*in re publica*). Piso habe in seinem Leben nichts zu bereuen, er zeichne sich durch Treue (*fides*), freien Sinn (*libertas*) und freundliches Wesen (*amicitia*) aus. Künftig werde er mit Kriechertum und Schmeichelei konfrontiert werden – dies sei das Hauptübel der Monarchie. Es gebe aber zum Prinzipat keine Alternative: Anders als durch die Herrschaft eines Einzelnen sei das Riesenreich (*immensum imperii corpus*) nicht zu regieren. Er, Galba, werde jedoch den Prinzipat, den er nicht selbst angestrebt habe, unabhängig von dessen Herkunft, in die Hände des Fähigsten legen.

Hier klingt als Ideal das sogenannte Adoptivkaisertum des 2. Jahrhunderts an, zu dessen Blütezeit Tacitus schrieb und das die Kaiser aus der Not – dem Fehlen männlicher Nachkommen – zur Tugend gemacht hatten. Durch Galbas Rede scheint also Tacitus' eigene Vision des Prinzipats durch, in der er eine republikanische Tradition und ihre Eckpfeiler – die persönlichen Qualitäten des Individuums (*virtus*) – mit der monarchischen Realität zu versöhnen suchte. Freilich war Tacitus' Vision so weltfremd wie Galbas Politik: Der junge Piso stammte zwar aus hochadliger Familie, war aber nach vielen Jahren fernab von Rom nur unzureichend mit anderen Mitgliedern der senatorischen Elite vernetzt. Er war deshalb als Nachfolgekandidat eine denkbar schlechte Wahl.

Der übergangene, maßlos enttäuschte Otho, der Galba nach Rom begleitet hatte, wiegelte nun die Prätorianer gegen den Kaiser auf, auch indem er sie mit Geld bestach. Am 15. Januar akklamierten 23 Prätorianer Otho auf dem Forum; wenig später erschien Galba, der auf dem Palatin ein Opfer dargebracht hatte, ebenfalls auf dem Forum: in einer Sänfte und von einer Prätorianerkohorte begleitet, woraufhin die Soldaten, die soeben Otho ausgerufen hatten, ihre Kameraden in der Eskorte des Kaisers dazu aufforderten, vom Kaiser abzufallen. Der alte Mann wurde aus seiner Sänfte gerissen und ermordet; auch Piso entging den Häschern nicht. Otho erhielt die Anerkennung des Senats und nahm den Namen Imperator Otho Caesar Augustus an, gegen Galba wurden Gedächtnissanktionen verhängt.

Zwischen Otho und Vitellius wurden jetzt hektische Gesandtschaften ausgetauscht, die den jeweils anderen zum Rückzug überreden sollten: Während für Otho sprach, dass der Senat seine Herrschaft anerkannt hatte, führte Vitellius das frühere Datum seiner Kaisererhebung ins Feld. Keiner gab nach. Schon wieder rangen zwei Männer um die Kaiserwürde: Die Donaulegionen und das Heer im Orient bekannten sich zu Otho; hier lag das Schwergewicht der römischen Militärmacht. Dagegen standen die Verbände vom Rhein – insgesamt sieben Legionen –, die Rom weitaus schneller erreichen konnten. In zwei großen Abteilungen ließ Vitellius daher, ohne viel Zeit zu verlieren, seine Legionslegaten das Heer über die Alpen führen; Otho beorderte seinerseits vier Legionen samt Hilfstruppen aus dem Donauraum nach Italien, wo ihm nur eine einzige Legion zur Verfügung stand, und zog den anrückenden Vitellianern entgegen; außerdem versuchte er mit seiner Flotte den gegnerischen Aufmarsch in der Narbonensis zu stören. Als die Vitellianer bis nach Norditalien vorgerückt waren, unterlief Otho ein fataler strategischer Fehler: Statt die Ankunft weiterer Einheiten aus Pannonien und Moesien abzuwarten, bot er dem Gegner die Schlacht an: Bei Bedriacum in der Nähe von Cremona erlitt sein Heer am 14. April 69 eine schwere Niederlage. Otho gab sich wenig später in aussichtsloser Lage selbst den Tod.

Vitellius war damit alleiniger Herrscher – wenn auch nur für wenige Monate. Tacitus zeichnet ein denkbar ungünstiges Bild von dem neuen Kaiser: Er schildert ihn als schlaffen, verweichlichten Lebemann, nachgiebig gegenüber seinen Soldaten, aber immerhin als talentierten militärischen Führer. Unter seinen Soldaten habe es »viele disziplinierte und ruhige Leute« gegeben, aber auch zahlreiche »verkommene und abenteuerlustige.« Hier schlägt das soziale Vorurteil des senatorischen Geschichtsschreibers gegen das Militär durch, dessen Masse sich aus Männern aus einfachen Verhältnissen zusammensetzte: Für Tacitus war das Heer ein potenzieller Unruheherd, in dem eine gewaltbereite, auf ihren Vorteil bedachte Soldateska den Ton angab, wenn die Befehlshaber strenge Zucht vermissen ließen. Das Verhältnis des Kaisers zum Heer gehörte für Tacitus daher in den weiteren Zusammenhang des Verhältnisses zwischen Herrscher und breiter Masse, dem *vulgus*: Ein senatorischer Truppenführer, der der Zügellosigkeit, Unzuverlässigkeit und Treulosigkeit des Pöbels opportunistisch entgegenkam, war als charakterlos, korrupt und feige entlarvt und daher für die Herrschaft disqualifiziert. Vitellius, der für Tacitus all dies verkörperte, erscheint damit bei ihm als Gegenbild zum glücklosen, aber konsequent agierenden und sich selbst treu bleibenden Galba.

Nachdem Vitellius selbst eine Weile in Germanien abgewartet hatte, zog er an der Spitze weiterer aus Germanien abgezogener Legionen nach Italien, besichtigte das Schlachtfeld und erhielt die Anerkennung durch den Senat. Am 17. Juli 69 hielt er schließlich seinen Einzug (*adventus*) in Rom und sprach am folgenden Tag vor den versammelten Senatoren. Seine Herrschaft stand zu diesem Zeitpunkt bereits unter einem schlechten Stern: Am 1. Juli hatte der Präfekt Ägyptens, Tiberius Julius Alexander, in Alexandreia Titus Flavius Vespasianus zum Kaiser ausgerufen, der unter Nero den Oberbefehl im Jüdischen Krieg erhalten hatte; Mucianus, der syrische Statthalter, hatte sich ebenso rasch auf Vespasians Seite geschlagen wie die Befehlshaber der Donaulegionen, vor allem der unter Nero in Ungnade gefallene, später aber von Galba rehabilitierte Marcus Antonius Primus, Kommandeur einer pannonischen Legion. Unter Primus' Führung setzte sich nun das Donauheer gen Rom in Bewegung, wo der in der Krise entscheidungsschwache Vitellius zunächst untätig ausharrte. Teile seiner Anhängerschaft fielen von ihm ab, und als der Kaiser sich doch endlich dazu aufraffte, den bereits in Norditalien stehenden Verbänden Vespasians den Weg zu versperren, erlitt sein Heer bei Cremona eine schwere Niederlage. Die siegreiche Armee statuierte an den Bewohnern der Stadt sogleich ein blutiges Exempel. Vitellius, noch immer in Rom, wurde daraufhin vom römischen Stadtpräfekten Flavius Sabinus, einem Bruder Vespasians, zur Kapitulation aufgefordert. Er weigerte sich, und Rom wurde zum Schauplatz von Straßenkämpfen, bei denen das Kapitol in Flammen aufging und Sabinus getötet wurde. Schließlich, am 20. Dezember 69, fand auch Vitellius den Tod. Domitian, nach Titus der zweite Sohn Vespasians, der in Rom überlebt hatte, und Vespasians Gefolgsmann Mucianus machten sich sogleich an die bereits obligatorisch gewordenen Säuberungen: Das Vierkaiserjahr endete so blutig, wie es begonnen hatte.

Rückblickend hebt sich die Krise der Jahre 68 und 69 als tiefe Zäsur in der Geschichte des 1. Jahrhunderts und des Prinzipats überhaupt ab, denn sie brachte eruptiv die in der augusteischen

Herrschaftsarchitektur verborgenen Schwachstellen ans Licht: Erstens war die römische Monarchie einem einzigen Mann auf den Leib geschneidert worden: Augustus. Für seine Nachfolger hatte sich der Rock aus verschiedensten Gründen als zu weit erwiesen. Der Prinzipat der julisch-claudischen Dynastie krankte zweitens am stetig knapper werdenden Personal, welches das Haus des Augustus der römischen Politik zur Verfügung stellen konnte. Drittens war unübersehbar, dass sich das Charisma des Friedensbringers Augustus, das seine Familie jahrzehntelang als ›Erbcharisma‹ verwaltet hatte, unter Nero endgültig verflüchtigt hatte. Und viertens erwies sich der Prinzipat augusteischer Prägung als Schönwettermonarchie. Fühlbar wurde die Verwundbarkeit der politischen Ordnung immer dann, wenn eine äußere Krise zeitlich mit einem Kaiser zusammenfiel, dessen Autorität irreversibel Schaden genommen hatte. So hatte Augustus die Varus-Katastrophe auch hochbetagt noch ohne größere Mühe politisch meistern können; bei Nero indes addierten sich das Vertrauensdefizit, unter dem der Kaiser litt, und die Krisen an der römischen Peripherie zu einer Hypothek, die seinen Prinzipat über alle Grenzen belastete. Der Armee, die ohnehin über fehlende Kaisernähe klagte, drängte sich der Eindruck auf, dass der Kaiser Teil des Problems, nicht seiner Lösung war – entsprechend wuchs ihre Neigung, nach alternativen Kandidaten Ausschau zu halten. Autoritätsverlust und äußere Krise konnten sich auf diese Weise rasch zu einer allgemeinen politischen Krise verdichten, die dadurch noch an Dynamik gewann, dass das Heer aufgrund seiner Verteilung über das ganze Reich in verschiedene Kraftzentren mit je eigenen Prätendenten zerfiel, die sich vor allem im Orient, an der Donau und am Rhein konzentrierten. Unvermeidliche Folge waren die sich teilweise auch chronologisch überkreuzenden Usurpationen von Galba, Otho, Vitellius und Vespasian. All das ließ für eine Zeit, da die konkurrenzlose Hegemonie des römischen Imperiums einer polyzentrischen Weltordnung weichen würde, nichts Gutes ahnen.

12. SOLDATENKAISER

Bis diese Situation eintrat, vergingen noch rund 150 Jahre, in denen Rom mit allen militärischen Bedrohungen spielend fertig wurde. Auch Krisen wie Trajans gescheiterter Partherkrieg (114–117 n. Chr.), der Bar-Kochba-Aufstand in Judäa (132–136 n. Chr.) und die Einfälle von Markomannen und Quaden an der Donau (166–180 n. Chr.) stellten zu keinem Zeitpunkt den Bestand des Imperiums in Frage. Stets nur an einer Front herausgefordert, genügte es, die militärischen Ressourcen des Reichs an einzelnen Brennpunkten zu massieren, um die Sicherheit der Provinzen zu gewährleisten. Ab ca. 230 wandelte sich die politische Umwelt des Imperiums dann aber so gründlich, dass auch in seinem Innern kaum ein Stein auf dem anderen blieb. Die römische Welt durchlitt eine rund 50-jährige Krise, die das Reich an den Rand des Zusammenbruchs brachte und in allen Lebensbereichen seiner Bewohner so tiefe Furchen zog, dass die Spätantike, die sich aus dem 3. Jahrhundert schließlich herausschälte, als historische Epoche eigenen Rechts gelten kann. Signaturen dieser Epoche waren die rasante Christianisierung, ein von Grund auf gewandeltes politisches System und schließlich die Völkerwanderung, die im späten 5. Jahrhundert die Westhälfte des Imperiums unter sich begrub.

Militärisch herausgefordert war Rom ab 230 in Mesopotamien, das seit dem Ende des Parther- und dem rasanten Aufstieg des an seine Stelle tretenden Sasanidenreichs Ziel persischen Expansionsdrangs war, und ab etwa 233 am germanischen Limes, über den mit den Alamannen erstmals ein Stammesverband ganz neuen Zuschnitts drängte. Damit war ein Zweifrontenszenario Realität geworden, das Roms bisherige strategische Doktrin – starre Verteidigungslinien entlang der Reichsgrenzen – Makulatur werden ließ, seine militärischen und fiskalischen Ressourcen bis an die Grenze der Belastbarkeit strapazierte und das politische System des Prinzipats heillos überforderte. Das Zeitalter der *Pax Romana* war damit vorbei.

Passé war auch die politische Stabilität, die den Prinzipat fast 250 Jahre lang im Wesentlichen ausgezeichnet hatte. Die Purpurträger lösten einander in immer rascherer Folge ab. Zwischen der Ermordung Severus Alexanders 235 und der Ausrufung Diokletians zum Kaiser 284 amtierten nicht weniger als neunzehn wenigstens zeitweise vom Senat anerkannte Augusti: Der Thraker Maximinus (235–238), die beiden ›Senatskaiser‹ Balbinus und Pupienus (238), die drei Gordiane (238–244), Philippus Arabs (244–249), der in Moesien gefallene Decius (249–251), die Karrieresoldaten Trebonianus Gallus (251–253) und Aemilianus (253), der bei Edessa in persische Gefangenschaft geratene Valerian (253–260), sein Sohn Gallienus (254–268), der Gotensieger Claudius (268–270), der energische Aurelian (270–275), Erbauer der römischen Stadtmauer, Sieger über die Goten, Juthungen, Vandalen und Markomannen, der greise Tacitus (275–276), dessen Halbbruder Florianus (276), der tatkräftige Probus (276–282) und schließlich der verhinderte Persersieger Carus (282–284) mit seinem Sohn Carinus (282–285).

Mit den Stämmen des germanischen Barbaricums waren die Römer schon seit Jahrhunderten konfrontiert: Der Einbruch der Kimbern und Teutonen, die Varus-Niederlage und die Markomannenkriege hatten gezeigt, dass die Germanen für die Reichsgrenzen eine ernste Bedrohung mit erheblichem Zerstörungspotenzial darstellten, mit der Rom aber fertig werden konnte, wenn es alle Ressourcen in einem Kraftakt bündelte. Nun, da im Osten ein aggressiver Gegner die Stelle des in einer langen Agonie dahinsiechenden Partherreichs einnahm, war es kaum mehr möglich, das gesamte Heeresaufgebot im Nordwesten zu konzentrieren. Im Übrigen hatten es Severus Alexander und seine Nachfolger nicht mehr mit den Germanen des Marius oder Caesars zu tun – die tribalen Großverbände des dritten und der folgenden Jahrhunderte waren hochmobile, disziplinierte und zu allem entschlossene Gefolgschaftsgruppen, gleichsam Heere auf Wanderschaft, denen der technologisch und organisatorisch überlegene, aber auf Dauer viel zu unflexible Militärapparat des Imperiums nicht gewachsen war.

Wie war dieser Wandel möglich, den die Römer scheinbar kaum zur Kenntnis nahmen? Und warum bleibt die kaiserzeitliche Literatur mit Blick auf die Umwälzungen jenseits des Limes praktisch stumm? Das Schweigen der Texte wirft die Forschung, will sie die Umformung der Stammesgesellschaften rekonstruieren, ähnlich wie für andere ›Dunkle Zeitalter‹ des Altertums auf archäologische Befunde, theoretische Modellbildung und die viel später entstandenen, mythisch überwucherten Ursprungsgeschichten (*origines*) der germanischen Völker zurück. Schon die Namen der neuen Gruppen lassen Rückschlüsse auf ihre Struktur zu: Die Alamannen (›alle Menschen‹) verstanden sich selbst als Sammlungsbewegung der Stämme und Heerhaufen zwischen Main und Elbe, mit Hermunduren, Semnonen und Sueben als Kernen; die Goten, mit denen Rom wohl 238 zum ersten Mal Bekanntschaft machte (die aber zunächst als ›Skythen‹ galten), wuchsen auf ihrer Wanderschaft vom Baltikum ins Schwarzmeergebiet vom unbedeutenden Heerhaufen (Gutonen) zu einer schlagkräftigen Stammeskonföderation an, in deren Sog zahlreiche andere Völkerschaften gerieten; in den 257/258 erstmals belegten Franken schließlich wurden die nicht unterworfenen, also ›freien‹ Stämme der rechten Rheinseite, Chamaven, Brukterer, Ampsivarier, Chattuarier und Chatten, zusammengefasst. Entsprechend tiefgreifend hatte sich die tribale Geographie Germaniens seit der um 100 geschriebenen *Germania* des Tacitus und der Weltkarte des Klaudios Ptolemaios (ca. 150) verändert: Viele der von Tacitus erwähnten Stämme tauchten im 3. Jahrhundert nicht mehr auf oder nur mehr als Untergliederungen von großen Stammesverbänden, in denen sie unter fast vollständigem Identitätsverlust aufgegangen waren. Gewiss hatten die Markomannenkriege Mark Aurels den Wandel beschleunigt, indem sie charismatischen Führern eine Bühne geboten und die Stämme ihr Heil in großen Zusammenschlüssen hatten suchen lassen, aber die Ursachen lagen doch erheblich tiefer. Entscheidend für die soziale Struktur des germanischen Barbaricums war, dass Sesshaftigkeit stets ein prekärer Zustand war: Krieg, Naturkatastrophen und andere Wechselfälle konnten aus sesshaften Ackerbauern wieder Nomaden machen, die sich auf Wanderschaft zu Heerhaufen zusammenrotteten und plündernd über Land zogen, immer auf der Suche nach Beutegut und Ackerland, auf dem sie wieder sesshaft werden konnten. Im Prinzip waren Kimbern und Teutonen Prototypen dieser wandernden Stämme, die der relative Wohlstand auf römischem Reichsboden magisch anzog.

Der Übergang von der Sesshaftigkeit zur Wanderschaft stand in eigentümlicher Wechselbeziehung zum Wandel des germanischen Königtums: Der ortsfeste Personenverband unterstand dem *thiudans*, dem Volkskönig kraft Abstammung; der wandernde Stamm folgte einem *kuning* (bei den Westgermanen) oder *reiks* (bei den Goten), der sich als tüchtiger Heerführer zu bewähren hatte und sein Königtum oftmals einer heroischen Tat verdankte, die er selbst oder einer seiner Vorfahren vollbracht hatte. Dynastien solcher Heerkönige, wie die Amaler bei den Goten, waren die Kristallisationskerne, um die sich Schicht um Schicht die tribalen Großverbände (*gentes*) gruppierten. Die einem charismatischen Anführer und seiner Familie zu leistende Gefolgschaft war das Prinzip, das den wandernden Stamm zusammenhielt. Vereinfacht ausgedrückt: Gote, Franke, Alamanne war, wer den entsprechenden *kuning* oder *reiks* anerkannte und ihm folgte.

Entsprechend wenig gefestigt waren die Stämme innerlich: Ethnische und tribale Identitäten knüpften sich an persönliche Loyalitäten, und im Extremfall konnten Krieger mehrfach in ihrem Leben die Stammeszugehörigkeit wechseln. Ganze Großverbände, wie die Konföderation der Hunnen nach dem Tod Attilas (453), konnten sich praktisch rückstandsfrei auflösen, wenn die Gefolgschaft aufgekündigt wurde oder der Heerkönig starb. Wenn deshalb hier von ›Alamannen‹ oder ›Goten‹ die Rede ist, darf nicht vergessen werden, dass wir von Kollektiven sprechen, deren Gesicht sich über die Jahrhunderte erheblich wandelte. Viele der Großstämme einte, wenn überhaupt, nur ein loses Zusammengehörigkeitsgefühl. Ohnehin waren sie so groß, dass sie oft in mehrere Gefolgschaftsverbände zerfielen, wie die Franken mit ihren verschiedenen Zweigen: den salischen Franken, den Rheinfranken (bzw. Ripuariern), Chamaven, Chattuariern, Sugambrern, Brukterern, Usipitern, Tenkterern, Ampsivariern und Chatten. Analog waren die Kniva-Goten um die Mitte des 3. Jahrhunderts ebenso wenig ›die‹ Goten, wie später die Alarich-Goten mit der zuvor im Karpatenbogen ansässigen Gruppe der Terwingen identisch waren. Jeder der Großstämme machte mit den Jahrhunderten einen komplizierten Prozess der Ethnogenese durch.

Die neuen Heerkönige, deren Abfolge gleichsam den Identitätskern einer *gens* repräsentierte, entstammten selbst einer neuen tribalen Elite, die durch den Kontakt mit dem Imperium Romanum zu Wohlstand, Einfluss und oft auch Bildung gelangt war. Viele ihrer Vertreter, wie etwa Arminius, der 9 n. Chr. Varus besiegt hatte, hatten in römischen Diensten gestanden und sich so mit römischem Lebensstil, aber auch dem Know-how disziplinierter Kriegführung vertraut machen können. Sie umgaben sich mit Luxusartikeln aus römischer Produktion und pflegten einen aufwendigen Lebensstil, mit dem sie sich von ihrer Gefolgschaft absetzten. Den womöglich entscheidenden Beitrag zur Entstehung des Heerkönigtums leistete so ausgerechnet Rom selbst: Der osmotische Austausch über einen für Güter, Menschen und Ideen stets durchlässigen Limes setzte, für die Römer unbemerkt, militärische Kräfte frei, deren Wucht sich bald just am Limes entladen sollte. Kaum zufällig erfolgte die erste Eruption in Böhmen, im Siedlungsgebiet der Markomannen, dem Teil Germaniens, der von jeher den engsten Kontakt zum Imperium unterhalten hatte.

Auch im Osten trieb Rom eine Entwicklung voran, die ein Bedrohungsszenario quasi-apokalpytischen Ausmaßes schuf: Die zwei großen Siege des Septimius Severus über die Parther (196 und 199) und der gescheiterte Vorstoß Caracallas (216/217), der das moribunde Reich im Osten aber weiter geschwächt hatte, waren die entscheidenden Voraussetzungen für den Aufstieg der Sasaniden und ihre Reichsbildung, die unmittelbar in eine aggressiv vorangetriebene Expansion umschlug: gen Osten, gegen das Kuschanreich, wie Westen, gegen Hatra und das römische Mesopotamien gerichtet. Rom hatte so seinem Hauptgegner für die nächsten 400 Jahre gewissermaßen selbst den Weg geebnet. Unabsehbare Folgen hatte aber auch das Verschwinden der autonomen Staaten an der Steppengrenze, zuerst des durch Rom annektierten Osrhoene (215), dann des durch die Sasaniden zerstörten Hatra (240) und der ebenfalls durch die Sasaniden beseitigten ehemals parthischen Teilkönigreiche in Mesopotamien (ab 224), schließlich des durch Rom eroberten Palmyra (272). Die Annexion bzw. Zerstörung der Klientelstaaten und ihrer urbanen Zentren entfesselte in wenigen Jahrzehnten die tribalen Kräfte der Steppengrenze und verwandelte Räume wie die Palmyrene oder das nordöstliche Mesopotamien in von den imperialen Mächten kaum mehr zu kontrollierende Unruhezonen.

Rom war also, als indirekte Folge seiner eigenen Expansion, mit äußeren Bedrohungen bislang nicht gekannten Ausmaßes konfrontiert, die gleich an zwei langen Grenzen (der ›nassen‹ Rhein-Donau-Grenze von der Nordsee bis zum Schwarzen Meer und der ›trockenen‹ Berg- und Steppengrenze in Anatolien, Mesopotamien und Syrien) die militärischen Ressourcen des Reichs aufs Äußerste strapazierten, während sich die Situation an der – relativ ruhigen – Wüstengrenze des Maghreb kaum veränderte. Hier hatte man allerdings schon im 2. Jahrhundert neue Befestigungsanlagen errichtet und ein Grenzmanagement implementiert, das die lokalen Stämme in Konsultationen einbezog und weitgehend störungsfrei funktionierte. Dagegen schaukelten sich die Krisen an der Nord- und Ostgrenze oft gegenseitig hoch: Probleme an einem Grenzabschnitt zwangen die Römer zum Abzug von Truppen aus anderen Regionen, was dort wieder neue Einfälle provozierte. Dieser Punkt war erstmals erreicht, als die Sasaniden zwischen 230 und 240 gegen das römische Mesopotamien andrängten, kurzzeitig Karrhai und Nisibis eroberten und schließlich Hatra zerstörten, während gleichzeitig die Alamannen über Rhein und Donau in Gallien, Raetien und Noricum einfielen und die Goten (seit 238) den Balkanraum und Kleinasien heimsuchten.

Die Eroberung der Steppenfestung Hatra im Jahr 240 markiert einen Wendepunkt, denn von nun an waren die römischen Orientprovinzen sasanidischen Vorstößen fast ungeschützt preisgegeben. 241 gelangte im Sasanidenreich Schapur auf den Thron. In drei Kriegen, deren Ablauf er selbst in einem als dreisprachige Monumentalinschrift erhaltenen Tatenbericht (*Res gestae divi Saporis*) schildert, stieß er jeweils tief in römisches Territorium vor, konnte sich in Nordmesopotamien und Syrien aber nicht dauerhaft festsetzen. Ihren Höhepunkt erreichte die Krise, als Ende der 250er Jahre mit Valerian der römische Senior Augustus auf dem Kriegsschauplatz intervenierte. Im zeitigen Frühjahr 260 prallten beide Heere auf dem schon klassischen Schlachtfeld zwischen Karrhai und Edessa aufeinander: Schapur siegte, Valerian geriet, als erster römischer Princeps, in feindliche Gefangenschaft, und die Perser zogen ein weiteres Mal plündernd durch den römischen Orient. Dieser dritte Romkrieg Schapurs war für Rom verheerend, aber nur von kurzer Dauer: Überraschend schnell organisierte sich Widerstand gegen die Perser, und Schapur musste sich eilends zurückziehen. Während sich zuverlässige Nachrichten über Valerian mit seiner Gefangennahme verlieren, war der Mann der Stunde ein Palmyrener namens Septimius Odaenathus, der innerhalb weniger Jahre zum Alleinherrscher in seiner Heimatstadt und dann zum starken Mann im ganzen römischen Orient avancierte.

Die Dramatik der Jahre zwischen 240 und 260 erschöpfte sich nicht in den Kämpfen zwischen Römern und Sasaniden im Osten: Nachdem Karpen und Goten schon 238 die untere Donau überschritten und Thrakien und Moesien heimgesucht hatten, spitzte sich die Lage in Dakien und Moesien 245 erneut zu. Der Kaiser Philippus Arabs schlug zwar die Karpen, konnte aber den

Donauraum nicht dauerhaft befrieden. 251 fiel Kaiser Decius mit seinem Sohn Herennius. Sein Nachfolger konnte den Abzug der Goten nur gegen die Zahlung von Jahrgeldern erkaufen. Hinter der neuen Bedrohung steckte ein Mann, der wie kein anderer seiner Zeitgenossen den Typus des charismatischen Heerkönigs repräsentierte: der Gote Kniva. Um ihn scharten sich Heerhaufen unterschiedlichster Herkunft: germanische Karpen und Goten, nichtgermanische Sarmaten, römische Deserteure. Knivas Erfolge konsolidierten die zusammengewürfelte Schar und ließen sie auch Rückschläge überstehen. Im Windschatten der persischen Vorstöße im Osten konnten Knivas Einheiten auf dem Balkan ungestört operieren (254 belagerten sie das wichtige Thessalonike) und auch maritime Expeditionen wagen: 253 setzten sie zum ersten Mal über das Schwarze Meer und suchten Pityus im heutigen Georgien heim, 256/257 erreichten sie Phasis und Trapezus an der kleinasiatischen Nordküste, 259 Bithynien mit Nikomedeia, Chalkedon und Nikaia, 262 abermals Bithynien.

Während die Goten und ihre Verbündeten im Schwarzmeer- und Donauraum operierten, hatten die Franken den rheinischen Limes bereits perforiert und waren über Gallien bis nach Spanien vorgestoßen, wo sie Tarraco (Tarragona) dem Erdboden gleichmachten (257/258). Gallienus, Sohn und für den Westen zuständiger Mitkaiser Valerians, hatte sich unterdessen der bereits 254 nach Raetien eingebrochenen Alamannen zu erwehren: 259 durchbrachen die alamannischen Juthungen den Limes und gelangten bis nach Italien, wo sie reiche Beute machten und Tausende Italiker gefangennahmen.

Als Valerian 260 bei Edessa in Gefangenschaft geriet, schien das Imperium vor dem Auseinanderbrechen zu stehen: Im Westen, Norden und Osten fluteten Barbaren über die kaum mehr effektiv zu kontrollierenden Grenzen, überall flackerten Usurpationen auf, und die Autorität des überlebenden Kaisers Gallienus hatte ihren Tiefpunkt erreicht.

Gallienus überstand die Krise und konnte zwei Jahre später seine Dezennalien feiern, sein zehntes Regierungsjubiläum.

Kaum einem seiner Vorgänger und Nachfolger war es vergönnt, so lange zu regieren. Der häufige Kaiserwechsel seit dem Ende der severischen Dynastie war Symptom einer tief liegenden politischen Umwälzung, in der herrscherliche Autorität zeitweise völlig zusammenbrach. Der Prinzipat drohte einer Militäranarchie zu weichen: Severus Alexander hatte seine Sympathien bei den Soldaten verspielt, als er seinen Perserfeldzug nach mäßigen Erfolgen abgebrochen und sich der neuen Bedrohung im Westen zugewandt, sich aber als unfähig erwiesen hatte, die Einbrüche von Reichsfeinden abzuwehren. Unter diesem Eindruck hatte in Mogontiacum (Mainz) der Präfekt der Rekrutenausbildung, der Thraker Gaius Julius Verus Maximinus, nach dem Purpur gegriffen: Alexander und seine Mutter Julia Mamaea waren bei Mogontiacum ermordet worden (235). Maximinus, wegen seiner Herkunft Thrax genannt, war in Germanien sogleich in die Offensive gegangen: Herodian berichtet, der neue Kaiser habe, wohl bei Mainz, den Rhein überschritten, sei »tief ins Land« – das freie, rechtsrheinische Germanien – vorgedrungen und habe einen großen Sieg errungen. Bis vor Kurzem galten diese Kämpfe tief im Feindesland als Erfindung oder doch Übertreibung des Historikers. Seit Auffindung des Schlachtfelds am Harzhorn, das sich anhand der Funde recht sicher auf die zweite Hälfte der 230er Jahre datieren lässt, kann indes als sicher gelten, dass römische Heere selbst noch im 3. Jahrhundert zu offensiver Kriegführung in Germanien imstande waren. Freilich waren auch Maximinus, dem ersten Karrieresoldaten im kaiserlichen Purpur, so erfolgreich er als Feldherr war, nur wenige Jahre als Kaiser vergönnt.

Maximinus war einer Usurpation zum Opfer gefallen, die im römischen Nordafrika ihren Anfang genommen hatte: Wie überall war auch hier der Abgabendruck auf die Großpächter von Landgütern drastisch gestiegen, nachdem das Imperium mehr Ressourcen in seine militärische Schlagkraft hatte investieren müssen. In Thysdrus in der Provinz Africa proconsularis hatte sich ihre Wut in einem Mordanschlag auf den für die

Eintreibung der Gelder zuständigen Prokurator entladen. Aus Furcht vor Strafaktionen hatten sich Großpächter an den Prokonsul Gordianus gewandt und ihn schließlich dazu überredet, die Herrschaft an sich zu reißen. In den Ereignissen von Thysdrus wird erstmals die Verzahnung der politischen mit der fiskalischen Krise sichtbar, die wiederum mit der unsicheren militärischen Gesamtlage in einem unmittelbaren Wirkungszusammenhang stand und selbst im wohlhabenden, sozial und wirtschaftlich weitgehend gefestigten Nordafrika erheblichen politischen Zündstoff barg. Aus dem Chaos, in das die Usurpation die römische Welt 238 gestürzt hatte, war der Enkel Gordians, der erst 13-jährige Gordian III., als einziger Überlebender hervorgegangen.

In den Teufelskreis aus militärischer und fiskalischer Überforderung gerieten fortan alle römischen Herrscher, bis es Diokletian ab 284 – vor dem Hintergrund einer sich entspannenden strategischen Lage – gelang, das Imperium durch systematische Herrschaftsteilung zu stabilisieren. Den Handlungsoptionen der wegen ihrer meist militärischen Karrierewege ›Soldatenkaiser‹ genannten Herrscher setzten die diversen militärischen Krisen und der fehlende Zugang zu nennenswerten neuen Geldquellen enge Grenzen. Selbstverständlich war die Loyalität der Soldaten käuflich, doch wenn kein Geld in der Kasse war, war der Spielraum für herrschliche Großzügigkeit klein. Und angesichts der verzweifelten Abwehrkämpfe gegen einfallende Reichsfeinde in West und Ost fand sich immer ein lokaler Befehlshaber, der diese Aufgabe vermeintlich besser erledigte als der jeweilige Purpurträger und deshalb von seinen Soldaten und oft auch von der Zivilbevölkerung dazu ermuntert wurde, sich selbst im Spitzenamt zu versuchen. Der Bürgerkrieg wurde so, während das Reich von außen einer belagerten Festung glich, im Innern zum Normalzustand und verbrauchte dringend für den Grenzschutz benötigte Ressourcen.

Die kurze Regierungsdauer der meisten Kaiser zwischen Maximinus und Diokletian, die schiere Anzahl erfolgreicher

Usurpationen und die noch eindrucksvollere Welle von Usurpationsversuchen, die über das Römische Reich brandete, sind zusammengenommen handfestes Symptom für eine tiefe Krise des Kaiserreichs und seines politischen Systems, des Prinzipats. Die Umwälzungen jenseits der Reichsgrenzen, die weite Teile des Reiches in Konfliktzonen verwandelten, waren Auslöser der politischen Krise und wurden zugleich – in einem Prozess fortwährender Rückkopplung – von ihr verstärkt. Das Unvermögen des Prinzipats, mit den diversen Krisensymptomen fertig zu werden, hat die Forschung jahrzehntelang als Ausdruck einer umfassenden Reichs-, ja »Weltkrise« gedeutet, durch welche die gesamte antike Mittelmeerwelt buchstäblich an den Rand des Abgrunds geraten sei. Ohne Frage waren auch die ökonomischen Rahmendaten der römischen Welt ab dem 2. Jahrhundert n. Chr. einem fundamentalen Wandel unterworfen und unbestreitbar wies das Silbergeld, mit dem die Menschen um 250 bezahlten, nur noch einen Bruchteil des ursprünglichen Edelmetallgehalts auf. In ihrer Bedeutung kaum sicher zu quantifizieren sind schließlich die Verwüstungen und die Leichenberge, die Barbareneinfälle und Bürgerkriege zurückgelassen haben dürften.

Gab es also eine Wirtschaftskrise im Römischen Reich? Jede Antwort auf diese scheinbar so einfache Frage hat zu differenzieren: zwischen Stadt und Land, zwischen den diversen Wirtschaftssektoren und vor allem zwischen den einzelnen Provinzen, deren Wirtschaft sich jeweils höchst unterschiedlich entwickelt hatte. Außerdem ist zu berücksichtigen, wie schwer sich archäologische Befunde deuten und zu einer Gesamtschau verallgemeinern lassen. Beispiel Gallien: In Gallien wurden ab dem 2. Jahrhundert viele ländliche Siedlungen aufgegeben, ein Befund, der lange als Indikator agrarischer Verödung, nicht zuletzt infolge der Germaneneinfälle, missdeutet wurde. Dann aber zeigte sich, dass sich lediglich die Parameter des Siedlungsbildes verschoben hatten: von kleinen Streusiedlungen hin zu größeren Zentren. Durch die agrarwirtschaftlichen Umschichtungen fiel kein Land brach, aber die Bewirtschaftungspraktiken und wohl auch die Abhängigkeits- und Besitzverhältnisse änderten sich von Grund auf. Beispiel Ägypten: In der Nilprovinz verschwanden ebenfalls einige Siedlungen von der Bildfläche, vor allem nach der Pest, die Ägypten in der Regierungszeit Mark Aurels heimgesucht hatte. Papyri berichten zudem von leerstehenden Häusern. Zugleich gibt es aber unzählige Hinweise darauf, dass öffentliche und private Gebäude neu errichtet bzw. instand gehalten wurden. Für eine Entvölkerung weiter Landstriche spricht dagegen kaum etwas, eher ließe sich von Stagnation auf hohem Niveau sprechen. Beispiel Syrien: Kaum eine Provinz bietet ein vergleichbar uneinheitliches Bild: Während für das nordsyrische Kalksteinmassiv, den Bereich der ›toten Städte‹, für die Zeit um 250 – vielleicht also als indirekte Folge der Romkriege Schapurs – ein deutlicher demographischer Einbruch zu verzeichnen ist, von dem sich die Region erst im 4. Jahrhundert erholte, profitierten andere ländliche Regionen von einem geradezu stürmischen Aufschwung.

Der Wandel in den Bewirtschaftungsformen und Eigentumsverhältnissen war ein Prozess der langen Dauer, dessen Anfänge sich kaum sicher festmachen lassen und der auch im 3. Jahrhundert noch nicht abgeschlossen war. Die Latifundien der späten Republik und frühen Kaiserzeit waren mit wahren Großaufgeboten von Sklaven bewirtschaftet worden, die kaserniert auf dem Gut gehalten und vom Besitzer oder Pächter mit Kleidung und Nahrung versorgt worden waren. Sklaven blieben auch in der spätantiken Landwirtschaft ein wichtiger Faktor, doch ergänzte mit der Zeit der Kolonat als neues Abhängigkeitsverhältnis die unfreie Arbeit: Die *coloni* waren freie Pachtbauern, die auf eigene Rechnung das Land des Grundherrn bestellten. Als Pachtzins hatten sie einen Teil der Ernte abzuliefern oder feste Geldzahlungen zu leisten. Vielleicht war das Versiegen des Sklavennachschubs für die Ausbreitung des Kolonats mitverantwortlich, doch dürften hauptsächlich ökonomische Kosten-Nutzen-Kalkulationen den Ausschlag gegeben haben: Durch den Verzicht auf unfreie Arbeiter und die Verpachtung des Landes konnte der Grundherr Einnahmen in zuverlässiger Höhe erzielen und gleichzeitig Investitionen auf die Pächter abwälzen. Während die Pächter häufig versuchten, sich dem grundherrlichen Abgabendruck durch Flucht zu entziehen, trachtete die Gesetzgebung seit diokletianischer Zeit danach, sie als *glebae adscripti* an die ›Scholle‹ zu binden. Auch danach löste der Kolonat die Sklaverei einer-, das freie Bauerntum andererseits aber keineswegs rundweg ab. Vielmehr trat er neben beide, war aber spätestens im 3. Jahrhundert die vorherrschende Bewirtschaftungsform geworden.

Obwohl die ökonomische Basis der antiken Mittelmeerwelt zu einem überwältigenden Teil agrarisch war, waren es doch die Städte, die dem Reich institutionell, sozial und kulturell sein Gepräge gaben. Auch die Städtelandschaft veränderte im 2. und 3. Jahrhundert rasant ihr Gesicht. Einerseits scheint die Finanzkraft der städtischen Eliten, die den Großteil der öffentlichen Bauvorhaben verantworteten, allmählich erlahmt zu sein: Funktionen konnten nicht mehr wahrgenommen werden, Städte schrumpften, vor allem in Italien. Die zunehmende Autarkie landwirtschaftlicher Großbetriebe, in denen sich nicht nur agrarische, sondern immer stärker auch gewerbliche Aktivitäten konzentrierten, schädigte die Märkte vieler Städte und machte sie als Handelszentren auf lange Sicht überflüssig, obwohl der Bedarf an neuen kaiserlichen Residenzen mit entsprechender Infrastruktur vielerorts den Niedergang des Handels wettmachte. Gerade im 3. Jahrhundert florierten deshalb auch viele Städte wie Sirmium, Carnuntum und Trier, die nahe genug an den Brennpunkten lagen, um den Kaisern auf ihren Feldzügen als Hauptquartiere zu dienen. In manchen Reichsteilen, vor allem in Syrien und Nordafrika, aber auch in Teilen Kleinasiens, erreichte die monumentale, von Bürgern finanzierte Bautätigkeit sogar erst unter den Severern (193–235 n. Chr.) ihren Höhepunkt. Wenn im 3. Jahrhundert die Neubautätigkeit insgesamt spürbar nachließ, so auch deshalb, weil vielerorts bereits ein hoher Sättigungsgrad an Thermen, Theatern, Gymnasien und anderen Repräsentationsbauten erreicht war. Von einem allgemeinen Niedergang der Urbanität wird man deshalb kaum sprechen wollen. Die mit der Tetrarchie einsetzende neue Gründungswelle, die in der Einweihung von Konstantinopel als neuer Hauptstadt gipfelte, beweist vielmehr, dass urbanes Leben im Imperium Romanum nach wie vor äußerst vital war.

Während sich also von einer Wirtschaftskrise, wenn überhaupt, nur bedingt und regional begrenzt sprechen lässt, können an einer chronischen Überforderung der Staatskasse kaum Zweifel bestehen. Hauptindikator ist hier der sinkende Edelmetallanteil der beiden wichtigsten Münzfüße, des Silberdenars und des aus Gold geprägten Aureus: Die eigentliche Referenzmünze für den Wechselkurs aller anderen Münzfüße war der Denar mit einem Gewicht von 3,65 g. Dessen Feinsilbergehalt sank von nahezu 100 % im 1. Jahrhundert auf gerade noch 2 % Silber im Krisenjahr 260. Die Zahlen sprechen scheinbar für sich: Der Verfall des Feingehalts beschleunigte sich genau in dem Moment, als Septimius Severus Unmengen von Geld für das Militär benötigte, und der Edelmetallanteil der Silbernominale tendierte gegen Null, als Valerian und Gallienus verzweifelt versuchten, ein an Rhein, Donau und Euphrat herausgefordertes Reich zu stabilisieren. Offensichtlich wussten die Kaiser, die den Kunstgriff der Staatsverschuldung noch nicht kannten, kein anderes Mittel, um ihre Soldaten zu bezahlen. Im Detail wirft der Befund jedoch durchaus analytische Probleme auf: Wie etwa reagierte eine metallistische Geldwirtschaft, die den Wert einer Münze nach ihrem Metallwert bemaß, auf die kontinuierliche Reduzierung des Feingehalts? Nahmen die Zeitgenossen inflationäre Effekte und Geldentwertung überhaupt wahr? Wie stark wurde das Vertrauen in die Münzen mit dem Porträt des Kaisers erschüttert? Und bedeutete der Verfall der Währung zugleich auch den Niedergang der Geld- und die Rückkehr zur Naturalwirtschaft? Die Ursachen der Haushaltskrise sind ebenfalls nicht eindeutig festzumachen: Überstiegen lediglich die Ausgaben das Leistungsvermögen des Fiskus oder waren auch Engpässe auf der

Einnahmenseite für die Zuspitzung verantwortlich? Schließlich: Inwiefern lassen sich die Ausgabe immer wertloserer Münzen und die periodische Ausgabe neuer Nominale als ›währungspolitische‹ Maßnahmen verstehen?

Wie die Menschen auf die Münzentwertung reagierten, ist kaum sicher zu ermitteln, denn schriftliche Berichte mit entsprechenden Zeugnissen fehlen. Offensichtlich blieb das Vertrauen in das Geld der Kaiser erstaunlich lange unerschüttert. Erst die um 274 durch Aurelian veranlasste Ausgabe neuer Nominale mit höherem Feingehalt, der sogenannten Reformantoniniane, für die ein Umtauschkurs von 1:20 verordnet wurde, brachte der Öffentlichkeit, die sich urplötzlich um ihre Ersparnisse betrogen sah, die Geldentwertung zu Bewusstsein. Das Gresham'sche Gesetz, nach dem schlechte Münzen die besseren aus dem Umlauf verdrängen, weil gutes Geld gehortet wird, kam jetzt voll zum Tragen: Die Reformantoniniane wurden gehortet, während man weiterhin mit den nun faktisch zu Inflationsgeld erklärten Altantoninianen bezahlte. Wie viele Münzen von jeder Serie geprägt wurden und wie viele der Hortung entgingen, lässt sich nicht annähernd quantifizieren. Vielversprechender ist deshalb ein Blick auf die Zirkulation des Geldes, und wenigstens hier lässt sich ein eindeutiger Trend ausmachen: Während die Geldströme in den ersten beiden Jahrhunderten n. Chr. ihren Ausgangspunkt in Rom hatten, von dort in die Garnisonen an der Peripherie und sodann aus den Provinzen wieder zurück nach Rom flossen, kam dieser Kreislauf im 3. Jahrhundert zum Erliegen. Geld wurde nun über regionale Münzstätten in Umlauf gebracht und an die Soldaten in der näheren Umgebung ausgezahlt. So fanden sich in britischen Münzhorten zahlreiche severische Münzen, die gegen Anfang des 3. Jahrhunderts im Orient geprägt worden waren, während kurz nach der Jahrhundertmitte, unter Gallienus, nur wenige im Orient geschlagene Münzen ihren Weg nach Britannien fanden: Indiz dafür, dass im Reich separate Geld- und Wirtschaftskreisläufe entstanden waren.

Ab dem späten 2. Jahrhundert suchte die Zentrale mit Hochdruck nach Mitteln und Wegen, um neue Geldquellen zu erschließen. Zwar war seit 167 ganz Italien von der direkten Steuer (*tributum*) befreit, doch galten Steuerprivilegien nun nicht mehr für Neubürger: Eine Klausel der *constitutio Antoniniana*, mit der 212 n. Chr. das römische Bürgerrecht praktisch auf alle freien Reichsbewohner ausgeweitet wurde, legte eigens fest, dass die Verleihung des Bürgerrechts keine Befreiung von Steuern bedeutete. Im Gegenteil: Den Neubürgern wurden zusätzlich Lasten aufgebürdet, die nur römische Bürger zu leisten hatten. Mit wachsendem Geldmangel waren die Kaiser zudem bestrebt, die Einnahmen aus den kaiserlichen Domänen zu steigern. Deshalb wiesen sie ihre Finanzverwalter vor Ort, die *procuratores*, an, den Druck auf die Pächter zu erhöhen. Welche politischen Rückwirkungen ein solches Vorgehen haben konnte, zeigen die Vorgänge im nordafrikanischen Thysdrus, die der Usurpation der Gordiane vorausgingen.

Erhöhter Finanzbedarf durch einen stetig expandierenden Militärhaushalt, zunehmender Steuerdruck und rabiatere Inkassomethoden, erosionsartiger Autoritätserlust der kaiserlichen Reichsspitze, politische Instabilität und wachsende Usurpationsneigung, schließlich Entwertung der Münznominale und Entkoppelung der Güter- und Geldzirkulation waren allesamt Faktoren in ein und demselben Wirkungszusammenhang. Den Kaisern fehlte es an Geld und das verringerte die Spielräume, ihrer Autorität Geltung zu verschaffen. Während das Vertrauen in die Währung zusammenbrach, gingen signifikante Teile der Reichsbevölkerung von der Geld- zur Naturalwirtschaft über. Aber solche Krisensymptome sollten nicht überbewertet werden: Das Reich geriet wirtschaftlich und fiskalisch nicht in eine unaufhaltsame Abwärtsspirale, das Kaisertum als Institution verlor nicht grundsätzlich an Legitimität, die militärische Kommandostruktur funktionierte weiterhin und die Münzen büßten selbst dann nicht jede Glaubwürdigkeit als Zahlungsmittel ein, als sie nur noch Schatten ihrer selbst waren. Schließlich brachte die Soldatenkaiserzeit, bei aller konservativen Rückwärtsgewandtheit, innovative Ansätze zur Krisenbewältigung hervor. Naheliegend war der Versuch, das Militär den neuen Herausforderungen anzupassen: Die kavalleristische Komponente wurde verstärkt, wie überhaupt der Mobilität der Streitkräfte mehr Beachtung geschenkt wurde. Während die fest an den Grenzen stationierten Einheiten reduziert wurden, schuf man ein mobiles Feldheer, das an militärischen Brennpunkten rasch zum Einsatz gebracht werden konnte. Nicht zuletzt wurden die militärischen Kommandostellen nicht länger senatorischen Dilettanten anvertraut, sondern professionellen Karrieresoldaten, die eine entsprechende Ausbildung absolviert hatten.

Ein Problem des klassischen Prinzipats bestand in seiner extremen charismatischen Fundierung: Die Purpurträger waren in hohem Maße davon abhängig, dass sie eigene ›außeralltägliche‹ Leistungen vorzuweisen hatten oder zumindest, in Form von ›Erbcharisma‹ von den Leistungen ihrer Vorgänger profitieren konnten. Deshalb war der Prinzipat als politisches System nicht sonderlich krisenfest. Ein Ausweg, den die ›Soldatenkaiser‹ beschritten, bestand darin, die Person des Herrschers eng an bestimmte Gottheiten anzulehnen. In besonderer Weise eignete sich dazu der Sonnengott Sol Invictus, in dem sich bereits im 3. Jahrhundert Aspekte einer abstrakten Göttlichkeit manifestierten. Dem Gedanken des ›Gottesgnadentums‹, das in der politischen Theologie des Christentums Herrschaftsansprüche begründete, war damit zumindest der Weg bereitet.

Außerdem reifte im 3. Jahrhundert die Erkenntnis, dass das Imperium zu groß war, um von einem einzigen Herrscher regiert zu werden. Bereits unter den Adoptivkaisern hatte es Experimente mit Herrschaftsteilung gegeben, 253 griff Valerian auf das Prinzip zurück, als er seinen Sohn Gallienus erst zum Caesar und dann zum gleichberechtigten Augustus machte, der für den Westen zuständig war, während er selbst sich um die östliche Reichshälfte kümmerte. Die Regionalisierung von Herrschaft war eine Antwort auf das Dilemma, dass Soldaten und Zivilbevölkerung überall im krisengeschüttelten Reich Herrschernähe erwarteten, der Princeps aber immer nur an einem Ort zugleich sein konnte. Regionalisierung erfolgte nicht nur von oben nach unten, sondern auch, als ad-hoc-Lösung spontan sich ergebender Problemlagen, in umgekehrter Richtung: dann nämlich, wenn, wie in Gallien 260, eine Usurpation nicht in einen reichsweiten Bürgerkrieg überging, sondern regional begrenzt blieb und sich der Usurpator auf den Schutz der Grenzen konzentrierte; ähnlich 260 in Palmyra, als dessen starker Mann Septimius Odaenathus die Offensive der Perser abwehrte und dafür von Gallienus mit Titeln und Machtbefugnissen überhäuft wurde. Beide Bewegungen hatten lediglich Übergangscharakter: In Gallien beseitigte 274 Aurelian das Regime der Usurpatoren, in Palmyra hatte sich 267 durch Odaenathus' Tod die Geschäftsgrundlage geändert. Während aus Sicht der Zentrale damit alle Titel an Rom zurückfielen, betrieb Odaenathus' Witwe Zenobia lokaler Logik folgend die dynastische Erbfolge ihres Sohnes Wahballat. Auch hier setzte Aurelian den ungeteilten Souveränitätsanspruch Roms gegen Widerstand durch. Als er 275 hinterrücks ermordet wurde, hatte er die Reichseinheit wiederhergestellt.

13. TETRARCHIE

Mit Aurelian steuerte das unruhige Zeitalter der ›Soldatenkaiser‹ bereits seinem Ende entgegen. Das Modell der Herrschaftsteilung erwies sich indes als zukunftsträchtig. Der Karriereoffizier Diokletian, der 284 als Usurpator nach dem Purpur griff, erhob wenig später (285) seinen Kameraden Maximian zum Caesar, im Jahr darauf sogar zum formal gleichberechtigten Augustus. Er schlug so zwei Fliegen mit einer Klappe: Die Ernennung Maximians verdoppelte die Reichsspitze und garantierte ein Mehr an Herrschernähe für die Untertanen; zugleich nahm er seinem potenziell schärfsten Rivalen jede Neigung, per Usurpation nach der Macht zu greifen. 293 wurde die Doppelherrschaft mit Maximian als Augustus des Westens und Diokletian als Augustus des Ostens zur Tetrarchie erweitert: Jeder der beiden Augusti ernannte einen Caesar als Unterherrscher, der ihm später nachfolgen sollte. 305 schließlich traten Diokletian und Maximian aus freien Stücken zurück und machten Platz für Galerius und Constantius, die jetzt Augusti wurden und mit Maximinus Daia und Severus zwei neue Caesares beriefen. Wäre alles nach Plan verlaufen, dann hätte sich das Karussell der Tetrarchie zehn Jahre später abermals in Bewegung gesetzt.

Der Ausbau des Prinzipats zur Tetrarchie und die zeitliche Beschränkung der Amtszeit waren nicht die einzigen Neuerungen, die mit Diokletian Einzug hielten. Besonders fühl- und sichtbar für die Umwelt war die Distanz, die das Hofzeremoniell jetzt zwischen Kaisern und Untertanen schuf: Wer sich einem Kaiser näherte, hatte nun nach persischem Vorbild wie ein ›Hund‹ zu Boden zu fallen – daher die Bezeichnung ›Proskynese‹. Das gewandelte Repräsentationsbedürfnis wird auch durch die über das Reich verstreuten neuen Kaiserresidenzen deutlich, die Rom als Herrschaftszentrum – wenn auch nicht als ideellen Mittelpunkt des Reiches – ersetzten: Sirmium, Antiocheia, Nikomedeia und Aquileia für Diokletian, Mediolanum (Mailand) für Maximian, Thessalonike und Romuliana (Gamzigrad) für Galerius, Augusta Treverorum (Trier) für Constantius und schließlich der gewaltige Palast in Salona (Split), den sich Diokletian für seinen Ruhestand errichten ließ. Die rekonstruierte Palastaula des Kaiserpalasts in Trier vermittelt bis heute einen lebendigen Eindruck von der Repräsentationsarchitektur der beginnenden Spätantike.

Mit der Tetrarchie verknüpft sich aber vor allem die administrative Neugliederung des Reiches: Schon zuvor, etwa unter den Severern, waren große Provinzen geteilt worden – auch, um so die Macht einzelner Statthalter zu beschneiden; unter Diokletian wurde die Zahl der Provinzen noch einmal ungefähr verdoppelt: von 50 auf etwa 100. Allerdings dürften diesmal allein administrative und strategische Erwägungen den Ausschlag gegeben haben: Das militärische Kommando wurde den Provinzstatthaltern endgültig entzogen und *duces* übertragen, deren Befehlsbereiche oft mehrere Provinzen umfassten. Die meisten Statthalter, die jetzt nur noch zivile Befugnisse hatten, waren ritterständische *praesides*; die senatorischen *legati* verschwanden ganz. Italien und Ägypten, bislang aus dem Provinzialsystem ausgespart, verloren ihren Sonderstatus. Vermutlich 297 wurden zudem die verkleinerten Provinzen in insgesamt zwölf größeren Einheiten, den ›Diözesen‹, zusammengefasst, die jeweils einem *vicarius* (Stellvertreter) unterstellt wurden. Den *vicarii* waren wiederum drei (später vier) Prätorianerpräfekten vorgesetzt, die nichts mehr mit den Prätorianerpräfekten der frühen Kaiserzeit gemein hatten und reine Verwaltungsbeamte waren, deren Kompetenz sich auf klar fixierte Amtsbezirke erstreckte: den Westen (*praefectus Galliarum*), Italien und Africa (*praefectus Italiae et Africae*), den Balkan mit Griechenland (*praefectus Illyrici*) sowie den Osten (*praefectus per Orientem*). Das administrativ neu gegliederte Reich sicherte eine an Legionen und Mannschaftsstärke deutlich vergrößerte Armee. Da – analog zu den Provinzen – auch die Einheiten verkleinert wurden, lässt sich die genaue Heeresstärke nicht ermessen, aber die diokletianische Armee war gewiss bedeutend größer als die der Severer und vermutlich auch stärker als jene, die Aurelian aufs Schlachtfeld geführt hatte. Außerdem wurden die Grenzen jetzt durch unter immensem Aufwand errichtete Befestigungssysteme gesichert. So entstand im Osten, dort, wo zuvor Palmyra die Stämme der Steppe im Zaum gehalten hatte, die *strata Diocletiana*, eine mit massiven Forts armierte Verteidigungslinie, die ahnen lässt, welche Gefahr die unübersichtliche Lage entlang der Steppengrenze für Rom bedeutete. Einen Eindruck von der Wehrhaftigkeit dieser Militärgrenze vermittelt bis heute das sogenannte Diokletianslager, das in der dafür teilweise geräumten Oasenstadt Palmyra ein ganzes Stadtviertel ausfüllte.

Neu war auch das System der Besteuerung, das dem Staat zum ersten Mal verlässliche Einkünfte bescherte, auf deren Grundlage sich ein ›Haushalt‹ planen ließ. Die neuen Abgaben kombinierten eine Kopf- (*capitatio*) mit einer Grundsteuer (*iugatio*), die jeweils in Naturalien zu leisten waren und direkt dem angeschwollenen Heer zugute kamen, das gigantische Mengen an Agrarerzeugnissen verbrauchte. Um die *capitatio-iugatio* auf ein gerechtes Fundament zu hieven, machten sich nun alle fünf Jahre Steuerschätzer auf den Weg, die in allen Provinzen das Ackerland begutachteten, die Köpfe zählten und die Abgabenpflichtigen veranlagten. Wieviel eine Region jeweils abzuführen hatte, richtete sich wenigstens im Idealfall nach ihrer wirtschaftlichen Leistungsfähigkeit. Für die Bevölkerung war damit das Problem der im 3. Jahrhundert grassierenden ad-hoc-Besteuerung, mit der Engpässe in der Heeresversorgung behoben worden waren, aus der Welt geschafft.

Überhaupt kümmerte sich der Staat nun verstärkt um wirtschaftliche Belange: Der explodierenden Preise versuchten Diokletian und seine Kollegen Herr zu werden, indem sie 301 n. Chr. in einem Dokument, das inschriftlich erhalten ist und in der Forschung als ›Höchstpreisedikt‹ bezeichnet wird, für zahllose Warenkategorien Maximalpreise festsetzten. Das Edikt ist aus heutiger Sicht ein Glücksfall, da es uns eine recht präzise Vorstellung von Preisen und vor allem von Preisrelationen in der anbrechenden Spätantike gibt. So wissen wir, dass ein Pfund purpurn gefärbte Seide für den astronomischen Preis von 150.000 Denaren zu haben war – ebenso viel kostete ein lebender, ausgewachsener Löwe. Für die Zeitgenossen dürfte das Edikt die Folgen des Geldverfalls allerdings de facto nicht abgemildert haben, da sich seine Einhaltung – trotz Androhung der Todesstrafe bei Verstößen – kaum effektiv durchsetzen ließ. Was fehlte, war das Vertrauen in die Währung, und das wurde erst durch den unter Konstantin erfolgten Übergang zum Goldstandard (ca. 324) wiederhergestellt.

An Vertrauen mangelte es auch im Verhältnis zwischen Göttern und Menschen – davon jedenfalls waren die Tetrarchen überzeugt. Um die Bevölkerung von religiösen Irrwegen abzubringen und die Staatsgötter mit Rom zu versöhnen, veranlassten sie zum ersten Mal die systematische Verfolgung ganzer Religionsgemeinschaften. Die Verfolgungen unter Decius, Gallus und Valerian um die Mitte des 3. Jahrhunderts waren eher punktuell und zumindest anfangs nicht explizit gegen Christen gerichtet gewesen. Sie hatten aber die Kirche zusammengeschweißt und zu einer mächtigen Institution werden lassen, so dass es – in den Augen der Tetrarchen – nun einer konzertierten Aktion bedurfte, um den schädlichen Einfluss des Christentums zurückzudrängen. Zunächst, im März 302, wandten sie sich allerdings einer anderen Religionsgemeinschaft zu: dem aus Persien stammenden Manichäismus, der besonders im römischen Osten eine intensive Missionstätigkeit entfaltete. In Rom hielt man die Missionare für eine ›Fünfte Kolonne‹ der Sasaniden – »Monstrositäten, die plötzlich und unerwartet aus der persischen Rasse emporgewachsen« seien, so nannte das kaiserliche Edikt die Anhänger des Religionsstifters Mani. Im Namen der römischen Staatsgötter wurden die Priester des Kultes verbrannt, Angehörige der Oberschicht, die zum Manichäismus konvertiert waren, mit Einziehung ihres Vermögens und Zwangsarbeit bestraft.

Bald gerieten auch die Christen ins Visier der Verfolger. Man warf ihnen vor, staatliche Kulthandlungen zu sabotieren. Am 23. Februar 303 wurde daraufhin in Nikomedeia, der Residenzstadt Diokletians, der erste Erlass gegen die Christen veröffentlicht; symbolisch wurden die in der Kirche verwahrten Schriften verbrannt, sodann das Gotteshaus geplündert und zerstört. Die übrigen Herrscher folgten auf dem Fuß, wenngleich die christlichen Autoren Laktanz und Eusebios später beteuern sollten, dass Constantius, der Vater Konstantins, die Bestimmungen nur widerstrebend und unvollständig umgesetzt habe. Überall im Reich wurde nun Kirchengut eingezogen, es wurden Bücher verbrannt und Kirchen zerstört, Menschen wurden zu Opferhandlungen gezwungen, enteignet und sozial herabgestuft. Ein bald erlassenes zweites Edikt drohte Priestern mit Gefängnis, ein drittes schließlich ordnete Zwangsopfer an und drohte bei

Nichtbefolgung mit der Todesstrafe. Bei allen oberflächlichen Ähnlichkeiten gibt es aber doch ein wesentliches Element, das die tetrarchischen Verfolgungen von denen der Soldatenkaiser absetzt: War es den Christenverfolgern Decius und Valerian im 3. Jahrhundert primär darum gegangen, die Reichsbevölkerung wieder mit den Göttern zu versöhnen, so wähnten Diokletian und seine Kollegen hinter Manichäismus und Christentum vor allem einen Angriff auf die religiöse Fundierung ihres Kaisertums. In den Erlösungsreligionen und der Herrschaftstheologie des Zeitalters kollidierten zwei konträre Vorstellungen vom Nebeneinander göttlicher und menschlicher Gewalt.

Hinter allen Maßnahmen der Tetrarchen scheint letztlich das Bemühen gesteckt zu haben, eine aus den Fugen geratene Welt wieder ins Lot zu bringen. Den Geist eines geradezu missionarischen Reformeifers atmet die Präambel zum Höchstpreisedikt, in der die vier Kaiser reklamieren, die Missstände der Vergangenheit beseitigen und »für alle Ewigkeit ein Bollwerk der Gerechtigkeit« schaffen zu wollen. Sie stilisieren sich damit zu Vorkämpfern gegen Ausbeutung und Raffgier, zu jenen, die Tugend und Gerechtigkeit zum Sieg über die Niedertracht verhelfen. Im Rückblick erscheint das gesamte Maßnahmenpaket der Tetrarchen wie aus einem Guss, als großer Masterplan, um grassierenden Missständen abzuhelfen und – gut römisch – zum alten Pfad der Tugend, dem *mos maiorum*, zurückzufinden. Bei aller Suggestionskraft, die von dieser Annahme ausgeht: Nicht alles, was Diokletian und seine Kollegen durchsetzten, war völlig neu. In Vielem knüpften sie an Errungenschaften der Soldatenkaiserzeit an, teilweise auch an noch weiter zurückreichende Entwicklungen, über die wir aber, wegen einer deutlich schlechteren Quellenlage, oft nur unzureichend informiert sind. Manches – wie der Übergang zum Goldstandard oder die endgültige Kompetenzverteilung zwischen Provinzstatthaltern, *vicarii* und Prätorianerpräfekten – fiel auch erst in die Herrschaftszeit Konstantins.

Dennoch war die Tetrarchenzeit eine Periode beschleunigten Wandels in einer Epoche, in der ohnehin vieles im Fluss war. Einer Gesellschaft wie der römischen, die ihrem Wesen nach durch und durch konservativ war, muteten die Kaiser eine Menge an Neuem zu; unter ihrer Ägide gewann der Wandel auf vielen Feldern erst institutionelle Gestalt: Was zuvor einfach ›eingerissen‹ oder ad hoc, als improvisierte Antwort auf akute Krisensituationen, eingeführt worden war, wurde nun auch rechtlich sanktioniert. Und obwohl viele der vermeintlichen Heilmittel, zu denen die Tetrarchen griffen, sich mittelfristig als Fehlschläge entpuppten – die Kirche wurde durch die Verfolgungen nur stärker, das Höchstpreisedikt verpuffte wirkungslos –, waren die Scharen von Menschen, »die Eurer Majestät das Lob singen und dankbar sind«, gewiss nicht nur das Hirngespinst eines lateinischen Panegyrikers, der angesichts des Geburtstags der beiden Augusti um 290/291 zur Feder griff. Bei der Mehrheit fand die tetrarchische Politik mit ihrer eigentümlichen Mischung aus Reformeifer und Konservatismus Billigung, allen christlichen Unkenrufen zum Trotz.

14. BEKEHRUNG

Zweite Signatur der anbrechenden Spätantike war das Christentum, das im Reich rapide an Boden gewann – auf zwei Ebenen: im Verborgenen, indem immer mehr Bewohner des Imperiums sich zum Gott der Christen bekannten, und gleichsam offiziell, indem der neue Glaube erst aus dem Schatten von Verbot und Verfolgung heraustrat und dann zügig zur Staatsreligion avancierte. Dass das möglich wurde, verdankt das Christentum dem Sohn des Tetrarchen Constantius: Konstantin, den die christliche Tradition ›den Großen‹ nennt. Und Konstantin wäre nicht Alleinherrscher geworden, wäre nicht zuvor die Tetrarchie gescheitert. Sie geriet bereits 306 in Schieflage, als Constantius überraschend starb und bei der Nachfolge improvisiert werden musste. Sogleich meldete Konstantin seinen Anspruch auf den Purpur des Westens an, ohne dass sich ihm jemand in den Weg stellte. Immer mehr Prätendenten, die sich durch den unerbittlichen Automatismus der Tetrarchie zu kurz gekommen wähnten, wagten sich aus der Deckung, so dass das Imperium abermals in Bürgerkriegen versank: Maxentius, der Sohn Maximians, bemächtigte sich Italiens (306), das ihm Severus vergeblich zu entreißen versuchte, und rief sich selbst zum Kaiser aus. Sein Vater Maxentius tat es ihm nach und proklamierte sich zwei Jahre nach seiner Abdankung erneut zum Augustus des Westens (307). Severus wurde von Maxentius ermordet (307), worauf Galerius nicht etwa Konstantin zum Augustus des Westens berief, sondern seinen Waffengefährten Licinius. Eine von dem emeritierten Senior Augustus Diokletian einberufene Kaiserkonferenz in Carnuntum bestätigte Licinius und Galerius als Augusti des Westens bzw. Ostens, Konstantin und Maximinus Daia entsprechend als Caesares. Auch diese Regelung hatte keinen Bestand: Maxentius behauptete sich in Italien, und Maximian griff erneut nach der Macht (310), wurde aber von Konstantin besiegt und zum Selbstmord gezwungen.

Hauptgegner Konstantins war damit Maxentius. Am 28. Oktober 312, auf den Tag genau sechs Jahre nach Maxentius' Usurpation, schlug Konstantin ihn vor den Toren Roms an der Milvischen Brücke. Das Besondere an der Schlacht war aber nicht der Zufall ihres Datums, sondern die Tatsache, dass Konstantin seinen Sieg im Zeichen des Kreuzes errang, des Symbols der Christen: Sein Biograph Eusebius behauptete später, Konstantin habe eine Vision gehabt, die ihm verkündet habe, »in diesem Zeichen« werde er siegen. Vermutlich hatte Konstantin, als er 311 über die Vogesen nach Trier reiste und im Apolloheiligtum von Grand Station machte, wirklich eine Vision gehabt, aber zunächst geglaubt, ihm sei der römische Lichtgott erschienen. Offenbar hatten ihn christliche Klerikerkreise am Hof zu Trier davon überzeugt, dass die Vision eine Offenbarung Christi gewesen sei. Konstantin hatte es darauf ankommen und die Schilde seiner Legionäre mit dem Christusmonogramm bemalen lassen, bevor sie Maxentius entgegen und in die Schlacht gezogen waren.

Mit dem Sieg von Konstantins Heer hatte der Gott der Christen seine Macht hinlänglich bewiesen. Die Wegstrecke, die Konstantin zum Christentum zurückzulegen hatte, war vergleichsweise kurz: Bereits sein Vater Constantius hatte dem Kult des Sol Invictus angehangen. Die Sonne, die als Quell allen Lebens jeden anderen Gott überstrahlte, und der christliche Gott mit seinem Anspruch auf Exklusivität waren nicht so weit voneinander entfernt, wie man meinen könnte. So ließ sich der Christengott durchaus auch als Inkarnation des Sonnengottes verstehen; einer solch synkretistischen Auffassung von christlicher Religion dürfte Konstantin wenigstens zu Beginn angehangen haben. Vom Sonnenzeichen zum Kreuz war es deshalb, nicht nur ikonographisch, ein kleiner Schritt.

Ohne Frage wurde das Imperium mit Konstantin christlicher, doch bleibt die Frage, wie christlich es schon vor ihm war. Als Diokletian und seine Kollegen zur Verfolgung der Christen und ihrer Kirche geschritten waren, hatte diese Maßnahme überraschend viele getroffen, die zu den Entscheidungsträgern des Imperiums gehört hatten: Angehörige des Hofes, Senatoren, Ritter, Ratsmitglieder provinzialer Städte, Führungspersonal in Verwaltung und Heer. Längst war das Christentum dem Nischendasein entwachsen. Dazu beigetragen hatten 40 Jahre relativer Toleranz seit der Gefangennahme Valerians, in denen Staat und Kirche zu einer Art Modus vivendi gefunden hatten. Noch wesentlicher aber war, dass sich im 3. Jahrhundert wichtige soziale und politische Parameter verändert hatten. Vor allem hatten, auch dort, wo die Städte den Wandel unbeschadet überstanden hatten, kommunale Institutionen substanziell an Bedeutung eingebüßt. Mit ihnen hatten auch die städtischen Kulte irreparablen Schaden genommen und die Menschen sich anderen religiösen Praktiken zugewandt.

Als Katalysator wirkten schließlich ausgerechnet die Verfolgungen: Opferzwang, Vermögenseinzug und Inhaftierung bzw. Hinrichtung von Kirchenfunktionären erwiesen sich als stumpfe Waffen. Da es an Mitteln zur konsequenten, flächendeckenden

Durchsetzung der Dekrete fehlte und sich viele Christen obendrein zu Opferhandlungen herbeiließen, um der Verfolgung zu entgehen, ohne im Innern ihrer Religion abzuschwören, traf das Martyrium immer nur wenige. Abschreckende Wirkung hatten die Maßnahmen deshalb kaum. Im Gegenteil: Die Märtyrergeschichten waren unter Zeitgenossen dermaßen populär, dass sich daraus bald eine eigenständige Literaturgattung entwickelte. Und sogar über die Grenzen der christlichen Religion hinaus nötigte das Schicksal von Menschen, die für ihren Glauben mit dem Leben eintraten, Bewunderung ab.

Diokletian und Galerius, die bei der Verfolgung die treibenden Kräfte gewesen waren, hatten sich einem Trend entgegengestemmt, den sie auf Dauer nicht hatten bremsen können. Zwar war das Imperium, auch unterhalb seiner monarchischen Spitze, beileibe noch nicht christlich geworden, doch hatte längst ein wichtiger Paradigmenwechsel stattgefunden: Das Christentum war zu einer Kraft geworden, mit der schon allein zahlenmäßig zu rechnen war. Gerade die unzähligen Märtyrer, die während der Verfolgungen für ihren Glauben gestorben waren, bezeugten die Wirkungsmacht des christlichen Gottes. Die stand erst recht außer Zweifel, nachdem Konstantin im Zeichen des Kreuzes über seinen Widersacher Maxentius triumphiert hatte. Der Glaube ließ sich nicht länger als ›unrömisch‹ diffamieren, zumal sich christliche Intellektuelle längst daran gemacht hatten, den politischen Realitäten einen Platz in ihrer Theologie einzuräumen. Das Christentum stand also als potenziell legitimierende, die Monarchie tragende Kraft bereit, und es war nur noch eine Frage der Zeit, bis ein römischer Herrscher sich auf dieses Angebot einließ. Es war vermutlich kein Zufall, dass dieser Herrscher Konstantin hieß und aus einem Elternhaus stammte, in dem neue Glaubensvorstellungen bereits verwurzelt waren. Konstantin konnte sich so als von Gott gesandter Herrscher präsentieren und daneben Attribute und Symbole – wenigstens für eine Übergangszeit – hinreichend unbestimmt lassen, um niemanden auszuschließen.

Bereits den Sieg über Maxentius hatte Konstantin auch deshalb errungen, weil er ein Arrangement mit Licinius getroffen hatte, der inzwischen neben Maximinus Daia zum Augustus im Osten aufgestiegen war. Im Februar 313 kamen dann beide Herrscher in Mailand zusammen, wo die Konvention zur Religionsfreiheit, die es »sowohl den Christen als auch allen Menschen im Reich« freistellte, welcher Religion sie anhängen wollten, verkündet und im Übrigen eine Hochzeit gefeiert wurde: Licinius heiratete Constantia, die Schwester Konstantins. Die beiden Augusti arbeiteten für eine gewisse Zeit einträchtig zusammen. Beide bekleideten den Konsulat des Jahres 315 und kämpften an der Donau gegen Goten und Karpen. Am 1. März 317 wurden Konstantins Söhne Crispus und Konstantin (II.) sowie Licinius' Sohn Licinianus zu Caesares ernannt. Doch wenige Jahre später war das Klima zwischen den Herrschern vergiftet, ein ernstes Zerwürfnis kündigte sich an: Licinius nahm im Osten von Neuem die Christenverfolgungen auf und zwang anlässlich seines 15-jährigen Herrscherjubiläums alle Untertanen zur Darbringung eines Opfers. Der Krieg brach im Sommer 324 aus und brachte Konstantin den Sieg. Licinius wurde in Thessalonike interniert und ein Jahr später – wegen eines angeblichen Nachrichtenaustauschs mit germanischen Reichsfeinden – der Verschwörung angeklagt und hingerichtet.

Zum ersten Mal seit 40 Jahren herrschte mit Konstantin wieder ein Augustus über das ungeteilte Reich. Erstmalig hatte damit auch ein Herrscher die Möglichkeit, ohne Rücksicht auf etwaige Kollegen die Struktur des von Diokletian geschaffenen Staatsaufbaus zu verändern. Der nächste Schritt Konstantins bestand darin, das Christentum nun offensiver als zuvor zu fördern: Bereits 321 hatte er den Sonntag (*dies Solis*) als Ruhetag im ganzen Reich eingeführt. Konnte man das noch als möglichen Tribut an den Sonnengott verstehen, so ließen seine weiteren Maßnahmen an Deutlichkeit nichts zu wünschen übrig: Konstantin privilegierte die Kirche rechtlich und setzte in Rom zahlreiche Kirchenbauten, darunter die erste Peterskirche, ins

Werk. Obwohl sich das Erscheinungsbild Roms durch die neuen Basiliken und unzählige kleine Kirchen und Kapellen, die meist als private Stiftungen entstanden, markant wandelte, war und blieb die Stadt am Tiber Sinnbild für das alte, heidnische Rom: Nach wie vor beherrschten Tempel die repräsentativen Areale des Stadtzentrums, nach wie vor fanden Opferhandlungen und religiöse Feiern statt, nach wie vor war die hauptstädtische Elite in ihrer überwältigenden Mehrheit heidnisch. Symbolisch für den alten Glauben standen das Kapitol mit dem Tempel des Jupiter Capitolinus, der die Stadt weithin sichtbar überragte, und der Altar mit der von Augustus gestifteten Statue der Siegesgöttin, der seinen Platz im Versammlungssaal des Senats hatte: in der unter Diokletian erneuerten Kurie. Das alte Rom mit seinen Traditionen, seinen Kulten und seinen der Vergangenheit verhafteten Menschen taugte deshalb nicht, um das von Konstantin mit tätiger Hilfe des christlichen Gottes erneuerte Reich würdig zu repräsentieren: Ein neues, ein christliches Rom musste her.

Der Ort, an dem die neue Hauptstadt entstehen sollte, war schnell gefunden. Byzanz, die Stadt am Bosporus, wurde indes erst durch die rhetorische Überhöhung durch christliche Autoren zum ›neuen Rom‹, zunächst wurde es einfach ›Konstantinopel‹: weit wichtiger als eine der vielen neuen Residenzen der Tetrarchenzeit, aber im Rang doch der alten Kapitale Italiens und der römischen Welt nachgeordnet. Am 11. Mai 330 fand die Einweihungszeremonie für die neue Residenz statt. Der Ausbau der Stadt ging in großer Eile vonstatten, vielfach unter Verwendung von Bau- und Dekorelementen – Säulen, Kapitellen, Ziegeln, Türen, Reliefs, Statuen –, die aus anderen Städten des Reiches herbeigeschafft und vorhandenen Bauwerken entnommen worden waren.

Konstantin hatte sich schon in Rom als Stifter zahlreicher Kirchen hervorgetan; doch so gewaltig diese Bauten waren, sie lagen am Rand einer Kapitale, deren Herz eben nach wie vor nach heidnischem Rhythmus schlug. Konstantinopel sollte dagegen von Anfang an eine christliche Stadt sein, und entsprechend waren den Gotteshäusern der neuen Religion Bauplätze unmittelbar im Stadtzentrum vorbehalten: Nur einen Steinwurf vom kaiserlichen Palast entfernt entstand noch zu Konstantins Lebzeiten die erste Bischofskirche der Bosporus-Metropole, Hagia Eirene, ›heiliger Frieden‹, in den Quellen meist als ›Alte Kirche‹ bezeichnet. In dieser ältesten Basilika der Stadt fand 381 das sogenannte Zweite Ökumenische Konzil statt, auf dem die Bischöfe des römischen Ostens die christologische Lehre des alexandrinischen Theologen Arius endgültig als Häresie verurteilten, mit der dieser den Vorrang des Vaters vor dem Sohn behauptet und so die Trinität verworfen hatte. Im Jahr 360 wurde direkt neben der Kirche des ›heiligen Friedens‹ eine zweite Kathedrale geweiht: Hagia Sophia, die ›heilige Weisheit‹. Die Kirche, ebenfalls eine Basilika und ursprünglich vermutlich als Palastaula konzipiert, entstand auf den Mauern eines heidnischen Tempels. Den Komplex um die beiden Kathedralen ergänzte der Palast des Patriarchen, des Bischofs von Konstantinopel: Kaisertum und Kirche, die beiden Säulen der Orthodoxie, waren an der Spitze der Halbinsel auch geographisch eng zusammengerückt.

Doch auch die übrigen Stadtviertel wurden in die christliche Topographie einbezogen. So thronte hoch über Konstantinopel auf einem Hügel am nordwestlichen Stadtrand die 330 geweihte Apostelkirche. Konstantin hatte sie zu seinem eigenen Mausoleum bestimmt; als der Kaiser 337 starb, war der Bau allerdings noch nicht fertiggestellt. Der Kirchenhistoriker Eusebios beschreibt das Gotteshaus als außerordentlich hohe, in Kreuzform angelegte und von Säulenhallen eingefasste Basilika. Um die kaiserliche Grablege hätten im Halbkreis zwölf Kenotaphe gestanden: Für Eusebios standen sie natürlich stellvertretend für die zwölf Apostel. In ihrer Mitte habe Konstantin geruht, auch darin also ein Nachfolger Christi. Freilich ließ auch dieses Ensemble zugleich eine polytheistische Deutung zu: Altgläubige Besucher konnten die Stelen nämlich ebenso gut als Stellvertreter der zwölf Olympischen Götter deuten, in deren Mitte Konstantin so – nach traditioneller römischer Vorstellung – nach seinem

Tod entrückt worden wäre. Dass beide Lesarten von Konstantin durchaus beabsichtigt waren, legt seine generelle Baupolitik nahe, denn obwohl Konstantinopel unter ihm ein unverwechselbar christliches Antlitz erhielt, ließ der Kaiser doch die meisten polytheistischen Tempel des alten Byzanz stehen. Er baute sogar zwei neue: für die Tyche (Schicksalsgöttin) der Stadt Rom und für Rhea als Schutzgottheit der neuen Hauptstadt. Andererseits stiftete Konstantin zwei lokalen Märtyrern, Mokios und Akakios, Kirchen und zollte so, neben der polytheistischen Vergangenheit, auch der christlichen Tradition der Vorgängerstadt seinen Tribut.

15. VÖLKERWANDERUNG

Die durch Konstantin eingeleitete Christianisierung des Reiches war irreversibel, auch wenn es noch lange Zeit Hochburgen des Polytheismus gab. Das Schicksal des alten Glaubens besiegelte ausgerechnet der Versuch von Konstantins Neffen Julian, genannt der ›Apostat‹, das Rad der Geschichte zurückzudrehen: 361 zum alleinigen Augustus aufgestiegen, träumte Julian davon, der christlichen eine pagane ›Reichskirche‹ entgegenzusetzen. Er drängte den christlichen Glauben zurück, wo er konnte, und versuchte die Menschen zur Rückkehr zu den alten Göttern zu bewegen – vergeblich. Schon zu Lebzeiten musste er erkennen, dass sein Projekt ein Fehlschlag war. Als Julian bereits im Frühsommer 363 auf einem katastrophal gescheiterten Perserfeldzug ums Leben kam, war der Sieg des Christentums nicht mehr aufzuhalten.

15 Jahre später, am 9. August 378, fiel der Augustus des Ostens, Valens, der sich mit seinem Bruder Valentinian die Herrschaft teilte, in einer Schlacht auf dem östlichen Balkan, nahe der thrakischen Stadt Adrianopel. Das große römische Heer, das er gegen eine Gruppe von Goten geführt hatte, war fast vollständig ver-

nichtet worden. Was war geschehen? Die Goten, zum Christentum übergetretene Angehörige des Teilstammes der Terwingen, hatten unter ihrem Anführer Fritigern zwei Jahre zuvor bei römischen Stellen um Aufnahme ins Reich nachgesucht. Unter den Goten waren religiöse Konflikte eskaliert, nachdem die Stämme durch westwärts wandernde Hunnen in arge Bedrängnis gebracht worden waren. Doch katastrophales Missmanagement durch die Verantwortlichen auf römischer Seite ließ die Dankbarkeit der gotischen Flüchtlinge für ihre Aufnahme ins Reich bald in Verzweiflung und Wut umschlagen. In folgenschwerer Fehleinschätzung der Lage glaubte Valens, die zahlenmäßig unterlegenen Goten zur Räson bringen zu können. Am Ende war ein beträchtlicher Teil der römischen Heeresmacht vernichtet.

Die Niederlage von Adrianopel war Auftakt zur Völkerwanderung, in deren Stürmen sich das römische Imperium 395 dauerhaft in zwei Hälften teilte. Der letzte Westherrscher, ein Halbwüchsiger namens Romulus, wurde am 4. September 476 durch einen germanischen Heermeister in den vorzeitigen Ruhestand verabschiedet. An diesem Tag erlosch im Westen das Imperium, während es im Osten noch bis 1453 Bestand hatte. Über die Bedeutung von Roms Ende und die Rolle der Stämme der Völkerwanderung in diesem Schauspiel herrscht in der Forschung Uneinigkeit. War die Spätantike ein Transformationsprozess, in dessen Verlauf der Primat äußerer Werte wie Macht und Reichtum lediglich einer neuen Kultur der Spiritualität wich, welche die Menschen von innen heraus erfüllte? Oder war das Ende Roms für die Bewohner der Westprovinzen ein Schreckensszenario, während sich Demographie, Wohlstand und Bildung im freien Fall befanden? Und wenn Roms Ende tatsächlich eine katastrophale Zäsur war, waren dann die Germanen und die übrigen wandernden Stämme seine Henker? Oder war das Imperium längst ein Koloss auf tönernen Füßen, bereit, beim leisesten Windhauch in sich zusammenzufallen?

Um zu verstehen, was in den genau 100 Jahren zwischen der Aufnahme der Fritigern-Goten und der Absetzung des letzten

Westkaisers geschah, müssen wir abermals zur Schmach von Adrianopel zurückkehren. Der Aderlass hatte für das Imperium, das Julians Niederlage 363 gegen die Perser einigermaßen gut weggesteckt hatte, fatale Folgen. Bereits im Winter 377/378 hatten bei Breisach Alamannen den Rhein überschritten und waren zunächst zurückgeschlagen worden. Die Germanen kehrten aber bald zurück und vernichteten ein Heer, das der Chef der kaiserlichen Leibwache, der Franke Mallobaudes, gegen sie geführt hatte. Der Westkaiser Gratian griff daraufhin selbst mit seinem Heer ein, warf die Alamannen zurück und zwang sie in einen neuen Vertrag (*foedus*). Von Sirmium aus betraute er Flavius Theodosius, den aus Spanien stammenden Sohn eines hochdekorierten Offiziers, mit der Befriedung des Balkans. Theodosius hatte zuvor als *dux Moesiae* (seit 374) einige Erfolge an der Donau errungen und vermutlich auch danach Gelegenheit gehabt, sich militärisch zu bewähren. Nach einem Sieg über die Sarmaten ernannte Gratian ihn zum Augustus des Ostens (19. Januar 379).

Theodosius stand nun vor der Aufgabe, das Gotenproblem zu lösen. Dem Truppenmangel versuchte er durch neue Rekrutierungen abzuhelfen; er selbst und sein gotischer Heermeister Modares operierten 379–381 auf dem Balkan, unter schwierigen Bedingungen und mit wechselndem Glück. 380 erlitt Theodosius dort eine empfindliche Niederlage und musste bei seinem Kollegen Gratian um Hilfe nachsuchen, die ihm auch gewährt wurde: Immerhin gelang es im westlichen Balkangebiet, mit Teilen der Goten ein *foedus* zu schließen und sie auf Reichsboden anzusiedeln (382). Die Goten wurden damit mitten im Reich als *foederati* anerkannt; sie wurden Reichsangehörige, blieben aber Fremde ohne das Recht, Römerinnen zu heiraten (*conubium*). Entlang der Donau erhielten sie Siedlungsland, das von Abgaben befreit war. Zwar blieb das Land römisches Territorium, doch unterstanden die Terwingen der Gerichtsbarkeit und Regierungsgewalt ihrer Stammesführer. Außerdem waren sie zum Heeresdienst unter ihren eigenen Stammesführern verpflichtet, die jedoch ihrerseits römischen Befehlshabern unterstellt sein sollten. Schließlich wurde festgesetzt, dass die Goten mit der provinzialen Bevölkerung ›unter einem Dach‹ leben sollten. Das war durchaus wörtlich zu verstehen: Die vor Ort Ansässigen hatten ihre Habe, ihre Häuser und ihr Land mit den Goten zu teilen. Die wiederum ernährten sich, indem sie das Land, das ihnen zugewiesen worden war, selbst bebauten.

Auf kurze Sicht war damit der Druck abgemildert worden. Langfristig aber belasteten die vertraglichen Regelungen das Verhältnis der Römer zu den Goten mit einer schweren Hypothek, denn erstmals formierte sich auf römischem Boden ein Staat im Staate, und noch weitaus stärker als nach dem Gotenvertrag von 376 war es den Terwingen möglich, auch ihren sozialen und organisatorischen Zusammenhalt zu wahren. Offenkundig handelten die römischen Verantwortlichen beim Abschluss des *foedus* aus einer Position der Schwäche heraus: Die Verhandlungsspielräume waren im Jahre 382 dramatisch zusammengeschmolzen. Dazu, einem potenziell tödlichen Gegner politisch entgegenzukommen, gab es grundsätzlich keine Alternative.

Kaum war der Balkan durch das neue *foedus* einigermaßen befriedet, erschütterte eine Usurpation den Westen des Reiches, mit tödlichen Folgen für den Westkaiser Gratian. Theodosius besiegte darauf den Usurpator Maximus und war damit faktisch Alleinherrscher, obwohl der Form nach Gratians Bruder Valentinian der erste Rang gebührt hätte. Theodosius selbst wählte Mailand als Residenz, Valentinian schickte er nach Trier, wo er ihn unter die Aufsicht des fränkischstämmigen Heermeisters Arbogast stellte, eines Heiden, der zielstrebig am Aufbau seiner eigenen Hausmacht in den gallischen Provinzen arbeitete. Arbogast ließ Valentinian töten und präsentierte mit Eugenius einen eigenen Kandidaten für den Purpur. Beide wurden aber schließlich von Theodosius und seinem Heermeister, dem Vandalen Stilicho, mit Unterstützung einer Gruppe Goten aus Moesien, mit denen man ein *foedus* geschlossen hatte, am Flüsschen Frigidus besiegt (394). Theodosius war nun aller Rivalen ledig.

Die drängendsten Probleme schienen aus dem Weg geräumt – aber viel, allzu viel, harrte noch oder bereits wieder der Lösung: Der Bürgerkrieg hatte die Grenzen erneut für Einfälle von außen durchlässig gemacht; unter den Goten gärte es; Afrika hatte sich der Kontrolle durch die Zentralmacht fast gänzlich entzogen; die Kornkammer Ägypten wurde von einfallenden Stämmen heimgesucht; Hunnen bedrohten die Ostgrenze; beide Reichshälften versanken im Chaos je ganz unterschiedlichen religiösen Haders, und schließlich galt es, die Gräben zu überbrücken, die der Bürgerkrieg aufgerissen hatte, der ja faktisch ein Krieg zwischen östlicher und westlicher Reichshälfte, aber auch zwischen Anhängern einer aggressiveren und einer toleranteren Gangart gegenüber dem Heidentum gewesen war. Theodosius begab sich nach Mailand, berief Stilicho zum Vormund für Honorius und feierte ausgiebig seinen Sieg. Am 17. Januar 395 erlag er, während in der Stadt Wagenrennen veranstaltet wurden, der Krankheit, die ihn offenbar schon seit geraumer Zeit gezeichnet hatte. Der letzte Kaiser, der noch über das Gesamtreich geherrscht hatte, war tot.

Seine beiden etwa 18 und 10 Jahre alten Söhne Arkadios und Honorius waren damit formal die Souveräne in einem Reich, das sich noch immer vom Atlantik bis zum Euphrat erstreckte. Die Teilung des Riesenreiches in zwei Hälften entlang der Save-Drina-Linie, die heute Serbien von Kroatien trennt, war dabei für die Zeitgenossen bereits ein ganz selbstverständlicher Vorgang und angesichts der Herausforderungen auch objektiv gerechtfertigt. Dass sie diesmal von Dauer sein würde, ahnte am Totenbett des Theodosius in Mailand, um das sich Stilicho, Honorius und dessen Schwester Galla Placidia versammelt hatten, niemand. Die wirkliche Macht lag ohnehin nicht in den Händen der beiden Augusti, sondern bei den jeweiligen Vormündern: im Osten bei dem aus Gallien stammenden Prätorianerpräfekten Rufinus und im Westen bei Stilicho.

Stilicho eilte sogleich an die gefährdete Rheingrenze und sorgte vor allem dafür, dass die Goten, die am Frigidus auf Seiten des

Theodosius gekämpft hatten, nach Moesien zurückkehrten. Diese Goten, in Wirklichkeit ein ethnisch bunt zusammengewürfelter Haufen, der sich um Alarich als Heerkönig geschart hatte, waren empört: Nicht nur hatten sie in der Schlacht den höchsten Blutzoll zu entrichten gehabt; man hatte ihnen auch in Aussicht gestellte Zahlungen vorenthalten, und jetzt war zu allem Überfluss noch der Kaiser, mit dem man das *foedus* geschlossen hatte, der Gotenfreund Theodosius, tot. Nach gotischer Lesart war man damit von den vertraglichen Verpflichtungen entbunden. Nachdem sich die Alarich-Goten in Moesien – möglicherweise – mit den dort verbliebenen Terwingen vereinigt hatten, zogen sie weiter nach Konstantinopel, wo sie vom Kaiser ein neues *foedus* forderten – das sie von Rufinus auch erhielten: Alarich, der sich spätestens jetzt König nannte, wurde mit einem hohen römischen Militäramt belehnt, vielleicht dem des *magister militum per Illyricum*, wo den Goten jetzt – statt in Moesien – Land zugewiesen wurde.

Das östliche Illyrien, wo die Alarich-Goten angesiedelt werden sollten, wurde indes auch von Stilicho für den Westen beansprucht. Der dachte überhaupt nicht daran, die *foederati* des Ostkaisers hier aufzunehmen, zumal das *foedus* auch im Ostreich höchst unpopulär war und das östliche Heer Rufinus nicht Folge leistete. Stilicho nahm deshalb mit beiden mobilen Feldarmeen, der des Ostens und der des Westens, die Verfolgung der wandernden Goten auf, die nach Makedonien auswichen. In Thessalien, südwestlich des Berges Olymp, standen sich die beiden römischen Heere – denn auch Alarichs Goten waren ja eine reguläre Einheit des Ostheeres – monatelang lauernd gegenüber. Schließlich gab Stilicho das Unternehmen auf Druck Konstantinopels auf und zog sich mit dem westlichen Heer nach Italien zurück, während das Ostheer dem von Stilicho mit der Führung beauftragten gotischen Offizier Gainas nach Konstantinopel folgte (November 395).

Konstantinopel empfing das Heer mit offenen Armen, doch kaum in der Hauptstadt eingetroffen, sorgte Gainas dafür, dass

Rufinus, der gerade einer Parade beiwohnte, von Soldaten erschlagen wurde. Möglicherweise war die Aktion von langer Hand geplant worden und Stilicho steckte hinter dem Anschlag, um sich so seines Hauptrivalen und persönlichen Feindes zu entledigen. Rufinus' Stelle als Vormund des Arkadios nahm bald Eutropios ein, ein Hofeunuch, der auf diese Weise zum mächtigsten Mann im Ostreich avancierte. Während Gainas – gleichsam als Stilichos Mann in Konstantinopel und Eutropios' führender Militär – in den Machtzirkel der östlichen Hauptstadt aufstieg, wurde Alarich seine militärische Stellung aberkannt, der Gote zum Reichsfeind erklärt. Damit waren die Alarich-Goten wieder das, was sie vor dem *foedus* von 382 gewesen waren: Rebellen, die auf dem Balkan ihr Unwesen trieben. Sie fielen in Boiotien ein und eroberten in Attika den Hafen Piräus, während sich Athen freizukaufen verstand. Ein ganzes Jahr lang durchzog Alarich daraufhin mit seinen Goten die Peloponnes, bis Stilicho sie in Elis, in der Nähe von Olympia, stellte. Die Übermacht seiner Truppen war erdrückend, doch Stilicho schlug nicht zu und ließ Alarich entkommen. Der setzte über den Golf von Korinth und fiel in Nordwestgriechenland und Epeiros ein.

Angesichts der Verheerungen war Konstantinopel zu Zugeständnissen bereit: Die Goten erhielten ein neues *foedus* und wurden diesmal in Epeiros, Makedonien und der Aurelianischen Donauprovinz Dacia ripensis angesiedelt, Alarich erhielt das Amt eines regionalen Heermeisters für Illyricum zurück (397). Der Gotenkönig schien damit seinem Ziel, endlich ein Siedlungsgebiet für seine Gefolgschaftsgruppe zu finden, einen entscheidenden Schritt näher gekommen zu sein: Wie schon bei germanischen Anführern früherer Zeiten beruhte auch Alarichs Autorität über sein ›Volk‹ maßgeblich auf dem Charisma, das ihm als demjenigen zuwuchs, der die Hoffnung auf ein schließliches Ende der Wanderung realistisch verkörperte. Zwar zogen die Goten in der direkten Konfrontation mit römischen Heeren meist den Kürzeren, doch bestand Alarichs Leistung gerade darin, Kämpfen aus dem Wege zu gehen und stattdessen Spielräume zu nutzen, die ihm der Interessengegensatz zwischen Ost- und Westrom eröffnete. Wem, wenn nicht Alarich, konnte man sich in verzweifelter Lage anvertrauen? Wer, wenn nicht er, verstand es, im diplomatischen Dickicht zwischen Ost und West so geschickt zu lavieren, dass sich den Goten immer wieder ein Ausweg bot?

Ein einziges Mal hatte Alarich gegen ein Abkommen mit der römischen Obrigkeit verstoßen: 391, noch zu Lebzeiten des Theodosius und damit während der Gültigkeit des *foedus* von 382, hatte eine zusammengewürfelte Schar aus Fritigern-Goten und illegalen Einwanderern aus dem norddanubischen Barbaricum das Balkangebirge – die 382 vereinbarte Südgrenze des gotischen Siedlungsgebiets – überschritten und war in Thrakien eingefallen. Als ihr Anführer hatte sich Alarich einen Namen gemacht und prompt einen Sieg über Theodosius errungen. Erst im Folgejahr (392) hatte Stilicho zurückgeschlagen und Alarich zur Anerkennung des *foedus* von 382 gezwungen. Alarichs Sieg über Theodosius war also gleichsam seine primordiale Tat, die ihn zum Führer, zum Heerkönig, qualifizierte, um den sich eine Gefolgschaft scharte. Wenig später hatte Alarich, dieses Mal auf Theodosius' Seite, an der Frigidus-Schlacht teilgenommen und war als erster Germanenkönig ins Amt eines regionalen Heermeisters aufgestiegen, der zudem einen geschlossenen proto-ethnischen Gefolgschaftsverband als römische Föderatenarmee kommandierte. Fortan hatte er die jeweils andere Seite Verträge brechen lassen und geschickt zwischen den zunehmend antagonistischen Reichshälften laviert. Eine andere Handlungsoption hatten die Alarich-Goten auch nicht: Sie wurden, je länger der Konflikt anhielt, desto mehr, zur Manövriermasse im latenten Bruderkrieg zwischen Mailand und Konstantinopel, denn jede der beiden Seiten war darauf bedacht, Alarichs Leute aus dem eigenen Territorium herauszuhalten, sie jedoch zugleich als Schachfiguren im großen Spiel um die Macht im Reich einzusetzen.

Gainas wurde unterdessen seiner Rolle als zweiter Mann im Osten und vor allem seines Vorgesetzten Eutropios überdrüssig:

Das Ziel vor Augen, ein Stilicho des Ostens zu werden, besetzte er mit einem Trupp Goten Chalkedon am Konstantinopel gegenüberliegenden Bosporusufer. Er zwang Arkadios dazu, Konstantinopel den Goten zu öffnen und ihnen eine Kirche für eigene Gottesdienste abzutreten. Angeblich strömten nun auf einen Schlag 35.000 Menschen in die Hauptstadt am Bosporus, eine Masse, die einzuquartieren unmöglich war. So überrascht es nicht, dass religiöse und fremdenfeindliche Ressentiments rasch überbordeten: Der so redegewandte wie populäre Patriarch Johannes von Antiocheia, genannt Chrysostomos (›Goldmund‹), schürte mit seinen Predigten gegen den Arianismus der Goten den Hass. Schließlich entlud sich die aufgestaute Wut in einem Massaker, dem außer Gainas nur wenige Goten entkamen (400). Gainas selbst fiel wenig später gegen die Hunnen; seine verbliebenen Anhänger wurden von dem ebenfalls gotischstämmigen, oströmischen Heermeister Fravitta geschlagen, der seinerseits schon kurze Zeit später einer Intrige der germanenfeindlichen Partei am Hof zum Opfer fiel (401).

Seit 397 herrschte trügerische Ruhe an der Balkanfront, denn seit der Ansiedlung seiner Gefolgschaft im Reichsgebiet hatte sich Alarich ruhig verhalten. Im Windschatten von Einfällen der Alamannen nach Raetien jedoch verließen die Alarich-Goten 401 die ihnen zugewiesenen Siedlungsräume in Makedonien und Epeiros, fielen in Norditalien ein und standen bald vor der kaiserlichen Residenz Mailand. Der Hof wich in das gut befestigte und leicht zu verteidigende Ravenna aus, das damit zur letzten Hauptstadt des Westreiches avancierte. Stilicho besiegte Alarich in einer Reihe von Schlachten, dann aber schloss Ravenna mit den Alarich-Goten ein *foedus*, Alarich selbst wurde wieder Heermeister, diesmal des Westens (405). Hintergrund des Bündnisses waren die Pläne Stilichos auf dem Balkan: Er hatte das Projekt, über Handlanger selbst Einfluss in Konstantinopel zu gewinnen, aufgegeben und wollte nun stattdessen das zwischen Ravenna und Konstantinopel geteilte Illyricum unter westlicher Herrschaft wiedervereinigen: Die bei der Teilung

395 an Arkadios gefallenen Provinzen Makedonien und Dacia ripensis trachtete er als Rekrutierungsgebiete für die dringend gebotene Aufstockung seiner Armee dem Westreich einzuverleiben. Im Jahr 407 bereiteten sich die Alarich-Goten in Epeiros auf die Invasion der östlichen Balkanhalbinsel vor.

Wie nötig das Westreich neue Aushebungen tatsächlich hatte, offenbarte noch im Jahr des Bündnisses mit Alarich der Einfall einer neuen Barbarengruppe über die Donau: Ein gewisser Radagaisus führte eine Schar mit ca. 20.000 Kriegern – insgesamt ca. 100.000 Personen – wohl ebenfalls vorwiegend gotischer Herkunft an, die sich der hunnischen Herrschaft jenseits der Donau zu entziehen trachteten und ihr Heil auf römischem Reichsboden suchten; Radagaisus brach bis nach Mittelitalien durch, bis er bei Florenz von Stilicho gestellt und geschlagen wurde (406). Nur wenig später trafen neue Hiobsbotschaften aus dem Westen ein: In Britannien machte sich ab 406 der Unmut der Garnison, die sich von der Reichszentrale im Stich gelassen wähnte, in einer Serie von Usurpationen Luft, die schließlich einen gewissen Flavius Claudius Constantinus als Konstantin III. an die Macht spülte (407). Hintergrund war auch die Lage in Gallien, in das zum Jahreswechsel 406/407 Alanen sowie mehrere germanische *gentes* eingefallen waren, darunter Sueben, Vandalen, Franken und Burgunder. Konstantin zog also mit seinem Heer von Britannien – das damit von römischen Truppen vollständig geräumt war – nach Gallien, siegte über nicht näher zu bestimmende Gruppen und bezog eine Residenz in Arelate (Arles). Mit den Burgundern unter ihrem König Gundahar schloss er ein *foedus*, das ihnen ein geschlossenes Siedlungsgebiet am Rhein mit den Zentren Worms, Speyer und Straßburg einbrachte – Keimzelle einer autonomen Machtsphäre auf römischem Reichsboden. Damit war der Präzedenzfall für alle künftigen germanischen Reichsgründungen auf römischem Territorium geschaffen.

Die Jahre 406 und 407 waren die entscheidende Wendemarke im römischen Westen: Britannien war aufgegeben, die Rheingrenze – obwohl vereinzelt Garnisonen auf ihrem Posten blieben – nur noch virtuell existent, Gallien den eindringenden Alanen und Germanen preisgegeben. Die gallische Krise offenbarte ebenso wie der Zug der Alarich-Goten das Asymmetrie-Paradoxon zwischen dem Reich und seinen Feinden: Das Imperium war den Invasoren organisatorisch, technologisch, wirtschaftlich und demographisch noch immer haushoch überlegen. Aber die Macht der Schwachen sorgte dafür, dass das Pendel gleich mehrfach zugunsten der Stämme ausschlug, und darauf fand man weder in Mailand bzw. Ravenna noch in Konstantinopel eine Antwort: Die Stämme tauchten stets unvermittelt auf, und zwar genau dort, wo man sie am wenigsten erwartete; sie vermieden große Feldschlachten und standen spätestens seit dem Gotenvertrag, den Valens 376 abgeschlossen hatte, mitten im Imperium, im Rücken jener Heere, welche die Grenzen verteidigten. Während die Barbaren zudem kaum etwas besaßen und daher hochmobil waren, waren Bevölkerung und Ressourcen des Imperiums nahezu unbeweglich – und damit äußerst verwundbar, wenn sie nicht militärisch geschützt werden konnten. Vor allem aber war für die germanischen Männer Kriegsdienst etwas Selbstverständliches – ihre Heere waren wandernde Völker in Waffen. Die Sicherheit des römischen Imperiums hingegen hing von professionellen, stehenden Heeren ab, und damit vom Steueraufkommen, das nicht beliebig vermehrbar war. Rom geriet durch das Asymmetrie-Paradox in einen Teufelskreis: Je weniger intakte Provinzen unter römischer Kontrolle verblieben, desto schmaler wurde die fiskalische Grundlage für die Finanzierung des Militärs.

Obwohl sie an sich keine waren – denn sie wollten das Römische Reich ja nicht vernichten, sondern nur an seinen Ressourcen partizipieren – verhielten sich die Germanen im Ergebnis doch wie klassische antiimperiale Akteure. Durch ihr Tun verlor das Imperium zusehends das Vertrauen seiner eigenen Bevölkerung: Schutz vor den vagabundierenden Horden, die ihrem Status nach bald römische Heere, bald geächtete Reichsfeinde waren, vermochte es nicht mehr zu gewähren. Um Glaubwürdigkeit zurückzugewinnen, musste das Imperium – bzw. die Imperien, denn die beiden Reichshälften rivalisierten seit 395 mal offen, mal verdeckt um strategische Vorteile und Territorien – die verfügbaren Ressourcen aufs Äußerste strapazieren. Neue Ressourcen wiederum waren nur auf Kosten der jeweils anderen Reichshälfte zu gewinnen – und so eskalierte auf der Jagd danach die Rivalität zwischen Mailand bzw., seit 402, Ravenna und Konstantinopel zum offenen Konflikt, in dem sich ausgerechnet jene Kräfte als wohlfeile Bündnispartner anboten, die, ohne es zu wollen, aber faktisch, die Aushöhlung der staatlichen Integrität betrieben. Hinzu kamen historische Zufälligkeiten: vor allem die persönliche Rivalität zwischen Figuren wie Stilicho und Rufinus sowie die Intrigen an den Höfen von Konstantinopel und Mailand/Ravenna. Der mehr oder weniger zufällige Umstand, dass Stilicho und die jeweiligen Verantwortlichen in Konstantinopel sich nicht auf eine gemeinsame Linie verständigen konnten, sondern auf der Suche nach Alliierten im Zweifel den Alarich-Goten den Vorzug gaben, dürfte am Ende sogar den Ausschlag gegen Rom gegeben haben: Es war das einzige wirklich neue Element gegenüber der Konstellation des 3. Jahrhunderts, denn auch die Soldatenkaiser waren mit dem Asymmetrie-Paradoxon konfrontiert gewesen; schließlich hatten auch sie mit ihrer immer höher gerüsteten Armee ihre liebe Not damit gehabt, sich technologisch und organisatorisch weit unterlegener Feinde zu erwehren. Auch damals hatte es Schwierigkeiten bei der Koordinierung von Strategien und angesichts epidemisch um sich greifender Usurpationen auch interne Rivalitäten gegeben, doch hatte im 3. Jahrhundert keiner der imperialen Akteure auf auswärtige Kräfte zurückgegriffen, um seinen inneren Feind außer Gefecht zu setzen. Selbst das ›Sonderreich‹ in Gallien hatte per Saldo stabilisierend gewirkt und einen positiven Beitrag zur Grenzverteidigung geleistet.

Nach stabilisierenden Faktoren sucht man in den entscheidenden Jahren 395–410 und vor allem auf dem Höhepunkt der Krise 406/407 vergebens. Nur allzu gerne hätte Stilicho die Alarich-

Goten gegen Konstantinopel in Marsch gesetzt, doch das hatte seinerseits unter Hunneneinfällen in Thrakien zu leiden. Beide Reichshälften mussten deshalb zähneknirschend einen Modus vivendi finden, wollten sie die Krise meistern. In der Tat gab Stilicho im Streit um den Balkan letztlich nach. Damit aber war Alarich in seinem Kalkül überflüssig geworden – und reagierte entsprechend: 408 besetzten seine Goten Pannonien und Noricum und standen damit wieder an der Schwelle Italiens. Als Entschädigung und Gegenleistung für sein künftiges Wohlverhalten verlangte der Gote eine immense Summe – die Stilicho zu zahlen bereit war, denn er plante, Alarich zum Heermeister Galliens zu machen und gegen den Usurpator Konstantin einzusetzen.

Da, plötzlich, stürzte der große Mann des Westens. Bereits seit Längerem hatten antigermanische Kreise gegen ihn intrigiert und seine Position bei Hofe zu schwächen versucht. Der konkrete Anlass seines Sturzes war vergleichsweise banal: Am 1. Mai 408 starb Arkadios, der Kaiser des Ostens, und sein Sohn Theodosios II. folgte ihm als Augustus nach. Da Theodosios jedoch erst sieben Jahre alt war, benötigte er einen Vormund, und diese Rolle wollte der Westkaiser Honorius selbst spielen. Stilicho indes bestand darauf, persönlich nach Konstantinopel zu gehen und für den Knaben die Regierung zu führen, was ihm den Vorwurf eintrug, er strebe für seinen Sohn Eucherius nach dem Purpur. Seine Feinde am kaiserlichen Hof hetzten die Soldaten auf, die Stilichos *bucellarii* – seine auf Gefolgschaft eingeschworene Haustruppe – außer Gefecht setzten; Stilicho selbst wurde in Ravenna in Gewahrsam genommen und am 22. August 408 hingerichtet.

Somit war Alarich wieder einmal sein Vertragspartner abhanden gekommen. Er forderte dennoch energisch die Zahlung der vereinbarten Gelder und verlieh seinen Forderungen dadurch Nachdruck, dass er in Italien einfiel und bis vor Rom zog, das er belagerte. Die Belagerung hob er erst auf, nachdem der Senat ihn mit 5000 Pfund Gold, 35.000 Pfund Silber, 4000 seidenen Gewändern, 3000 purpurn gefärbten Fellen und 3000 Pfund

Pfeffer beschwichtigt hatte. Außerdem musste Rom es allen Sklaven – namentlich den 406 gefangen genommenen Radagaisus-Goten – freistellen, sich Alarich anzuschließen (408). Honorius, dessen eigenes Heer mit dem kaiserlichen Krisenmanagement keineswegs zufrieden war und rebellisch wurde, konnte sich jetzt Verhandlungen mit Alarich nicht mehr widersetzen, der die Ansiedlung seiner Gruppe in Norditalien, Noricum und Dalmatien sowie die Anerkennung des mit Stilicho geschlossenen *foedus* forderte.

Honorius indes trieb ein doppeltes Spiel: Er verhandelte mit Alarich, versuchte aber zugleich, hunnische Hilfstruppen anzuwerben, um die Goten aus Italien zu vertreiben. Der erboste Alarich erschien erneut vor Rom, erhob dort den Stadtpräfekten Priscus Attalus zum Gegenkaiser und erklärte sich selbst zu dessen Heermeister (409).

Erst als Attalus sich seinerseits weigerte, den Goten Siedlungsgebiete in Nordafrika zuzuweisen, und sich in seinem eigenen Heer Hunger breitmachte, verhandelte Alarich wieder mit Honorius. So erklärte er sich dazu bereit, Attalus fallenzulassen, wenn Ravenna ihm Getreide zur Verfügung stellen würde. Während Alarich wieder einmal seinen Teil der Vereinbarung erfüllte und Attalus für abgesetzt erklärte, lehnte Honorius die Herausgabe des Getreides ab. Alarich erschien nun zum dritten Mal vor Rom und nahm die Stadt am 24. August 410 ein: Nach dreitägigem, intensivem Plündern war das Gotenheer beladen mit reicher Beute, aber so hungrig wie zuvor. Die Anekdote will es, dass der Westkaiser und passionierte Hühnerzüchter Honorius sich auf die Nachricht hin, dass es nun mit *Roma* zu Ende sei, erst wieder beruhigte, als ihm klar wurde, dass mit *Roma* nicht seine Lieblingshenne, sondern lediglich die Stadt Rom gemeint war.

16. BRÜCKEN

Fast genau 800 Jahre nach dem *dies ater*, der römischen Niederlage an der Allia gegen die Kelten, waren wieder Feinde in der Stadt, die längst nicht mehr Residenz der Herrscher, aber immer noch das symbolische Haupt der römischen Welt war. Entsprechend groß war der Widerhall, den das Ereignis in der zeitgenössischen Publizistik fand. Während allgemein Unglaube und Schrecken vorherrschten, bemühten sich christliche Autoren, allen voran der Kirchenvater Augustinus, den Fall Roms zu relativieren: Unter keinen Umständen sollte der Verdacht aufkommen, Abtrünnigkeit von den alten Göttern habe deren Strafgericht heraufbeschworen. Nach Roms neuem schwarzen Tag regierten noch zwei Generationen lang Männer im Purpur die römische Westhälfte. Ihren Generälen gelangen durchaus noch beeindruckende Abwehrerfolge gegen wandernde Stämme: So siegte der weströmische Heermeister 451 n. Chr. auf den Katalaunischen Feldern an der Spitze einer Koalition aus Römern und diversen germanischen Stämmen über die Hunnen Attilas. Ins Gewicht fiel das nicht mehr, denn die Kaiser selbst waren zu diesem Zeitpunkt bereits Marionetten ihrer häufig miteinander rivalisierenden und oft germanischen Milieus entstammenden Heermeister geworden. Während immer weniger intakte Provinzen noch Steuern zahlten, wurde das Westreich mit seinen schwindenden militärischen Kräften zwischen den Interessen der germanischen Stammesführer und denen des Ostreichs zerrieben. 476 n. Chr. wurde mit Romulus, genannt Augustulus, der letzte dieser Schattenkaiser zur Abdankung gezwungen – durch seinen germanischen Heermeister Odoaker. Ob die Bevölkerung Italiens diesen institutionellen Exitus des Westreichs überhaupt zur Kenntnis nahm, ist fraglich. In Italien und im romanisierten Westeuropa ging die Kultur der Spätantike überall fast unmerklich in die des frühen Mittelalters über. Die Lebenswirklichkeit in den Provinzen und auch in Italien war ohnehin längst von der Präsenz der Germanen geprägt, mit denen sich die romanisierte Bevölkerung wohl oder übel zu arrangieren hatte.

Eine Stimme, die aus erster Hand davon berichtet, wie Zeitgenossen, gebildete zumal, den rasanten Wandel der 460er und 470er Jahre wahrnahmen, kommt aus Gallien. Sidonius Apollinaris entstammte einer hocharistokratischen Familie aus Lugdunum (Lyon). Sein Vater hatte als Prätorianerpräfekt der gallischen Provinzen gedient und war damit einer der Spitzenbeamten des spätrömischen Imperiums gewesen. Sidonius, der ein brillanter Kenner der klassischen Literatur und ein begabter Literat war, heiratete die Tochter eines der späten Schattenkaiser und verdankte seinem Panegyricus auf einen anderen dieser Marionettenherrscher die Position des römischen Stadtpräfekten, die er 468 bekleidete. Um 470 wechselte er in die geistliche Laufbahn und wurde Bischof der südgallischen Stadt Augustonemetum (Clermont). In dieser Funktion rekrutierte er, gemeinsam mit anderen Aristokraten, eine Privatarmee, um die Auvergne gegen die aus Zentralgallien nach Süden vorstoßenden Westgoten unter ihrem König Eurich zu verteidigen. Am Ende trat der weströmische Kaiser die Auvergne vertraglich an Eurich ab, und Sidonius wurde für einige Jahre in die Verbannung geschickt. Nachdem er sich mit Eurich versöhnt hatte, kehrte er 476 nach Clermont zurück.

Aus Sidonius' zahlreichen Briefen spricht ein Intellektueller, der tief verwurzelt war im kulturellen Erbe der klassischen Antike. Er war ein römischer Patriot und Gentleman, der den gotischen Barbaren mit einigem Ressentiment begegnete. Wachen Auges nahm er den Verfall traditioneller Werte, von Bildung, Sicherheit und Infrastruktur wahr. Ihm war nur allzu bewusst, dass er in einer Zeit des Übergangs lebte, er fühlte sich aber der Mission verpflichtet, so viel wie möglich von dem zu retten, was er als rettenswert ansah. Anders als viele Männer der Kirche flüchtete er sich nicht in die Transzendenz, sondern in die literarische Hinterlassenschaft vergangener Jahrhunderte. Dem Anspruch, dieser Tradition gerecht zu werden, sind Stil und Inhalt seiner Briefe verpflichtet.

Wer Sidonius liest, begegnet auf Schritt und Tritt dem Gefühl schmerzlichen Verlusts. Er schildert die Mühen und Unsicherheiten des Reisens, die für Römer seiner Generation, die an ein gut ausgebautes Straßennetz und den vom Militär gespendeten Schutz gewöhnt waren, ein Novum darstellten. Man liest, wie die Übermittlung von Briefen an den Adressaten, noch wenige Jahre zuvor eine Selbstverständlichkeit, dem Schreiber einiges Kopfzerbrechen bereitet. Gegenüber seinem Freund Johannes sinniert er darüber, wie die Titel und Rangabzeichen des Imperiums in wenigen Jahren jegliche Bedeutung verloren hätten. Zumindest der sich mit Rom und seinem Erbe zutiefst identifizierende gallische Aristokrat kann dieser Art von Neuerung nichts Gutes abgewinnen. Wenn er dennoch nicht verzagt, dann im Wissen darum, dass Bildung ein unzerstörbarer Schatz sei.

Wir wissen nicht, wie weniger Betuchte und Gebildete auf die Veränderungen blickten, die auch ihnen nicht verborgen bleiben konnten. Jedenfalls für Sidonius war das römische Imperium keine austauschbare Hülle, deren Verschwinden ihm gleichgültig sein konnte. Die erzwungene Abdankung des letzten Westkaisers Romulus war ihm in den Briefen keiner Notiz wert, aber der rapide Verfall römischer Institutionen und römischer Infrastruktur ist ein Leitthema, welches das gesamte Corpus durchzieht. Zumindest die Sidonius-Lektüre liefert kein Material, das die These stützen könnte, die antike Welt sei in der Spätantike lediglich verwandelt worden. Der Untergang des Westreichs war eine handfeste Katastrophe, durch die sich die Lebensbedingungen unzähliger Menschen gravierend verschlechterten: Das Europa des 6. Jahrhunderts war nicht nur ärmer, ländlicher, kleinräumiger und unsicherer als das Europa, in dem Sidonius gelebt hatte. Es war auch ignoranter: Unmengen von Wissen waren ihm abhanden gekommen.

Bemerkenswert ist aber nicht nur das Wissen, das verloren gegangen ist, sondern vor allem auch das, was über die dunklen

Jahrhunderte, die auf Roms Untergang folgten, gerettet wurde. Dass das möglich war, ist Menschen wie Sidonius zu verdanken, die den Wert dessen, was einmal war, erkannten und die Initiative zu seiner Rettung ergriffen. Sidonius ist deshalb eine Intellektuellengestalt, die erstaunlich gut ins 21. Jahrhundert passt. Abermals droht uns der Verlust eines kolossalen Schatzes von Bildungswissen, dessen elementarer Teil die klassische Antike ist. Ursachen sind heute, anders als damals, nicht wirtschaftliche Rezession, Verfall von Infrastruktur und die massenhafte Vernichtung von Medien; der Grund liegt im Gegenteil in der heillosen Überflutung mit vermeintlichen Informationen, der wir weitgehend schutzlos ausgeliefert sind. Deshalb brauchen auch wir Menschen wie Sidonius, die Brücken schlagen zwischen Herkunft und Zukunft:

> Da die alten Rangabzeichen, durch die einstmals der Höchste vom Letzten unterschieden wurde, abgeschafft sind, muss in Zukunft die Gelehrsamkeit das Zeichen des Adels sein.
>
> Sidonius Apollinaris an
> Johannes, epist. 8,2,2.

ZEITTAFEL

Kaiser sind hervorgehoben.

753 v. Chr.	Gründung der Stadt Rom durch Romulus (dem Mythos nach)
510	(Traditionelles Datum für) Vertreibung des letzten Königs aus Rom; Beginn der Republik
396	Eroberung Vejis durch die Römer
390	Römische Niederlage gegen die Kelten an der Allia
340–338	Latinerkrieg: Sicherung der römischen Hegemonie in Latium
326–304	Sogenannter Zweiter Samnitenkrieg: Ausdehnung des römischen Einflusses in Kampanien
298–209	Sogenannter Dritter Samnitenkrieg: Samniten zur Heeresfolge verpflichtet
287	*Lex Hortensia de plebiscitis*: Beschlüsse der Plebs erhalten Gesetzesrang
281–275	Intervention des Pyrrhos in Italien: Rom wird Hegemonialmacht auf dem italischen Festland
264–241	Erster Punischer Krieg: Römer besetzen Messene
237	Rom annektiert Sardinien; Karthager expandieren auf der Iberischen Halbinsel
226/225	Ebro-Vertrag
218–201	Zweiter Punischer Krieg: Hannibal überquert die Alpen
217	Sieg Hannibals am Trasimenischen See, Sieg Hannibals bei Cannae; Capua fällt von Rom ab
215	Bündnis zwischen Karthago und Philipp V. von Makedonien:
216–205	Erster Makedonischer Krieg
202	Sieg der Römer bei Zama
200–197	Zweiter Makedonischer Krieg: Ende der makedonischen Herrschaft über Griechenland nach der Schlacht bei Kynoskephalai (197)
196	Freiheitsproklamation für die griechischen Städte durch Flamininus
192–188	Antiochoskrieg
171–168	Dritter Makedonischer Krieg (›Perseuskrieg‹)
168	Schlacht von Pydna: Niederlage Makedoniens; Zerschlagung Makedoniens in vier Teilstaaten; (Juli) ›Tag von Eleusis‹: Rom verhindert Annexion Ägyptens durch Antiochos IV.
149–147	Dritter Punischer Krieg
146–145	Krieg Roms gegen den Achaiischen Bund: Zerstörung Korinths, Auflösung des Bundes; Zerstörung Karthagos

137	Kapitulation des römischen Heeres vor Numantia
133	Volkstribunat des Tiberius Gracchus: Ackergesetz, Tumulte in Rom und Ermordung des Tiberius Gracchus
123–122	Volkstribunat des Gaius Gracchus: populare Gesetzgebung
113	Niederlage des Konsuls Gnaeus Papirius Carbo gegen Kimbern und Teutonen; Krieg in Gallien und Oberitalien (bis 101)
112–105	Krieg gegen Jugurtha
107	Erster Konsulat des Marius
101	Entscheidender Sieg des Marius über die Kimbern und Teutonen bei Vercellae
91	Reformgesetzgebung des Volkstribunen Marcus Livius Drusus; Bundesgenossenkrieg (bis 88)
88	Erster Marsch Sullas auf Rom; Sulla erhält Oberkommando im Krieg gegen Mithradates von Pontos: Erster Mithradatischer Krieg (bis 84); ›Vesper von Ephesos‹: Massaker an Italikern in Kleinasien; Expansion des Königreichs Pontos unter König Mithradates VI. (reg. ca. 120–63), Eindämmung durch Rom scheitert
83–82	Bürgerkrieg: Sieg und Diktatur Sullas (bis 79); Zweiter Mithradatischer Krieg (bis 81)
82	Zweiter Marsch Sullas auf Rom: Niederlage der Popularen
81	Proskriptionen Sullas
78	Tod Sullas
77–72	Revolte des Sertorius auf der Iberischen Halbinsel
74–64	Dritter Mithradatischer Krieg: Pompeius übernimmt den Oberbefehl (66), siegt über Mithradates, liquidiert die Reste des Seleukidenreichs und richtet die römische Provinz Syria ein (64)
73–71	Spartacus-Revolte
60/59	Sogenanntes Erstes Triumvirat (Pompeius – Caesar – Crassus, bis 53/50)
59	Konsulat Caesars
58	Volkstribunat des Clodius: Verbannung Ciceros; Gallischer Krieg (bis 51)
53	Zweite Rheinüberquerung Caesars
52	Ermordung des Clodius
49	(11.1.) Caesar überschreitet den Rubico: Beginn des Bürgerkriegs (bis 45); (Dezember) erste Diktatur Caesars
48	Konsulat Caesars
45	(17.3.) Sieg Caesars über die Pompeius-Anhänger bei Munda: Alleinherrschaft Caesars; *dictator perpetuo*

44	(15.3.) Ermordung Caesars: Adoption des Gaius Octavius durch testamentarische Verfügung, Vergöttlichung Caesars: der junge Caesar *Divi filius*; (17.3.) Anerkennung der *acta Caesaris*; (Ende März) Landung des jungen Caesar in Lupiae; (Anfang Mai) Ankunft des jungen Caesar in Rom; (Ende August) Brutus und Cassius flüchten aus Rom; (Mitte Oktober) Meuterei der Legionen in Brundisium; (Dezember) Decimus Brutus in Mutina eingeschlossen
43	(Januar) Antonius zum *hostis publicus* erklärt; *imperium pro praetore* für den jungen Caesar; (21.4.) *bellum Mutinense*: Entsetzung Mutinas durch Hirtius und Pansa; (Ende April) Flucht des Antonius nach Südgallien; (Anfang August) Marsch des jungen Caesar auf Rom; (Ende Oktober) sogenanntes Zweites Triumvirat beschlossen (bis 36/32); (November) Proskriptionen; (27.11.) *lex Titia*: der junge Caesar, Marcus Antonius und Lepidus als Triumvirn
42	(Oktober/November) Doppelschlacht von Philippi: Niederlage und Tod der Caesar-Mörder
41–40	*Bellum Perusinum* zwischen dem jungen Caesar und Lucius Antonius
32	Treueeid Italiens und der westlichen Provinzen auf den jungen Caesar
31	(2.9.) Seeschlacht bei Actium: Sieg der Flotte des jungen Caesar über Antonius und Kleopatra
30	Eroberung Alexandreias durch den jungen Caesar; Tod von Antonius und Kleopatra; Annexion Ägyptens als römische Provinz
27	(13.1.) Der junge Caesar legt seine außerordentlichen Befugnisse vor dem Senat nieder; (16.1.) Verleihung des Augustus-Namens an den jungen Caesar; *imperium proconsulare* auf zehn Jahre: Beginn des Prinzipats
17	Säkularfeier; Marcus Vipsanius Agrippa erhält ein außerordentliches *imperium* im Osten (bis 13)
12	Germanienfeldzüge des Drusus (bis 9); Tod Agrippas
9 n.Chr.	›Schlacht im Teutoburger Wald‹: Niederlage des Statthalters Publius Quinctilius Varus gegen den Cherusker Arminius
14	(19.8.) Tod des Augustus; (17.9.?) Erhebung seines Adoptivsohns und Mitregenten TIBERIUS CLAUDIUS NERO zum Augustus
ca. 32	Erweckungserlebnis des Paulus: Missionsreisen im Nahen Osten, Kleinasien, Griechenland (bis ca. 57)

37	(16. 3.) Tod des TIBERIUS in Misenum; (18. 3.) Kaisererhebung CALIGULAS durch den Senat
41	(24. 1.) Ermordung CALIGULAS in Rom; (25. 1.) Anerkennung des CLAUDIUS als Kaiser durch den Senat (bis 54)
50	(25. 2.) Adoption NEROS durch CLAUDIUS
54	Tod des CLAUDIUS: NERO als Kaiser (bis 68)
55–63	Kommando des Gnaeus Domitius Corbulo gegen die Parther im Osten
64	(18./19. – 27. 7.) Brand Roms: Christenverfolgung
65	Pisonische Verschwörung wird aufgedeckt: Tod Senecas und anderer führender Senatoren
66	Beginn des Jüdischen Aufstands (bis 70/74)
68	(8. 6.) Der Senat erklärt NERO zum Staatsfeind (*hostis publicus*): Selbstmord in Rom (9./11. 6.)
69	Vierkaiserjahr: GALBA, OTHO, VITELLIUS, VESPASIAN (bis 79); *lex de imperio Vespasiani*
70	Fall Jerusalems, Zerstörung des Tempels
79	(23. 6.) Tod VESPASIANS in Aquae Cutiliae (bei Rieti): TITUS als Kaiser (bis 81); (24. 8.) Vesuvausbruch: Zerstörung von Pompeji und Herculaneum
80	Brand Roms; Einweihung des Kolosseums
81	Tod des TITUS: DOMITIAN als Kaiser (bis 96)
96	(18. 9.) Ermordung DOMITIANS in Rom: NERVA als Kaiser (bis 98)
97	(Ende Oktober) Adoption des Statthalters von Germania superior, MARCUS ULPIUS TRAIANUS, durch NERVA; TRAJAN erhält die *tribunicia potestas*
98	*Germania* des Tacitus; Tod NERVAS: TRAJAN als Kaiser (bis 117)
101–106	Zwei Dakerkriege
114–117	Partherkrieg TRAJANS: Eroberung ganz Mesopotamiens, das aber nach TRAJANS Tod wieder aufgegeben wird
116–118	Jüdischer Diasporaaufstand
117	(7. 8.?) Tod TRAJANS in Selinus (Kilikien): HADRIAN als Kaiser (bis 138); Aufgabe der Eroberungen in Mesopotamien; ungefähre Entstehungszeit der *Annalen* des Tacitus
132–135	Bar-Kochba-Aufstand in Judäa
138	Tod HADRIANS bei Baiae (10. 7.): ANTONINUS PIUS als Kaiser (bis 161); Vergöttlichung HADRIANS gegen Widerstände aus dem Senat
161	(7. 3.) Tod des ANTONINUS PIUS in Loricum bei Rom: MARK AUREL (bis 180) und LUCIUS VERUS (bis 169) als Kaiser

166/167	Einfall von Langobarden und Obiern nach Pannonien; Markomannen und Quaden werden in den Konflikt hineingezogen: Beginn der Markomannenkriege (bis 180)
180	(17.3.) Tod Mark Aurels in Bononia bei Sirmium: Commodus als Kaiser (bis 192); Friedensschluss an der Donau; Triumph über die Germanen
192	(31.12.) Verschwörung und Ermordung des Commodus
193	2. Vierkaiserjahr: Pertinax, Didius Julianus, Pescennius Niger, Septimius Severus (bis 211)
211	(4.2.) Septimius Severus stirbt in Eburacum (York): Caracalla (bis 217) und sein Bruder Geta (bis Dezember 211) als Kaiser; (19.12.?) Geta wird in Rom ermordet
212	*Constitutio Antoniniana*: Praktisch alle freien Reichsbewohner erhalten das römische Bürgerrecht
217	Caracalla wird ermordet: Der Prätorianerpräfekt Marcus Opelius Macrinus wird als erster Angehöriger des Ritterstands zum Kaiser erhoben (bis 218); Niederlage gegen die Parther bei Nisibis
218	Usurpation Elagabals in Emesa und Tod des Macrinus: Elagabal als Kaiser (bis 222)
222	(11.3.) Elagabal wird zusammen mit seiner Mutter Julia Sohaemias ermordet: Severus Alexander als Kaiser (bis 235)
224	(28.4.) Sieg des Sasaniden Ardaschir I. über den Arsakiden Artabanos V. bei Hormizdagan: Beginn des persischen Sasanidenreichs (bis 642/651); Ardaschir I. Großkönig (bis 241); Fortsetzung der Kämpfe zwischen Ardaschir I. und dem Arsakiden Vologaises V.
227	Einnahme von Ktesiphon durch die Sasaniden; Ende des Partherreichs
231	(Ende) Severus Alexander in Antiocheia
232–233	Perserkrieg des Severus Alexander: Wiederherstellung der Grenze in Mesopotamien
234–235	Germanenkrieg des Severus Alexander: Kämpfe mit den Alamannen
235	(Februar/März) Ermordung des Severus Alexander durch Soldaten in Mogontiacum: Maximinus [Thrax] als Kaiser (bis 238)
236	Kämpfe in Germanien: Maximinus schlägt Sarmaten und Daker; Vorstoß in die Germania Magna; Schlacht am Harzhorn

238	Goten und Karpen fallen in Moesia inferior ein
238	Sechskaiserjahr: Usurpation der GORDIANE in Thysdrus; Sieg der Senatskaiser PUPIENUS und BALBINUS über MAXIMINUS
242	Feldzug GORDIANS III. gegen Sarmaten, Alanen und Goten in Moesien
243–244	Perserkrieg GORDIANS III.
244	(Januar) Ermordung GORDIANS III. bei Zaitha am Euphrat: Der Prätorianerpräfekt MARCUS JULIUS PHILIPPUS [ARABS] wird zum Kaiser erhoben (bis 249)
245	Einfall von Karpen in Dakien und Moesien: PHILIPPUS schlägt die Karpen und stellt die Provinz Dakien wieder her (bis 247)
248	(21.–23. 4.) Letzte Säkularfeiern der römischen Geschichte: 1000-Jahr-Feier der Stadt Rom
249	Usurpation des DECIUS (bis 251)
250	Opferedikt des DECIUS
251	DECIUS fällt in der Schlacht bei Abrittus: TREBONIANUS GALLUS als Kaiser (bis 253)
253	Dreikaiserjahr: Usurpation des AEMILIANUS (Juli) und VALERIANS (22. Oktober); VALERIAN erhebt wenig später seinen Sohn GALLIENUS zum Augustus
257	Beginn der Christenverfolgungen durch VALERIAN
259	Einfall der Franken in Gallien und Spanien, der Alamannen in Raetien, Vorstöße bis nach Norditalien: allmählicher Rückzug Roms aus dem Dekumatland
260	Niederlage VALERIANS gegen Schapur bei Edessa; GALLIENUS Alleinherrscher (bis 268); Gallisches Reich (bis 274): Stabilisierung der Rheingrenze durch Postumus; GALLIENUS schlägt die Alamannen in Norditalien
267	Zenobia wird stellvertretend für ihren Sohn Vaballathus Herrscherin in Palmyra: Beginn des Konflikts mit Rom
268	GALLIENUS wird durch eine Usurpation gestürzt: CLAUDIUS II. GOTHICUS als Kaiser (bis 270)
270	CLAUDIUS II. GOTHICUS stirbt: AURELIAN als Kaiser (bis 275)
272	Eroberung Palmyras durch AURELIAN: Gefangennahme Zenobias
274	Ende des Gallischen Reiches: neue Einfälle von Franken und Alamannen
275	Ermordung AURELIANS: TACITUS als Kaiser (bis 276)
276	TACITUS stirbt: PROBUS als Kaiser (bis 282)

282	Sturz des PROBUS: CARUS als Kaiser (bis 283)
283	Perserfeldzug des CARUS: Vorstoß bis nach Ktesiphon; Tod des CARUS; gemeinsame Nachfolge seiner Söhe NUMERIAN (im Osten, bis 284) und CARINUS (im Westen, bis 285)
284	(20.11.) Erhebung DIOKLETIANS zum Augustus in Nikomedeia
285	(Herbst) Erhebung des Offiziers MARCUS AURELIUS VALERIUS MAXIMIANUS zum Caesar; Feldzug gegen die Sarmaten
286	(1.4.) Erhebung MAXIMIANS zum Augustus: DIOKLETIAN *Iovius*, MAXIMIAN *Herculius*
293–305	Erste Tetrarchie: (März) der Prätorianerpräfekt MAXIMIANS, JULIUS CONSTANTIUS (I.), und (Mai) der Prätorianerpräfekt DIOKLETIANS, MAXIMINUS (?) GALERIUS, werden zu Caesares erhoben und für die Nachfolge der Augusti designiert
301	Münzreform und Preisedikt
303	Beginn der allgemeinen Christenverfolgung
305–306	Zweite Tetrarchie: (1. 5.) Abdankung der Augusti in Nikomedeia; Erhebung von CONSTANTIUS und GALERIUS zu Augusti, der Offiziere SEVERUS und MAXIMUS DAIA zu Caesares
306	Dritte Tetrarchie (bis 307/308): (25.7.) Tod des CONSTANTIUS: Sein Sohn KONSTANTIN I. wird in Eburacum (York) zum Augustus erhoben und später von GALERIUS als Caesar anerkannt; (August) SEVERUS wird zum Augustus erhoben; (28.10.) MARCUS VALERIUS MAXENTIUS, Sohn MAXIMIANS, wird in Rom zum Imperator ausgerufen
307	(Sommer) KONSTANTIN wird durch MAXIMIAN zum Augustus erhoben
308	(11.11.) Kaiserkonferenz von Carnuntum unter Vorsitz DIOKLETIANS: KONSTANTIN wird als Caesar bestätigt; Vierte Tetrarchie (bis 311): Erhebung des Offiziers GAIUS LICINIUS zum Augustus: GALERIUS und LICINIUS als Augusti, MAXIMINUS DAIA und KONSTANTIN als Caesares (bis 311); MAXENTIUS als Usurpator in Italien
310	(1.5.) Erhebung des MAXIMIUS DAIA zum Augustus; Anerkennung KONSTANTINS als Augustus; Gefangennahme und Selbstmord MAXIMIANS; (Sommer) Feldzug KONSTANTINS gegen die Franken
311	Toleranzedikt des GALERIUS: Christentum wird ›erlaubte‹ Religion (*religio licita*); (Mai) Tod des GALERIUS: endgültiger Zusammenbruch des tetrarchischen Systems; KONSTANTIN, LICINIUS und MAXIMINUS DAIA als Augusti

312 (28.10.) Sieg Konstantins an der Milvischen Brücke: Konstantin bekennt sich offen zum Christentum

313 (Januar/Februar) Konstantin trifft Licinius in Mailand: Mailänder Konvention; Anerkennung des Christentums im Westen; (30.4.) Sieg des Licinius über Maximinus Daia bei Adrianopel: Tod des Maximinus Daia; (13.6.) Ausweitung der Konvention auf den gesamten Osten

315 Gemeinsamer Konsulat Konstantins mit Licinius; Krieg gegen Goten und Karpen an der Donau

324 (3.7.) 1. Sieg Konstantins über Licinius bei Adrianopel; (18.9.) 2. Sieg Konstantins über Licinius bei Chrysopolis

330 Konstantinopel als neue Hauptstadt eingeweiht

337 (22.5.) Tod Konstantins in Ankyrona bei Nikomedeia; (9.9.) Erhebung von Konstantin II. (bis 340, für den Westen), Constans (bis 350, für Italien, Afrika, Illyricum, Macedonia und Achaia) und Constantius II. (bis 361, für den Osten) zu Augusti

361 (3.11.) Tod Constantius' II. in Mopsukrenai bei Tarsos: Julian alleiniger Augustus (bis 363); Toleranzedikte für polytheistische Kulte

362 Julian in Antiocheia: Beginn des Perserkriegs

363 (26./27.6.) Tod Julians in Mesopotamien: Jovian, Präfekt der kaiserlichen Leibwache, wird vom Heer zum Augustus ausgerufen (bis 364); Friedensschluss mit den Persern

364 (17.2.) Tod Jovians in Dadastana (Kleinasien); (25.2.) in Nikaia Ausrufung des Flavius Valentinianus zum Augustus (bis 375); (28.3.) Valentinian erhebt seinen Bruder Valens zum Augustus für den Osten (bis 378)

375 Tod Valentinians I.: Gratian Augustus im Westen (bis 283)

376 *Foedus* des Valens mit zum Christentum übergetretenen Goten: Ansiedlung in Thrakien

378 (9.8.) Schlacht bei Adrianopel: Sieg der Goten über Valens, Vernichtung des römischen Heeres, Valens fällt in der Schlacht

379 (19.1.) Gratian erhebt seinen Heermeister Theodosius I. zum Augustus des Ostens; Theodosius siegt über Goten, Alanen und Hunnen

ca. 379 Niederlegung des *pontifex-maximus*-Titels durch Gratian

380 Goten-*Foedus* mit Gratian; (27.2.) Religionsedikt: (katholisches) Christentum wird alleinige Staatsreligion

394 (6.9.) Schlacht am Frigidus: Sieg des THEODOSIUS über den Usurpator EUGENIUS

395 (17.1.) Tod des THEODOSIUS: endgültige Reichsteilung zwischen ARKADIOS (Osten, bis 408) und HONORIUS (Westen, bis 423)

410 (24.8.) Einnahme und Plünderung Roms durch die Alarich-Goten

429 Vandalen setzen nach Afrika über; Einfall von Pikten und Sachsen in Britannien

438 Veröffentlichung des *Codex Theodosianus*: Gültigkeit im Gesamtreich (ab 439)

451 Schlacht auf den Katalaunischen Feldern: knappe Niederlage der hunnischen Konföderation unter Attila gegen eine von Westrom geführte Allianz

476 (23.8.) Der Söldnerführer Odoaker wird von seinem Heer zum *rex* (König) Italiens ausgerufen; Absetzung des letzten weströmischen Kaisers ROMULUS AUGUSTUS

LITERATURVERZEICHNIS

1. Allgemeine Literatur

Beard, Mary: *SPQR. A history of ancient Rome*, London 2015.
Gehrke, Hans-Joachim/Helmuth Schneider: *Geschichte der Antike. Ein Studienbuch*, Stuttgart [4]2013.
Heuß, Alfred: *Römische Geschichte*, Paderborn [6]1998.
Reinhardt, Volker/Michael Sommer: *Rom. Geschichte der Ewigen Stadt*, Darmstadt 2008.
Woolf, Greg: *Rome. An empire's story*, Oxford 2012.

2. Frühgeschichte

Cornell, Tim J.: *The beginnings of Rome. Italy and Rome from the Bronze Age to the Punic Wars (c. 1000–264 BC)*, London 1995.
Forsythe, Gary: *A critical history of early Rome. From prehistory to the First Punic War*, Berkeley 2005.
Mommsen, Theodor: *Römisches Staatsrecht*, Leipzig 1871–88.
Ogilvie, Robert M.: *Das frühe Rom und die Etrusker*, München [3]1988.

3. Republik

Bleicken, Jochen: *Die Verfassung der römischen Republik. Grundlagen und Entwicklung*, Paderborn 1975.
Bleicken, Jochen: *Geschichte der Römischen Republik*, München [5]1999.
Christ, Karl: *Krise und Untergang der römischen Republik*, Darmstadt [2]1984.
Jehne, Martin: *Die römische Republik. Von der Gründung bis Caesar*, München 2006.
Lomas, Kathryn: *The rise of Rome. From the Iron Age to the Punic Wars (1000–264 BC)*, London 2017.
Meier, Christian: *Res publica amissa. Eine Studie zu Verfassung und Geschichte der späten römischen Republik*, Wiesbaden 1966.
Mommsen, Theodor: *Römische Geschichte*, Bde. 1–5, Berlin [9/5]1902–04.
Sommer, Michael: *Römische Geschichte I. Rom und die antike Welt bis zum Ende der Republik*, Stuttgart 2013.

4. Kaiserzeit

Bleicken, Jochen: *Verfassungs- und Sozialgeschichte des Römischen Kaiserreiches*, Bde. 1–2, Paderborn 1981.

Christ, Karl: *Geschichte der römischen Kaiserzeit von Augustus bis zu Konstantin*, München [3]1995.

Dahlheim, Werner: *Geschichte der römischen Kaiserzeit*, München [2]1989.

Millar, Fergus: *Das Römische Reich und seine Nachbarn*, *Fischer Weltgeschichte*, Bd. 8, Frankfurt am Main 1966.

Millar, Fergus: *The emperor in the Roman world (31 BC–AD 337)*, Ithaca (N.Y.) 1977.

Mommsen, Theodor: *Römische Kaisergeschichte*, München 1992.

Rostovtzeff, Michael: *The social and economic history of the Roman Empire*, Bde. 1–2, Oxford [2]1971.

Sommer, Michael: *Das römische Kaiserreich. Aufstieg und Fall einer Weltmacht*, Stuttgart 2018.

Sommer, Michael: *Römische Geschichte II. Rom und sein Imperium in der Kaiserzeit*, Stuttgart [2]2014.

5. Spätantike

Börm, Henning: *Westrom. Von Honorius bis Justinian*, Stuttgart 2013.

Brown, Peter: *Late antiquity*, Cambridge, Massachusetts 1998.

Cameron, Averil: *Das späte Rom. 284–430 n. Chr.*, München 1994.

Demandt, Alexander: *Geschichte der Spätantike. Das römische Reich von Diocletian bis Justinian 284–565 n. Chr.*, München 1998.

Martin, Jochen: *Spätantike und Völkerwanderung*, München [4]2001.

Pfeilschifter, René: *Die Spätantike. Der eine Gott und die vielen Herrscher*, München 2018.

REGISTER

Abkürzungen: aed. = Ädil, App. = Appius, C. = Gaius, Cn. = Gnaeus, cos. = Konsul, L. = Lucius, M. = Marcus, P. = Publius, pr. = Prätor, praef. Urb. = praefectus Urbi, Q. = Quintus, T. = Titus, Ti. = Tiberius

Die römische Mittelmeerwelt am Vorabend

es Bürgerkriegs (Januar 49 v. Chr.)

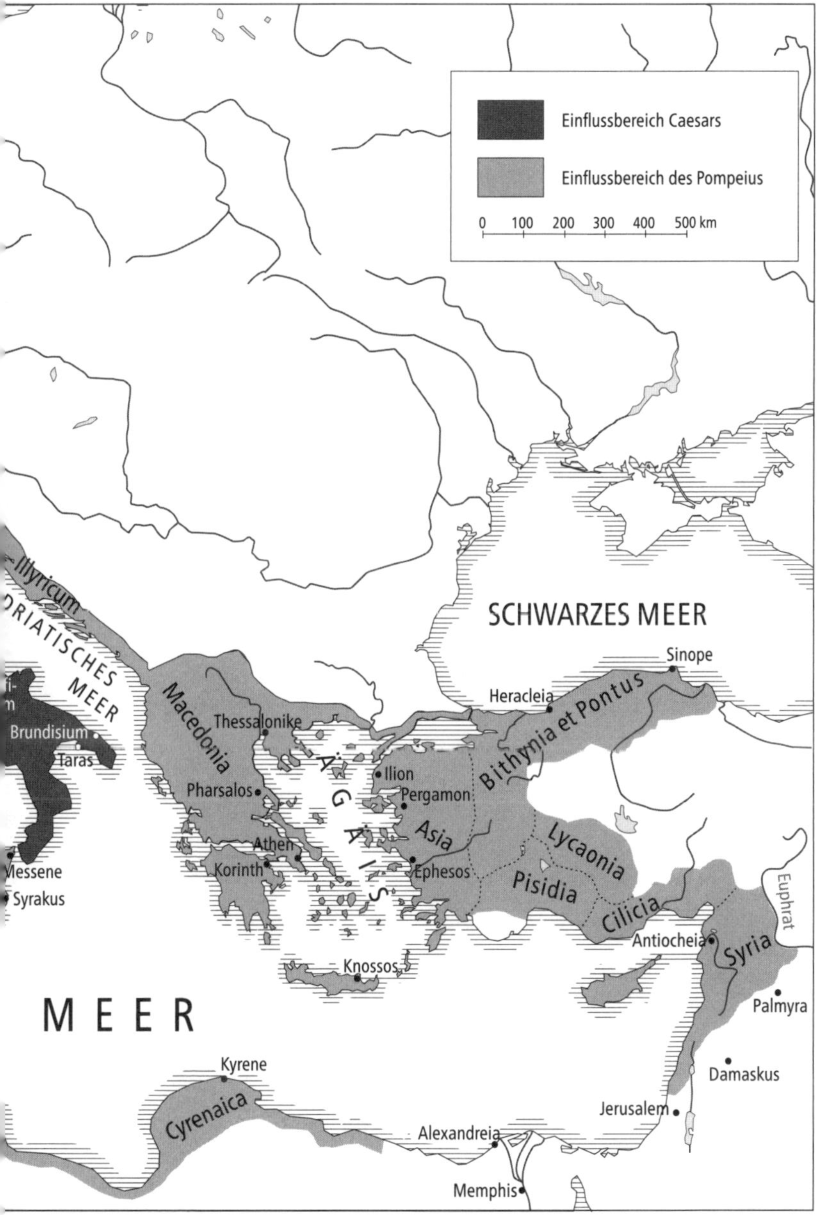

Das römische Imperiu

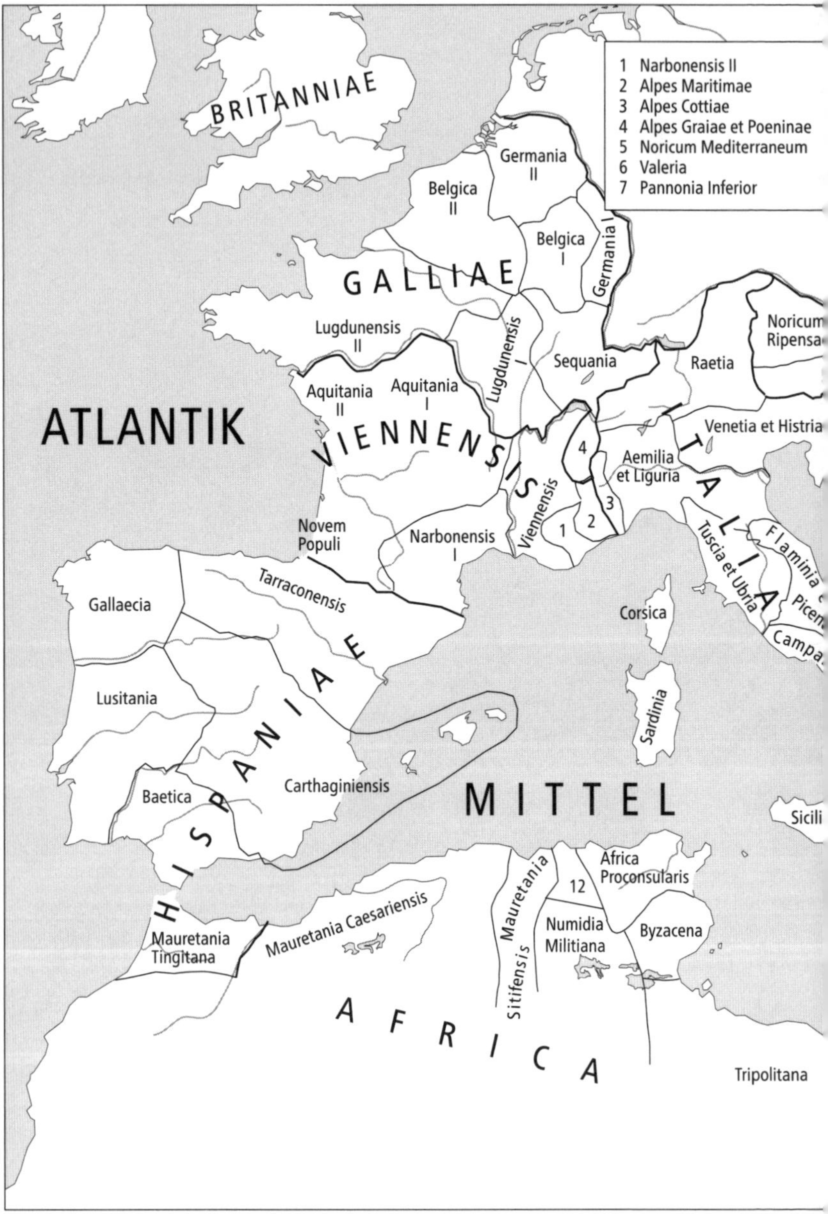

n 4. Jahrhundert n. Chr.